Verwal
tungsrecht

제9판

노동행정법
연습

법학박사
정선균 저

PREFACE

이번 개정판은 그간에 나온 공인노무사 기출문제를 모두 포함하였으며, 그 밖에 5급공채, 변호사시험 기출문제 중 행정쟁송법과 관련된 부분을 모두 포함시켰습니다. 대신 분량이 늘어나는 것을 막기 위하여 이제는 출제되지 않는 이른바 '약술형' 문제는 제외시켰습니다.

부디 이 책이 여러분의 합격에 밑거름이 되기를 기원하며...

2024. 4.
법학박사 정선균

CONTENTS

❖ **2020년 공인노무사** 3
　이의신청과 행정심판의 구별 4

❖ **2019년 공인노무사** 6
　거부처분취소재결에 따른 재처분의무 / 위원회의 간접강제 7

❖ **창작문제** 9
　거부처분 / 불고지 / 거부처분취소재결에 따른 재처분의무 / 재처분의무 불이행시 불복수단　10

❖ **2018년 5급공채시험** 14
　행정개입청구권 / 의무이행심판 / 위원회의 직접 처분 및 간접강제 / 위원회의 임시처분　15

❖ **2022년 변호사시험 변형** 19
　재량행위에 대한 일부취소재결 20

❖ **2011년 공인노무사** 22
　행정소송의 한계 23

❖ **2014년 사법시험 변형** 25
　행정조사 / 거부처분취소재결에 따른 재처분의무 26

❖ **2013년 5급공채시험 변형** 28
　부관의 독립쟁송가능성 / 부관의 독립취소가능성 29

❖ **2009년 5급공채시험 변형** 32
　불문경고조치 33

❖ **2009년 사법시험 변형** 35
　처분변경명령재결 36

❖ **2013년 사법시험 변형** 38
　일부취소재결 39

❖ **2014년 공인노무사** 41
　노동조합설립신고수리의 처분성 여부 / 청구인적격 / 취소명령재결의 경우 소의 대상　42

❖ 2016년 공인노무사   46
    신고반려 / 거부처분에 대한 행정소송법상 구제수단 / 재결주의   47

❖ 2012년 공인노무사   51
    재결주의   52

❖ 2021년 공인노무사   54
    사정재결 / 재결소송   55

❖ 2008년 5급공채시험 변형   56
    경원자의 원고적격 / 협의의 소의 이익   57

❖ 2023년 공인노무사   60
    경업자의 원고적격   61

❖ 2009년 5급공채시험   63
    경업자의 원고적격 / 사정판결 / 취소재결의 경우 소의 대상   64

❖ 2012년 제1회 변호사시험 변형   69
    경업자의 원고적격 / 예방적 금지소송 / 부관의 독립쟁송가능성   71

❖ 2022년도 공인노무사   76
    법인의 원고적격 / 예방적 금지소송   77

❖ 2017년 5급공채시험   81
    원고적격 / 협의의 소의 이익   82

❖ 2017년 공인노무사   86
    변경처분 / 제소기간 / 피고적격 / 협의의 소의 이익   87

❖ 2020년 공인노무사   92
    처분변경명령재결 / 협의의 소의 이익   93

❖ 2009년 5급공채시험   98
    제명의결의 처분성 여부 / 협의의 소의 이익   99

❖ 2013년 사법시험   102
   협의의 소의 이익   103

❖ 2011년 5급공채시험   106
   근로자에 대한 직위해제 / 구제신청의 이익과 소의 이익   107

❖ 2022년도 공인노무사   111
   구제의 이익과 협의의 소의 이익   112

❖ 2023년 변호사시험 변형   114
   필요적 행정심판 전치주의의 예외 / 처분사유의 추가 또는 변경   115

❖ 창작문제   117
   일반처분의 제소기간   119

❖ 2019년 변호사시험 변형   121
   처분적 고시 / 원고적격 / 제소기간   123

❖ 2018년 공인노무사   128
   관련청구소송의 병합   129

❖ 2004년 사법시험   131
   거부처분에 대한 집행정지 인정여부   132

❖ 2022년도 공인노무사   135
   위법판단의 기준시   136

❖ 2011년 공인노무사   138
   처분사유의 추가·변경   139

❖ 2015년 공인노무사   141
   취소심판의 청구기간 / 불고지 / 처분사유의 추가·변경   142

❖ 2021년 공인노무사   145
   처분사유의 추가변경   146

❖ 2013년 공인노무사　　　　　　　　　　　　　　　　　　　148
　원고적격 / 일부취소판결　　　　　　　　　　　　　　　　149

❖ 창작문제　　　　　　　　　　　　　　　　　　　　　　　152
　기판력　　　　　　　　　　　　　　　　　　　　　　　　153

❖ 2013년 5급공채시험　　　　　　　　　　　　　　　　　　155
　협의의 소의 이익 / 취소소송의 기판력과 국가배상청구소송과의 관계 / 적극적 변경처분　157

❖ 2011년 사법시험 변형　　　　　　　　　　　　　　　　　162
　경원자의 원고적격 / 취소재결의 경우 소의 대상 / 취소판결의 제3자효　163

❖ 2016년 공인노무사　　　　　　　　　　　　　　　　　　　168
　제3자의 재심청구　　　　　　　　　　　　　　　　　　　169

❖ 2007년 사법시험　　　　　　　　　　　　　　　　　　　　171
　취소판결의 기속력 중 반복금지효　　　　　　　　　　　　172

❖ 2019년 공인노무사　　　　　　　　　　　　　　　　　　　175
　취소판결의 기속력 / 처분사유의 추가·변경　　　　　　　　176

❖ 2010년 공인노무사　　　　　　　　　　　　　　　　　　　180
　취소판결의 기속력　　　　　　　　　　　　　　　　　　　181

❖ 2012년 공인노무사　　　　　　　　　　　　　　　　　　　183
　신고반려 / 취소판결의 기속력　　　　　　　　　　　　　　184

❖ 2018년 공인노무사　　　　　　　　　　　　　　　　　　　187
　임시처분 / 취소판결의 기속력　　　　　　　　　　　　　　188

❖ 2012년 사법시험 변형　　　　　　　　　　　　　　　　　191
　처분사유의 추가·변경 / 취소판결의 기속력　　　　　　　　192

❖ 2003년 사법시험 변형　　　　　　　　　　　　　　　　　195
　취소판결의 기속력 / 법원의 간접강제　　　　　　　　　　196

- **2014년 5급공채시험 변형**   200
  행정개입청구권 / 취소판결의 기속력 / 법원의 간접강제   201

- **2022년 5급공채시험 변형**   206
  취소판결의 기속력 / 법원의 간접강제 / 불고지   207

- **2008년 사법시험 변형**   211
  재임용 탈락통지의 처분성 여부 / 거부처분에 대한 권리구제수단   212

- **2018년 공인노무사**   214
  무효확인소송과 취소소송의 관계   215

- **2015년 사법시험 변형**   217
  무효확인소송의 보충성 / 구성요건적 효력과 선결문제 / 관련청구소송의 병합   218

- **2017년 공인노무사**   222
  무효확인소송의 보충성 / 구성요건적 효력과 선결문제 / 관련청구소송의 병합   223

- **2021년 공인노무사**   226
  무효확인소송의 입증책임 / 무효확인소송과 취소소송의 병합
  / 무효확인소송의 기판력과 국가배상청구소송   227

- **2023년 공인노무사**   232
  이의신청과 취소소송의 대상 / 제소기간 / 무효확인소송과 간접강제   233

- **창작문제**   237
  부작위위법확인소송   238

- **2020년 공인노무사**   241
  부작위의 성립요건   242

- **2013년 제2회 변호사시험 변형**   244
  항고소송과 당사자소송의 구별   245

- **2024년 변호사시험 변형**   246
  항고소송과 당사자소송의 구별   247

❖ **2019년 공인노무사** 249
당사자소송 250

❖ **2023년 5급공채시험 변형** 252
이의신청과 행정심판의 구별 / 원처분주의 / 형식적 당사자소송 / 가처분 253

❖ **2023년 공인노무사** 256
당사자소송 / 피고적격 / 관련청구소송의 병합 257

연도별 기출 차례

❖ **2024년**
   2024년 변호사시험 변형   246

❖ **2023년**
   2023년 변호사시험 변형   114
   2023년 공인노무사   60
   2023년 공인노무사   256
   2023년 공인노무사   232
   2023년 5급공채시험 변형   252

❖ **2022년**
   2022년 공인노무사   76
   2022년 공인노무사   111
   2022년 공인노무사   135
   2022년 변호사시험 변형   19
   2022년 5급공채시험 변형   206

❖ **2021년**
   2021년 공인노무사   54
   2021년 공인노무사   145
   2021년 공인노무사   226

❖ **2020년**
   2020년 공인노무사   3
   2020년 공인노무사   92
   2020년 공인노무사   241

❖ **2019년**
   2019년 공인노무사   6
   2019년 공인노무사   249
   2019년 공인노무사   175
   2019년 변호사시험 변형   121

❖ **2018년**
   2018년 공인노무사   128
   2018년 공인노무사   187
   2018년 공인노무사   214
   2018년 5급공채시험   14

❖ **2017년**
   2017년 공인노무사   86
   2017년 공인노무사   222
   2017년 5급공채시험   81

❖ **2016년**
   2016년 공인노무사   46
   2016년 공인노무사   168

❖ **2015년**
   2015년 공인노무사   141
   2015년 사법시험 변형   217

❖ **2014년**
   2014년 공인노무사   41
   2014년 사법시험 변형   25
   2014년 5급공채시험 변형   200

❖ **2013년**
   2013년 공인노무사   148
   2013년 제2회 변호사시험 변형   244
   2013년 사법시험 변형   38
   2013년 사법시험   102
   2013년 5급공채시험 변형   28
   2013년 5급공채시험   155

❖ 2012년
   2012년 공인노무사   51
   2012년 공인노무사   183
   2012년 제1회 변호사시험 변형   69
   2012년 사법시험 변형   191

❖ 2011년
   2011년 공인노무사   22
   2011년 공인노무사   138
   2011년 사법시험 변형   162
   2011년 5급공채시험   106

❖ 2010년
   2010년 공인노무사   180

❖ 2009년
   2009년 사법시험 변형   35
   2009년 5급공채시험 변형   32
   2009년 5급공채시험   63
   2009년 5급공채시험   98

❖ 2008년
   2008년 사법시험 변형   211
   2008년 5급공채시험 변형   56

❖ 2003-2007년
   2007년 사법시험   171
   2004년 사법시험   131
   2003년 사법시험 변형   195

Verwaltungsrecht

제9판
노동행정법 연습

事例 2020년 공인노무사

甲은 태양광발전시설을 설치하기 위해 관할 군수 乙에게 개발행위허가를 신청하였으나 乙은 산림훼손 우려가 있다는 이유로 거부처분을 하였다. 甲은 「민원처리에 관한 법률」 제35조에 따라 乙에게 이의신청을 하였다. 乙은 甲의 이의신청을 검토한 후 종전과 동일한 이유로 이의신청을 기각하는 결정을 하였다. 乙의 기각결정을 행정심판의 기각재결로 볼 수 있는지 설명하시오.

참조조문

민원처리에 관한 법률

제35조 ③ 민원인은 제1항에 따른 이의신청 여부와 관계없이 「행정심판법」에 따른 행정심판 또는 「행정소송법」에 따른 행정소송을 제기할 수 있다.

解說

이의신청과 행정심판의 구별

1. 논점의 정리

甲의 이의신청이 그 이름에도 불구하고 행정심판의 성격을 가지고 있다면 乙의 기각결정을 행정심판의 기각재결로 볼 수 있을 것이므로 「민원처리에 관한 법률」에 따른 이의신청의 법적 성격을 살펴보기로 한다.

2. 행정심판과 이의신청의 의의

행정심판이란 행정청의 위법·부당한 처분이나 부작위로 침해된 국민의 권리 또는 이익을 구제하고 아울러 행정의 적정한 운영을 도모하기 위한 행정기관에 의한 심판절차로서 사법절차가 준용되는 불복절차를 말한다. 그에 반해 이의신청이란 위법·부당한 행정작용으로 인해 권리가 침해된 자가 처분청에 대하여 그러한 행위의 시정을 구하는 불복절차를 말한다.

3. 행정심판과 이의신청의 구별실익

가. 이의신청을 거친 후 다시 행정심판을 제기할 수 있는지 여부

만약 해당 이의신청이 실질적으로 행정심판이라고 한다면 이의신청을 거친 후에는 다시 행정심판법상의 행정심판을 제기할 수는 없다(행정심판법 제51조, 재심판청구의 금지). 그러나 해당 이의신청이 말 그대로 이의신청이라면 해당 이의신청을 거친 후에도 행정심판을 제기할 수 있게 된다.

나. 쟁송제기기간의 기산점 문제

종전에는 이의신청을 거쳐 행정심판이나 행정소송을 제기하는 경우, 어느 시점이 심판청구기간 또는 제소기간의 기산점이 되는지에 대하여 논란이 있었으나, 최근 제정된 행정기본법 제36조 제4항은 이의신청에 대한 결과를 통지받은 날부터 90일 이내에 행정심판이나 행정소송을 제기할 수 있도록 규정하고 있어, 이 문제를 입법적으로 해결하였다.

다. 이의신청에 대한 결정의 항고소송의 대상성 여부

만약 해당 이의신청이 실질적으로 행정심판이라고 한다면 그에 대한 결정은 행정심판의 재결에 해당하여 항고소송의 대상이 된다.
그에 반해 해당 이의신청이 말 그대로 이의신청인 경우, 대법원은 이의신청에 대한 기각결정이 종전의 처분을 그대로 유지하는 것에 불과한 경우에는 원칙적으로 행정처분이 아니라고 한다. 다만 이의신청에 대한 기각결정이 별도의 의사결정 과정을 거쳐 이루어진 경우에는 독립된 행정처분의 성격을 갖는다고 한다.[1]

라. 처분사유의 추가·변경의 허용 기준

만약 해당 이의신청이 실질적으로 행정심판이라고 한다면 당초의 처분사유와 기본적 사실관계의 동일성이 인정되는 경우에만 처분사유의 추가 또는 변경이 허용된다. 그에 반해 해당 이의신청이 말 그대로 이의신청에 불과한 경우에는 당초의 처분사유와 기본적 사실관계의 동일성이 없는 사유라 할지라도 처분의 적법성의 뒷받침하는 처분사유로 추가하거나 변경할 수 있다.

4. 행정심판과 이의신청의 구별기준

이의신청은 보통 처분청이 담당하지만, 행정심판은 별도의 행정심판기관이 처리하는 것이 일반적이다. 또한 이의신청과 달리 행정심판은 헌법 제107조 제3항에 따라 사법절차가 준용되어야 하므로 심판기관의 독립성과 중립성, 대심구조, 당사자의 절차적 권리 등이 보장된다.

한편 이의신청은 행정심판의 전심절차이므로 만약 개별 법령에서 이의신청 이후에 다시 행정심판법상 행정심판을 제기할 수 없도록 하고 있다면 해당 법령의 이의신청은 특별행정심판에 해당한다고 보아야 할 것이다.

5. 사안의 해결

「민원처리에 관한 법률」의 이의신청은 준사법적 절차가 보장되어 있지 않고, 동 이의신청과 별도로 행정심판을 제기할 수 있는 것으로 규정하고 있으므로(동법 35조 3항) 행정심판이 아닌 이의신청으로 보는 것이 타당하며, 판례도 같은 입장이다.[2] 따라서 乙의 기각결정은 행정심판의 기각재결로 볼 수 없다.

---

1) 대판 2021. 1. 14, 2020두50324
2) 대판 2012. 11. 15, 2010두8676

事例   2019년 공인노무사

A국립대학교 법학전문대학원에 지원한 甲은 A국립대학교총장(이하 'A대학총장'이라 함)에게 자신의 최종입학점수를 공개해 줄 것을 청구하였으나, A대학총장은 영업비밀임을 이유로 공개거부결정을 하였다. 甲이 위 결정에 대하여 행정심판을 청구하였고 B행정심판위원회는 이를 취소하는 재결을 내렸다. 그럼에도 불구하고 A대학 총장은 위 행정심판위원회의 재결을 따르지 아니하고 甲의 최종입학점수를 공개하지 아니하고 있다. 이에 甲이 행정심판법상 취할 수 있는 실효성 확보 수단을 설명하시오. (25점)

▌解說

> 거부처분취소재결에 따른 재처분의무 / 위원회의 간접강제

1. 논점의 정리

공개거부결정에 대한 취소재결이 나온 경우, 피청구인인 A대학 총장에게 취소재결의 취지에 따라 공개결정을 해야할 의무가 인정되는지 문제되고, 만약에 이러한 의무가 인정됨에도 불구하고 이를 이행하지 않고 있을 때, 행정심판법상 간접강제를 통해서 의무이행을 촉구할 수 있는지가 문제된다.

2. 거부처분취소재결에 따른 재처분의무

재결에 의하여 취소되거나 무효 또는 부존재로 확인되는 처분이 당사자의 신청을 거부하는 것을 내용으로 하는 경우에는 그 처분을 한 행정청은 재결의 취지에 따라 다시 이전의 신청에 대한 처분을 하여야 한다(행정심판법 제49조 제2항).

이때의 재처분은 당사자의 신청을 인용하는 인용처분이 되는 것이 원칙이나, ① 거부처분이 절차하자를 이유로 취소된 경우 이를 보완하고 다시 거부하는 경우 또는 ② 거부처분 이후에 변경된 법령에 따라 다시 거부하는 경우 및 ③ 기본적 사실관계의 동일성이 부정되는 사유를 이유로 다시 거부하는 경우처럼 거부처분을 하여도 재처분의무를 이행한 것이 되는 경우도 있다.

다만 아무런 처분을 하지 않고 있다면 이는 무조건 재처분의무를 이행하지 않고 있는 것이 된다.

3. 재처분의무 불이행시 강제수단으로서 위원회의 간접강제

가. 의의

행정심판위원회의 거부처분취소재결에도 불구하고 피청구인이 처분을 하지 아니하는 때에는 청구인은 위원회에 간접강제를 신청할 수 있다. 청구인의 신청을 받은 위원회는 결정으로 상당한 기간을 정하고 피청구인이 그 기간 내에 이행하지 아니하는 경우에는 그 지연기간에 따라 일정한 배상을 하도록 명하거나 즉시 배상을 할 것을 명할 수 있다(동법 제50조의2).

나. 요건

위원회의 거부처분취소재결에도 불구하고 처분청이 처분을 하지 아니하여야 한다. 이후 청구인의 신청에 따라 위원회가 결정으로 상당한 기간을 정하고 피청구인이 그 기간 내에 이행하지 아니하여야 한다.

다. 불 복

청구인은 위원회의 간접강제 결정에 불복하는 경우 그 결정에 대하여 행정소송을 제기할 수 있다(동법 제50조의2 제4항).

라. 효 력

간접강제 결정의 효력은 피청구인인 행정청이 소속된 국가·지방자치단체 또는 공공단체에 미치며, 결정서 정본은 「민사집행법」에 따른 강제집행에 관하여는 집행권원과 같은 효력을 가진다(동법 제50조의2 제5항).

마. 사안의 경우

위원회의 공개거부결정취소재결에도 불구하고 A대학총장이 甲의 최종입학점수를 공개하지 아니하고 있는 것에 대해 甲은 위원회에 간접강제를 신청할 수 있다.

4. A대학총장의 최종입학점수 비공개에 대한 의무이행심판

피청구인의 재처분의무 부작위는 행정심판법 제51조에 의해 심판제기가 금지되는 처분 또는 재결이 아니므로 甲은 A대학총장이 甲의 최종입학점수를 공개하지 아니하고 있는 부작위에 대하여 의무이행심판을 제기할 수 있다. 다만 이는 별도의 행정심판 제기이지 인용재결에 따른 재처분의무 불이행에 대한 실효성 확보수단은 아니다.

5. 사안의 해결

A대학총장이 甲의 최종입학점수를 공개하지 아니하고 있는 것에 대해 甲은 행정심판법 제50조2에 따라 위원회에 간접강제를 신청하여 실효성을 확보할 수 있다.

事例 창작문제

甲은 바닥면적 합계 5,000㎡ 이상인 판매시설로서 건축법시행령 제5조 제4항 제4호 가목에 의하여 건축위원회의 건축계획심의 대상인 L마트점의 신축을 위하여 A도의 B시장에게 건축계획심의신청을 하였다. B시장은 먼저 사업지 남쪽 중앙로에 지하입체 횡단보도를 개설하고 개설조건 등을 협의한 후에 건축계획심의신청을 수리하겠다고 하였으나 甲이 이에 응하지 아니하자 행정심판청구절차 및 심판청구기간 등을 고지하지 아니한채 위 신청을 반려하였다. 이에 중앙행정심판위원회에 위 반려처분 취소심판을 청구하였다.

(1) 甲의 위 행정심판제기는 적법한가? 만약 적법하지 않다면 중앙행정심판위원회는 이 심판제기를 어떻게 처리해야 하는가? (단 건축법 부칙에 건축허가를 신청하려는 사람은 건축위원회의 심의를 신청할 수 있다는 취지의 규정이 존재한다는 것을 전제로 한다) (20점)

(2) 만약 甲이 위 행정심판에서 인용재결을 받은 경우, B시장은 건축위원회에 甲이 신청한 건축계획심의를 회부하여야 하는가? 만약 회부해야 함에도 불구하고 그렇지 않고 있다면 甲이 취할 수 있는 행정쟁송법상 구제수단은? (15점)

참조조문

건축법

제4조(건축위원회) ① 국토교통부장관, 시·도지사 및 시장·군수·구청장은 다음 각 호의 사항을 조사·심의·조정 또는 재정하기 위하여 각각 건축위원회를 두어야 한다.

제11조(건축허가) ① 건축물을 건축하거나 대수선하려는 자는 특별자치도지사 또는 시장·군수·구청장의 허가를 받아야 한다.

건축법시행령

제5조(건축위원회) ④ 법 제4조에 따라 다음 각 호의 사항을 조사·심의·조정 또는 재정하기 위하여 특별시·광역시·도·특별자치도 및 시·군·구에 지방건축위원회를 둔다.
  4. 다음 각 목의 어느 하나에 해당하는 건축물의 건축에 관한 사항
    가. 문화 및 집회시설, 종교시설, 판매시설, 운수시설, 의료시설 중 종합병원 및 숙박시설 중 관광숙박시설의 용도로 쓰는 바닥면적의 합계가 5천 제곱미터 이상인 건축물

▌解 說

> 거부처분 / 불고지 /
> 거부처분취소재결에 따른 재처분의무 / 재처분의무 불이행시 불복수단

Ⅰ. 설문 (1) : 심판제기의 적법여부

1. 논점의 정리

취소심판은 처분의 취소 또는 변경을 구할 법률상 이익이 있는 자가(행정심판법 제13조, 청구인적격), 처분을 대상으로(동법 제3조·제2조, 대상적격), 처분이 있음을 안 날로부터 90일 이내 또는 처분이 있은 날로부터 180일 내에(동법 제27조, 심판청구기간), 피청구인을 상대로(동법 제17조, 피청구인적격), 일정한 사항을 기재한 서면으로(동법 제28조), 피청구인이나 행정심판위원회에 제기하여야 한다(동법 제23조).

설문에서는 다른 심판제기요건 충족여부는 문제되지 않으나, B시장의 반려행위가 취소심판의 대상으로서 처분에 해당하는지 여부와 B시장의 반려행위에 대한 심판청구서 제출처가 중앙행정심판위원회인지가 문제된다.

2. 대상적격 충족여부

가. 반려행위가 취소심판의 대상이 되기 위한 요건

취소심판의 대상은 행정청의 처분인바(동법 제3조 제1항), 여기서 처분이란 행정청이 행하는 구체적 사실에 관한 법집행으로서의 공권력의 행사 또는 그 거부 그 밖에 이에 준하는 행정작용을 말한다(동법 제2조 제1호).

특히 판례에 따를 때, 거부행위가 취소심판의 대상이 되는 행정처분이 되기 위해서는 ① 그 신청한 행위가 공권력의 행사 또는 이에 준하는 행정작용이어야 하고, ② 그 거부행위가 신청인의 법률관계에 어떤 변동을 일으키는 것이어야 하며, ③ 그 국민에게 그 행위발동을 요구할 법규상 또는 조리상의 신청권이 있어야 할 것인바, 여기서 '신청인의 법률관계에 어떤 변동을 일으키는 것'이라는 의미는 신청인의 실체상의 권리관계에 직접적인 변동을 일으키는 것을 물론, 그렇지 않다 하더라도 신청인이 권리를 행사함에 있어 중대한 지장을 초래하는 것도 포함된다.[3]

나. 사안의 경우

건축법 시행령 제5조 제4항에 따르면 5천 제곱미터 이상의 판매시설의 건축은 건축위원회의 심의를 거치도록 하고 있다. 따라서 이러한 건축계획심의를 거치지 아니한 상태에서는 건축

---

3) 대판 2007. 10. 11, 2007두1316

허가를 받기 어려울 것이며, 비록 건축물에 대한 건축허가를 받는다 하더라도 이는 하자있는 행정행위라 할 것이다. 그러므로 甲으로서는 B시장의 반려행위로 인하여 적법한 건축허가를 받기 어려운 불안한 법적 지위에 놓이게 된다는 점에서 B시장의 반려행위는 甲의 권리의무나 법률관계에 직접 영향을 미쳤다고 할 것이다.[4]

또한 건축법 부칙에 의하여 甲에게 건축계획심의를 신청할 권리도 인정되므로 B시장의 건축계획심의신청반려행위는 취소심판의 대상이 되는 처분에 해당한다.

3. 심판청구서 제출처

행정심판을 청구하려는 자는 심판청구서를 작성하여 피청구인이나 위원회에 제출하여야 한다(동법 제23조 제1항). 한편 행정심판법 제6조에 제3항에 따르면 B시장의 처분에 대한 행정심판기관은 A도 행정심판위원회이다.

4. 불고지의 경우 행정심판청구서의 처리

행정청이 행정심판의 청구절차 및 행정심판의 청구기간 등을 고지하지 아니하여 청구인이 심판청구서를 다른 행정기관에 제출한 경우에는 그 행정기관은 그 심판청구서를 지체 없이 정당한 권한이 있는 피청구인에게 보내야 한다(동법 제23조 제2항). 이 경우 피청구인은 심판청구서를 접수하거나 송부받은 날로부터 10일 이내에 심판청구서와 답변서를 관할 행정심판위원회에 보내야 한다(동법 제24조 제1항).

사안의 경우, 甲은 행정심판의 청구절차 및 행정심판의 청구기간 등을 고지받지 못하여 중앙행정심판위원회에 심판청구서를 제출하였으므로 중앙행정심판위원회는 지체없이 이를 B시장에게 보내야 한다. 이 경우 B시장은 10일 이내에 심판청구서와 답변서를 관할 행정심판위원회인 A도 행정심판위원회로 다시 보내야 한다.

5. 사안의 해결

B시장의 반려행위가 취소심판의 대상으로서 처분에 해당하므로 甲은 B시장을 피청구인으로 하여 B시장 또는 A도 행정심판위원회에 취소심판을 제기할 수 있다. 설문의 경우, 甲은 중앙행정심판위원회에 취소심판을 제기하였으므로 관할위반의 문제가 발생하였으나, 그 원인이 B시장이 불고지에 의한 것이므로 중앙행정심판위원회는 이 심판청구서를 B시장에 보내야 한다.

---

[4] 대판 2007. 10. 11, 2007두1316

Ⅱ. 설문 (2) : 거부처분취소재결의 경우 재처분의무 및 불이행시 불복수단

1. 논점의 정리

거부처분이 재결에 의하여 취소된 경우에도 처분청에게 재처분의무가 인정되는지 문제되며, 만약 처분청이 이러한 재처분의무를 불이행 하고 있는 경우 의무이행심판이나 부작위위법확인소송 또는 위원회에 대한 간접강제 중 어떠한 수단이 가장 효과적인지 살펴보도록 한다.

2. 거부처분취소재결의 경우 재처분의무

재결에 의하여 취소되는 처분이 당사자의 신청을 거부하는 것을 내용으로 하는 경우에는 그 처분을 한 행정청은 재결의 취지에 따라 다시 이전의 신청에 대한 처분을 하여야 한다(행정심판법 제49조 제2항).

사안에서 甲이 제기한 거부처분취소심판이 인용된 경우, B시장에게는 건축계획심의를 회부할 의무가 인정된다.

3. 재처분의무 불이행시 甲의 불복수단

가. 문제점

거부처분취소재결에 따른 재처분의무가 있음에도 B시장이 건축계획심의를 회부하지 않는 경우, 그에 대한 불복수단이 문제된다.

나. 의무이행심판 및 부작위위법확인소송

(1) 의무이행심판

재결이 나온 경우, 그 재결 및 같은 처분에 대하여 다시 행정심판을 청구할 수 없으므로(재심판청구의 금지, 동법 제51조) 甲은 동일한 반려처분에 대하여 의무이행심판을 청구할 수는 없다. 다만, 甲이 반려처분이 아니라 인용재결에 따른 건축계획심의에 회부하지 아니하고 있는 부작위를 대상으로 의무이행심판을 청구하는 것은 허용된다.

(2) 부작위위법확인소송

甲은 인용재결에 따른 건축계획심의에 회부하지 아니한 부작위를 대상으로 부작위위법확인소송을 제기할 수 있다.

(3) 권리구제의 한계

재처분의 부작위에 대한 의무이행심판이나 부작위위법확인소송의 제기는 우회적인 구제수단이므로 보다 더 직접적인 구제수단인 위원회에 대한 간접강제를 살펴보기로 한다.

다. 위원회의 간접강제

행정심판위원회의 거부처분취소재결에도 불구하고 피청구인이 처분을 하지 아니하는 때에는 청구인은 위원회에 간접강제를 신청할 수 있다. 청구인의 신청을 받은 위원회는 결정으로 상당한 기간을 정하고 피청구인이 그 기간 내에 이행하지 아니하는 경우에는 그 지연기간에 따라 일정한 배상을 하도록 명하거나 즉시 배상을 할 것을 명할 수 있다(동법 제50조의2).

4. 사안의 해결

거부처분이 재결에 의하여 취소된 경우에도 처분청에게 재처분의무가 인정되므로 B시장은 건축위원회에 甲이 신청한 건축계획심의를 회부하여야 한다. 만약 B시장이 이러한 의무를 이행하지 않고 있는 경우, 甲은 A도행정심판위원회에 간접강제를 신청하는 것이 가장 효과적이다.

事例   2018년 5급공채시험

    A시에서 농사를 짓고 있는 甲 등 주민들은 최근 들어 하천에서 악취가 나고 그 하천수를 농업용수로 사용하는 경작지 작물들이 생육이 늦어지거나 고사하는 문제를 발견하였다. 이에 甲 등 주민들이 인근 대학교에 의뢰하여 해당 하천의 수질을 검사한 결과 「물환경보전법」상 배출허용기준을 초과하는 오염물질이 다량 검출되었다. 현재 甲 등 주민 다수에게는 심각한 소화기계통의 질환과 회복할 수 없는 후유증이 발생하였다. 오염물질이 검출된 곳으로부터 2 km 상류 지점에는 큰 규모의 제련소가 위치하고 있다. 甲은 물환경보전법령에 따라 개선명령 권한을 위임받은 A시장 乙에게 위 제련소에 대한 개선명령을 요청하였다. 乙이 위 제련소에 대한 정밀조사를 실시한 결과, 위 제련소가 오염물질의 배출원으로 밝혀졌다. 그러나 乙은 그 제련소가 지역경제에서 차지하는 비중을 고려하여 상당한 기간 동안 별다른 조치를 하지 않고 있다. 甲이 취할 수 있는 「행정심판법」상의 구제수단을 검토하시오. (25점)

참조조문

물환경보전법

제1조(목적) 이 법은 수질오염으로 인한 국민건강 및 환경상의 위해(危害)를 예방하고 하천·호소(湖沼) 등 공공수역의 물환경을 적정하게 관리·보전함으로써 국민이 그 혜택을 널리 향유할 수 있도록 함과 동시에 미래의 세대에게 물려줄 수 있도록 함을 목적으로 한다.

제39조(배출허용기준을 초과한 사업자에 대한 개선명령) 환경부장관은 제37조 제1항에 따른 신고를 한 후 조업 중인 배출시설(폐수무방류배출시설은 제외한다)에서 배출되는 수질오염물질의 정도가 제32조에 따른 배출허용기준을 초과한다고 인정할 때에는 대통령령으로 정하는 바에 따라 기간을 정하여 사업자(제35조 제5항에 따른 공동방지시설 운영기구의 대표자를 포함한다)에게 그 수질오염물질의 정도가 배출허용기준 이하로 내려가도록 필요한 조치를 할 것(이하 "개선명령"이라 한다)을 명할 수 있다.

▌解說

> 행정개입청구권 / 의무이행심판 /
> 위원회의 직접 처분 및 간접강제 / 위원회의 임시처분

Ⅰ. 논점의 정리

甲의 개선명령요청에 대하여 乙이 별다른 조치를 취하지 않고 있는 것이 행정심판법상 부작위에 해당하여 의무이행심판을 제기할 수 있는지 살펴보고, 만약 의무이행심판을 제기할 수 있다면 그에 대한 가구제 수단인 집행정지와 인용재결의 실효성 확보수단인 위원회의 직접 처분 또는 간접강제를 검토해보기로 한다.

Ⅱ. 개선명령요청에 대한 부작위가 의무이행심판의 대상인지 여부

1. 문제점

행정심판의 대상으로서 부작위가 성립하기 위해서는 행정청이 당사자의 신청에 대하여 상당한 기간 내에 일정한 처분을 하여야 할 법률상 의무가 있는데도 처분을 하지 않아야 하는데(행정심판법 제2조 제2호), 이때의 당사자의 신청은 법규상 또는 조리상 신청권이 있는 자의 신청이어야 한다. 이와 관련하여 甲에게 개선명령을 요청할 권리가 인정되는지가 물환경보전법 제39조의 해석과 관련하여 문제된다.

2. 甲에게 개선명령을 요청할 권리가 있는지 여부

가. 행정개입청구권의 의의

행정개입청구권이란 자기를 위하여 행정청으로 하여금 자기 또는 제3자에게 행정권을 발동할 것을 요구하는 것을 내용으로 하는 주관적 공권으로서, 형식적 권리에 불과한 무하자재량행사청구권과 달리 특정한 행위의 발급을 요구하는 실체적 권리에 해당한다.

나. 행정개입청구권의 성립요건

행정개입청구권이 성립하기 위해서는 첫째, 행정개입의 의무를 부과하는 강행법규의 존재가 필요하다. 따라서 기속법규의 경우에는 행정개입청구권을 인정함에 있어서 어려움이 없지만 재량법규의 경우에 행정개입청구권이 발생하기 위해서는 재량이 0으로 수축하여야 한다. 재량이 0으로 수축하여 행정개입의무가 존재하기 위하여는 ① 생명·신체 등 중대한 개인적 법익에 대한 위해가 존재하여야 하며, ② 그러한 위험이 행정권의 발동에 의해 제거될 수 있는 것이어야 하며, ③ 피해자의 개인적인 노력으로는 권익침해의 방지가 충분하게 이루어질 수 없다고 인정되어야 한다.

둘째, 해당 법규가 공익뿐만 아니라 최소한 사익보호를 의도하고 있어야 한다.

다. 사안의 경우

물환경보전법 제39조는 관할 행정청에게 개선명령에 대한 권한을 부여한 것에 불과할 뿐 관할 행정청에게 그러한 의무가 있음을 규정한 것이 아니므로 이 조문에 근거하여 행정개입의무를 인정할 수 없다고 보는 견해가 있을 수 있다. 그러나 제련소로부터 배출허용기준을 초과하는 오염물질이 방출되어 이로 인해 주민 甲의 건강에 중대한 위해가 존재하고 있고, 이러한 위해가 관할 행정청 乙의 조치에 의해 제거될 수 있고 甲의 개인적인 노력으로는 권익침해의 방지가 충분하게 이루어 질 수 없는 경우에는 주민의 생명, 신체, 재산 등을 보호하는 것을 본래적 사명으로 하는 지방자치단체에게 그 위험배제에 나서야 할 의무가 인정된다고 할 것이다.

한편 물환경보전법 제39조는 배출허용기준을 초과 하는 경우에 개선명령을 발할 수 있게 규정하고 있는데, 이는 환경오염방지라는 공익뿐만 아니라 제련소 인근 주민들이 건강하고 쾌적한 환경에서 생활할 수 있도록 보호하는 취지도 있다고 해석된다.

따라서 주민 甲은 물환경보전법 제39조에 따른 개선명령을 관할 행정청 乙에게 요구할 수 있다.

3. 소 결

개선명령을 요청할 권리가 인정되는 甲의 요청에 대한 乙의 부작위는 의무이행심판의 대상으로서 부작위에 해당한다.

Ⅲ. 甲이 취할 수 있는 행정심판법상 구제수단

1. 의무이행심판

가. 의 의

의무이행심판이란 당사자의 신청에 대한 행정청의 위법 또는 부당한 거부처분이나 부작위에 대하여 일정한 처분을 하도록 하는 행정심판(행정심판법 제5조 제3호)을 의미한다.

나. 인용재결의 종류

위원회가 의무이행심판의 청구가 이유가 있다고 인정하면 신청에 따른 처분을 하거나(처분재결) 처분을 할 것을 피청구인에게 명하는 재결(처분명령재결)을 한다(동법 제43조 제5항). 보통은 위원회가 처분청의 역할을 대신하여 처분을 하기에 곤란한 경우가 많으므로 처분명령재결을 하는 것이 일반적이다.

다. 처분명령재결에 따른 처분의무

당사자의 신청을 거부하거나 부작위로 방치한 처분의 이행을 명하는 재결이 있는 경우에는 처분청은 지체없이 그 재결의 취지에 따라 이전의 신청에 대한 처분을 하여야 한다(동법 제49조 제3항).

2. 인용재결의 실효성 확보수단으로서 위원회의 직접 처분 및 간접강제

가. 위원회의 직접 처분

(1) 의 의

행정심판위원회의 처분명령재결에도 불구하고 처분청이 처분을 하지 아니하는 때에는 청구인은 위원회에 직접처분을 신청할 수 있다. 청구인의 신청을 받은 위원회는 피청구인에게 일정한 기간을 정하여 서면으로 시정명령을 내리고 피청구인이 그 기간 내에 이행하지 않는 경우 직접 해당 처분을 할 수 있다(행정심판법 제50조).

(2) 요 건

적극적 요건으로서는 ① 위원회의 처분명령재결에도 불구하고 처분청이 처분을 하지 아니하여야 한다. ② 청구인의 신청에 따라 위원회가 기간을 정하여 시정을 명하여야 한다. ③ 행정청이 그 기간 내에 시정명령을 이행하지 아니하여야 한다.

소극적 요건으로서는 처분의 성질이나 그 밖의 불가피한 사유로 위원회가 직접 처분을 할 수 없는 경우에 해당하지 않아야 한다(동법 제50조 제1항 단서).

나. 위원회의 간접강제

(1) 의 의

행정심판위원회의 처분명령재결에도 불구하고 피청구인이 처분을 하지 아니하는 때에는 청구인은 위원회에 간접강제를 신청할 수 있다. 청구인의 신청을 받은 위원회는 결정으로 상당한 기간을 정하고 피청구인이 그 기간 내에 이행하지 아니하는 경우에는 그 지연기간에 따라 일정한 배상을 하도록 명하거나 즉시 배상을 할 것을 명할 수 있다(동법 제50조의2).

(2) 요 건

① 위원회의 처분명령재결에도 불구하고 처분청이 처분을 하지 아니하여야 한다. ② 청구인의 신청에 따라 위원회가 결정으로 상당한 기간을 정하고 피청구인이 그 기간 내에 이행하지 아니여야 한다.

3. 가구제로서 위원회의 임시처분

가. 의 의

임시처분이란 행정청의 처분이나 부작위 때문에 발생할 수 있는 당사자의 불이익이나 급박한 위험을 막기 위해 당사자에게 임시지위를 부여하는 행정심판위원회의 결정을 말한다(행정심판법 제31조).

나. 요 건

(1) 적극적 요건

위원회가 임시처분결정을 하기 위하여는 ① 처분 또는 부작위가 위법·부당하다고 상당히 의심될 것, ② 행정심판청구의 계속, ③ 처분 또는 부작위 때문에 당사자가 받을 우려가 있는 중대한 불이익이나 당사자에게 생길 급박한 위험이 존재할 것, ④ 이를 막기 위하여 임시지위를 정하여야 할 필요가 있어야 한다.

(2) 소극적 요건

임시처분은 ① 공공복리에 중대한 영향을 미칠 우려가 있거나(동법 제30조 제3항, 동31조 2항), ② 집행정지로 목적을 달성할 수 있는 경우에는 허용되지 않는다(동법 제31조 제3항).

IV. 사안의 해결

甲은 개선명령을 요구하는 의무이행심판을 제기할 수 있으며, 이와 함께 임시처분을 신청할 수 있다. 만약 甲이 제기한 의무이행심판이 인용된 경우, 乙에게는 개선명령을 해야할 의무가 인정되며, 이를 이행하지 않는 경우 甲은 행정심판위원회에 직접 처분을 신청하거나 간접강제를 신청할 수 있다.

事例   2022년 변호사시험 변형

혼인하여 3자녀를 둔 5인 가구의 세대주인 甲은 현재 독점적으로 전기를 공급하고 있는 전기판매사업자 S와 전기공급계약을 체결하고 전기를 공급받는 전기사용자이다. S는 甲에게 2016. 7. 3.부터 같은 해 8. 2.까지 甲 가구가 사용한 525kWh의 전기에 대해 131,682원의 전기요금을 부과하였다. 한편 S가 비용을 자의적으로 분류하여 전기요금을 부당하게 산정하였음이 판명되었다. 이에 허가권자는 전기위원회 소속 공무원 丙으로 하여금 그 확인을 위하여 필요한 조사를 지시하였고, 丙은 사실조사를 통해 부당한 전기요금 산정을 확인하였다. 이에 허가권자는 전기사업법령이 정하는 바에 따라 S의 매출액의 100분의 4에 해당하는 금액의 과징금부과처분을 하였다.

만약 과징금 액수가 과하게 책정되었음을 이유로 S가 과징금부과처분 취소심판을 제기하였다면, 행정심판위원회는 일부취소재결을 할 수 있는지 검토하시오. (20점)

참조조문

「전기사업법」

제24조(금지행위에 대한 과징금의 부과·징수) ① 허가권자는 전기사업자등이 제21조제1항에 따른 금지행위를 한 경우에는 전기위원회의 심의를 거쳐 대통령령으로 정하는 바에 따라 그 전기사업자등의 매출액의 100분의 5의 범위에서 과징금을 부과·징수할 수 있다.
② 제1항에 따른 위반행위별 유형, 과징금의 부과기준, 그 밖에 필요한 사항은 대통령령으로 정한다.

解說

재량행위에 대한 일부취소재결

1. 논점의 정리

과징금 액수가 과하게 책정되었음을 이유로 S가 과징금부과처분 취소심판을 제기한 경우 행정심판위원회가 일부취소재결을 할 수 있는지에 관하여 과징금부과처분의 성격, 재량행위인 과징금부과처분에 대한 일부취소의 가능성 여부가 문제된다.

2. 과징금 부과처분의 성격

가. 급부하명

법령에 따른 의무를 위반한 자에 대하여 그 위반행위에 대한 제재로서 부과하는 것을 과징금이라 하며(행정기본법 제28조 제1항), 이러한 과징금을 실제 의무위반자에게 부과하여 납부할 것을 명령하는 행위가 과징금 부과처분이다. 따라서 과징금 부과처분은 급부하명에 해당한다.

나. 재량행위

전기사업법 제24조 제1항은 허가권자가 대통령령으로 정하는 바에 따라 그 전기사업자등의 매출액의 100분의 5의 범위에서 과징금을 부과·징수할 수 있다고 규정하고 있다. 따라서 이 사건 과징금 부과처분은 재량행위에 해당한다.

3. 일부취소의 가능성

가. 법적 근거

행정심판법 제5조 제1호가 말하는 '변경'은 말 그대로 처분의 종류가 변경되는 적극적인 변경으로서 처분 상대방에게 유리한 변경만을 의미하고(행정심판법 제47조 제2항), '취소'는 심판대상 전부가 취소되는 전부취소와 심판대상의 일부만 취소되는 일부취소를 포함하는 것으로 해석된다. 따라서 일부취소재결의 법적 근거는 행정심판법 제5조 제1호의 '취소'라는 문구이다.

참고로 일부취소판결의 법적 근거는 행정소송법 제4조 제1호의 '변경'이라는 문구에서 찾는데, 이는 행정부에 속한 행정심판위원회와 달리 사법부에 속한 법원은 처분을 변경할 권한이 없기 때문에 행정소송법 제4조 제1호의 '변경'은 그 표현에도 불구하고 일부취소로 보아야 하기 때문이다.

나. 일부취소의 요건

외형상 하나의 행정처분이라 하더라도 가분성이 있거나 그 처분대상의 일부가 특정될 수 있다면 일부만의 취소도 가능하다.

한편 취소소송의 경우에는 과징금 부과처분과 같은 재량행위에 대해서는 처분청의 재량권을 존중하는 차원에서 처분의 일부가 하자가 있어도 처분의 전체를 취소하는 판결을 하지만, 행정심판의 경우에는 행정소송에 비해 권력분립적 제한이 덜하므로 과징금 부과처분과 같은 재량행위라 할지라도 일부취소가 가능하다.

4. 사안의 해결

행정심판위원회가 과징금 액수가 과하게 책정되었다는 S의 주장을 받아들인다면 정당한 과징금 액수를 초과한 부분을 취소하는 일부취소재결을 할 수 있다.

事例 2011년 공인노무사

관할 행정청은 甲의 어업면허의 유효기간이 만료됨에 따라 동어업면허의 연장을 허가하여 새로이 어업면허를 함에 있어서 관련법령에 따라 면허면적을 종전의 어업면허보다 축소하였다. 甲이 자신의 재산권을 침해하는 면허면적축소와 관련된 법령의 취소를 청구하는 행정소송을 제기하거나, 어업면허면적을 종전으로 환원하여 주는 처분을 청구하는 행정소송을 제기하는 것이 적법하게 인정될 수 있는가? (50점)

解 說

행정소송의 한계

Ⅰ. 논점의 정리

헌법은 모든 국민의 재판청구권을 보장하고 있으며(헌법 27조 1항), 이를 구체화한 행정소송법은 개괄주의를 채택하여 위법한 공행정작용에 의하여 불이익을 당한 국민의 권리구제를 널리 인정하고 있다. 그러나 모든 위법한 공행정작용에 대하여 어느 경우에든지 행정소송의 제기가 허용되는 것은 아니며, 여기에는 당사자 사이의 구체적인 권리·의무에 관한 분쟁을 해결하는 작용이라는 사법의 본질 및 행정청의 권한 존중이라는 권력분립의 원칙에서 나오는 일정한 한계가 있다.

설문에서 甲이 법령의 취소를 청구하는 행정소송을 제기하는 것은 전자와 관련이 깊고, 甲이 어업면허면적을 종전으로 환원하여 주는 처분을 청구하는 행정소송을 제기하는 것은 후자와 관련이 깊다.

Ⅱ. 법령취소소송의 허용여부

1. 추상적인 법령에 관한 분쟁

행정처분이 있기 전에 추상적인 법령의 효력과 해석에 관한 분쟁은 당사자의 구체적인 권리·의무에 관한 분쟁이 아니기 때문에 구체적 사건성이 결여되어 행정소송의 대상이 되지 않는다.

다만 예외적으로 외관은 법령의 형식으로 되어 있다 하더라도 내용적으로는 개별적·구체적 규율로서 개인의 권리·의무에 직접적으로 영향을 미치는 경우(이른바 처분적 법규명령, 처분적 조례)에는 구체적 사건성이 인정되어 행정소송의 대상이 된다.

2. 사안의 경우

사안의 경우, 관할행정청은 관련법령에 근거하여 어업면허를 발급하고 있으므로 설문의 관련법령은 일반적·추상적 규율에 해당한다. 따라서 행정소송의 대상이 될 수 없다.

Ⅲ. 처분의 발급을 청구하는 행정소송의 허용여부

1. 적극적 형성소송

적극적 형성소송이란 행정청이 일정한 처분을 행할 의무가 있음에도 불구하고 이를 이행하지 않는 경우에 법원이 행정청을 대신하여 판결로서 직접 처분을 하는 소송을 말한다.

이런 적극적 형성소송은 법원에게 직접 처분을 할 수 있는 권한을 인정하는 것으로서 사법의 기본적인 성격인 소극성에 반하기 현행법상 절대적으로 허용될 수 없다.

2. 의무이행소송

가. 의 의

의무이행소송은 행정청에 대하여 일정한 행정처분을 신청하였는데 거부된 경우나 아무런 응답이 없는 경우에 그 이행을 청구하는 것을 내용으로 하는 행정소송이다.

의무이행소송은 원고에게 행정청에 대한 작위를 요구할 수 있는 청구권이 있는지를 확인하여 행정청에게 그 이행을 명령하는 이행소송에 해당한다.

나. 인정여부

(1) 문제점

우리 행정소송법은 행정처분의 거부에 대하여는 거부처분취소소송(법 제4조 제1호) 그리고 부작위에 대하여는 부작위위법확인소송을 인정하고 있다(법 제4조 제3호). 이외에도 현행법상 의무이행소송을 인정할 수 있는지 여부는 권력분립원칙과 행정소송법 제4조를 어떻게 해석할 것인지와 관련이 깊다.

(2) 학 설

① 권력분립의 원칙을 형식적으로 바라보는 관점에서 행정소송법 제4조의 항고소송의 유형을 제한적 열거로 보아 현행법상 의무이행소송은 인정할 수 없다는 부정설, ② 권력분립의 원칙을 실질적으로 바라보는 관점에서 행정소송법 제4조를 예시적 규정으로 보고 국민의 재판청구권 보장을 위해 의무이행소송을 인정할 수 있다는 긍정설, ③ 행정청이 1차적 판단권을 행사할 수 없을 정도로 처분요건이 일의적으로 정해져 있고, 사전에 구제하지 않으면 회복할 수 없는 손해가 발생할 수 있으며, 다른 구제방법이 없는 경우에만 의무이행소송을 인정할 수 있다는 절충설 등이 대립한다.

(3) 판 례

판례는 "행정청에 대하여 행정상 처분의 이행을 구하는 청구는 특별한 규정이 없는 한 행정소송의 대상이 될 수 없다"고 판시하여 의무이행소송의 인정을 부정하고 있다.[5]

3. 사안의 경우

사안의 경우, 어업면허면적을 종전으로 환원하여 주는 처분을 청구하는 적극적 형성소송이나 의무이행소송은 허용되지 않는다.

Ⅳ. 사안의 해결

甲이 자신의 재산권을 침해하는 면허면적축소와 관련된 법령의 취소를 청구하는 행정소송을 제기하거나, 어업면허면적을 종전으로 환원하여 주는 처분을 청구하는 행정소송을 제기한다면 법원은 현행법상 허용되지 않는 청구라 하여 부적법 각하할 것이다.

---

[5] 대판 1997. 9. 30, 97누3200

事例　2014년 사법시험 변형

甲은 A시에서 개인 변호사 사무실을 운영하는 변호사로서 관할 세무서장 乙에게 2010년부터 2012년까지 3년간의 부가가치세 및 종합소득세를 자진신고 납부한 바 있다. 丙은 甲의 변호사 사무실에서 직원으로 근무하다가 2013년 3월경 사무장 직을 그만두면서 사무실의 형사약정서 복사본과 민사사건 접수부를 가지고 나와 이를 근거로 乙에게 甲의 세금탈루사실을 제보하였다.

이에 따라 乙은 2013년 6월 甲에 대하여 세무조사를 하기로 결정하고, 甲에게 조사를 시작하기 10일 전에 조사대상 세목, 조사기간 및 조사 사유, 그 밖에 대통령령으로 정하는 사항을 통지하였다. 그런데 통지를 받은 甲은 장기출장으로 인하여 세무조사를 받기 어렵다는 이유로 乙에게 연기해 줄 것을 신청하였으나 乙은 이를 거부하였다.

(1) 위 사례에서 세무조사와 세무조사결정의 처분성 여부? (15점)

(2) 위 사례에서 乙이 행한 세무조사 연기신청 거부처분에 대하여 甲은 취소심판을 청구하였다. 관할 행정심판위원회에서 이를 인용하는 재결을 하는 경우 乙은 재결의 취지에 따라 처분을 하여야 하는가? (10점)

참조조문

행정조사기본법

제2조(정의) 이 법에서 사용하는 용어의 정의는 다음과 같다.
  1. "행정조사"란 행정기관이 정책을 결정하거나 직무를 수행하는 데 필요한 정보나 자료를 수집하기 위하여 현장조사·문서열람·시료채취 등을 하거나 조사대상자에게 보고요구·자료제출요구 및 출석·진술요구를 행하는 활동을 말한다.

解 說

> 행정조사 / 거부처분취소재결에 따른 재처분의무

I. 설문 (1) : 세무조사 및 세무조사결정의 법적 성질

1. 논점의 정리

세무조사는 사실행위라는 측면에서, 세무조사결정은 세무조사를 위한 준비행위라는 측면에서 각각 취소소송의 대상이 되는 처분인지가 문제되는바, 이는 취소소송의 대상으로서 처분을 행정행위에만 한정하여야 하는지 여부에 대한 견해의 대립과 관계가 깊다.

2. 세무조사의 경우

가. 법적 성질

행정조사란 행정기관이 정책을 결정하거나 직무를 수행하는 데 필요한 정보나 자료를 수집하기 위하여 현장조사·문서열람·시료채취 등을 하거나 조사대상자에게 보고요구·자료제출요구 및 출석·진술요구를 행하는 활동을 말하는데(행정조사기본법 제2조 제1호), 세무조사는 세무작용에 필요한 정보나 자료를 수집하기 위한 활동으로서 행정조사에 해당한다. 또한 상대방에게 수인의무를 함께 부과한다는 점에서 권력적 사실행위로서 강제조사에 해당한다.

나. 처분성 유무

(1) 문제점

세무조사와 같은 권력적 사실행위가 취소소송의 대상으로서 처분에 해당하는지에 대하여 논란이 있다. 권력성을 강조하면 처분으로 볼 수 있겠으나, 사실행위 측면을 강조하면 처분성이 부정될 수도 있다.

(2) 학 설

① 권력적 사실행위 그 자체가 공권력의 행사 또는 그 밖에 이에 준하는 작용으로서 취소소송의 대상이 된다는 견해(=긍정설), ② 계속적 성격을 갖는 권력적 사실행위는 수인하명과 사실행위가 결합된 합성행위이므로 이 수인하명이 취소소송의 대상이 된다는 견해(=수인하명설), ③ 사실행위에 대해서는 취소를 생각할 수 없으므로 취소소송의 대상이 될 수 없으며, 다만 당사자소송으로 중지나 금지를 요구하거나 결과제거를 요구하여야 한다는 견해(=부정설)가 대립하고 있다.

(3) 판 례

판례는 계속적 성격을 갖는 권력적 사실행위로 볼 수 있는 단수조치, 교도소 재소자의 이송조치, 교도관 참여대상자 지정 및 참여행위[6]등에 대하여 처분성을 인정한 바 있다.

(4) 사안의 경우

乙의 세무조사는 계속적 성격이 인정되는 권력적 사실행위로서 취소소송의 대상으로서 처분에 해당한다.

3. 세무조사결정의 경우

판례는 세무조사결정이 있는 경우 납세의무자는 세무공무원의 과세자료 수집을 위한 질문에 대답하고 검사를 수인하여야 할 법적 의무를 부담하게 되는 점과 과세처분에 대하여만 다툴 수 있도록 하는 것보다는 그에 앞서 세무조사결정에 대하여 다툼으로써 분쟁을 조기에 근본적으로 해결할 수 있는 점을 들어 세무조사결정의 처분성을 긍정하였다.[7]

II. 설문 (2) : 거부처분취소재결에 따른 재처분의무

1. 논점의 정리

거부처분취소심판을 제기하여 이를 인용하는 경우 그 재결은 취소재결이다. 문제는 거부처분취소재결의 경우에도 거부처분취소판결의 경우와 마찬가지로 기속력의 한 내용으로서 재처분의무가 인정되는지 여부이다.

2. 거부처분취소재결에 따른 재처분의무

재결에 의하여 취소되는 처분이 당사자의 신청을 거부하는 것을 내용으로 하는 경우에는 그 처분을 한 행정청은 재결의 취지에 따라 다시 이전의 신청에 대한 처분을 하여야 한다(행정심판법 제49조 제2항).

3. 사안의 경우

거부처분취소심판을 제기하여 취소재결이 나온 경우, 乙에게는 재결의 취지에 따른 처분을 할 의무가 인정된다. 이때의 재처분은 재결의 취지에 따른 것이므로 취소재결이 실체적 하자를 이유로 하는 것이라면 피청구인은 원칙적으로 인용처분을 하여야 하나, 다만 거부처분 후 법령이 개정된 경우라면 이를 근거로 다시 거부처분을 할 수도 있다. 만일 취소재결이 절차적 하자를 이유로 하는 경우라면 적법한 절차를 거쳐 새로운 처분을 하면 족하며 이때에는 거부처분이라도 상관없다.

---

6) 대판 2014. 2. 13, 2013두20899
7) 대판 2011. 3. 10, 2009두23617,23624

事例 2013년 5급공채시험 변형

A시장은 B에 대하여 도로점용허가를 함에 있어서 점용기간을 1년으로 하고 월 10만원의 점용료를 납부할 것을 부관으로 붙였다. 이에 관한 다음 물음에 답하시오.

1) B는 도로점용허가에 붙여진 부관부분에 대해 다투고자 하는 경우에 부관만을 독립하여 행정소송의 대상으로 할 수 있는가? (13점)

2) 부관을 다투는 소송에서 본안심리의 결과 부관이 위법하다고 인정되는 경우에 법원은 독립하여 부관만을 취소하는 판결을 내릴 수 있는가? (12점)

解 說

부관의 독립쟁송가능성 / 부관의 독립취소가능성

Ⅰ. 설문 1) : 부관의 독립쟁송가능성

1. 논점의 정리

부관의 위법성을 다투려는 자가 침익적인 부관만을 취소소송으로 다툴 수 있는지 여부와 다툴 수 있다면 어떠한 소송형태로 하여야 하는지 여부가 문제된다.

2. 각 부관의 법적 성질

가. 부관의 의의 및 종류

부관은 주된 행정행위의 효과를 제한 또는 보충하기 위하여 부과된 종된 규율로서, 이러한 부관에는 행정행위의 효력의 발생 또는 소멸을 장래의 도래가 불확실한 사실의 발생에 의존시키는 부관인 '조건', 행정행위의 효과의 발생 또는 소멸을 도래가 확실한 장래의 사실에 의존시키는 부관인 '기한', 행정청이 일정한 경우에 행정행위를 철회하여 그 효력을 소멸시킬 수 있는 권한을 유보하는 부관인 '철회권의 유보', 주된 행정행위에 부수하여 상대방에게 작위·부작위·급부·수인 등의 의무를 과하는 부관인 '부담' 등이 있다.

특히, 부담은 주된 행정행위의 구성요소를 이루는 기한이나 조건과는 달리, 주된 행정행위에 추가하여 상대방에게 의무를 부과하는 규율이므로 그 자체로써 별도의 처분성이 인정된다.

나. 사안의 경우

점용기간 1년은 기한에 해당하며, 월 10만원의 점용료 납부명령은 급부의무를 부과하는 것으로서 부담에 해당한다.

3. 부관의 독립쟁송가능성 및 쟁송형태

가. 학 설

① 처분성이 인정되는 부담만이 독립쟁송이 가능하다는 견해, ② 부관이 주된 행정행위로부터 분리가능한 것이면 독립하여 행정쟁송으로 다툴 수 있다는 견해, ③ 부담의 행정행위성 마저 부인하는 전제에서, 모든 부관에 대한 제소가능성을 인정하면서 그때의 소송형태는 항상 부진정일부취소소송이어야 한다는 견해 등이 대립하고 있다.

나. 판 례

판례는 부담은 처분성이 인정되기 때문에 부담 그 자체가 행정소송의 대상이 된다고 한다(진정일부취소소송).[8]

그러나 부담 이외의 기타 부관은 주된 행정행위의 불가분적 요소를 이루고 있기 때문에 독립하여 취소소송의 대상이 될 수 없다고 한다.9) 따라서 부관부 행정행위 전체를 소송의 대상으로 하고 부관부 행정행위 전체의 취소를 구하는 소송을 제기하거나(전체취소소송), 처분청에 부관의 변경을 신청하고 거부처분이 내려지면 거부처분 취소소송을 제기하여야 한다고 본다.

4. 사안의 해결

가. 점용료납부의무의 경우

월 10만원 점용료납부의무는 부담으로서 처분성이 인정되므로 B는 점용료납부의무의 취소를 구하는 소송을 제기하여야 할 것이다(진정일부취소소송).

나. 점용기간 1년의 경우

부진정일부취소소송을 인정하지 않는 판례에 따르면 기한부점용허가를 대상으로 하고 기한부점용허가 전체의 취소를 구하는 소송을 제기하거나(전체취소소송), A시장에게 기한의 변경을 신청하고 거부처분이 나온 경우 거부처분취소소송을 제기하여야 할 것이다.

Ⅱ. 설문 2) : 부관의 독립취소가능성

1. 논점의 정리

부관이 위법한 경우 법원은 위법한 부관만을 취소할 수 있는지 아니면 부관부행정행위 전부를 취소해야 하는지와 관련하여 부관의 독립취소가능성이 문제된다.

2. 학 설

① 주된 행정행위가 기속행위인 경우에만 부관의 취소를 인정할 수 있다는 견해, ② 부관이 주된 행정행위의 본질적 요소가 아닌 경우에만 부관의 취소를 인정할 수 있다는 견해, ③ 부관의 위법성이 인정되면 제한 없이 부관의 취소를 인정할 수 있다는 견해 등이 주장되고 있다.

3. 판 례

판례는 부담의 독립취소가능성은 인정하고 있으나, 부진정일부취소소송을 인정하지 않기에 부담 이외의 나머지 부관의 독립취소가능성은 부정하는 입장이다.

4. 사안의 해결

가. 점용료납부의무의 경우

점용료납부의무 취소소송을 제기받은 법원은 위법성이 인정되는 경우 점용료 납부의무를 취소하는 판결을 할 수 있다.

---

8) 대판 1992. 1. 2, 91누1264
9) 대판 2001. 6. 15, 99두509

나. 점용기간 1년의 경우

부진정일부취소소송을 인정하지 않는 판례에 따르면 기한부도로점용허가 전부를 취소하는 판결을 할 것이다.

事例   2009년 5급공채시험 변형

   A郡의 주택담당 지방공무원으로 근무하던 甲은 신규아파트가 1동의 건물로 되어 있기 때문에 동별(棟別) 사용승인이 부적합함에도 불구하고 동별 사용승인을 하였다.
   이에 A군의 인사위원회는 이러한 사용승인으로 말미암아 민원이 야기됨은 물론, 건축 승인조건인 도로의 기부체납이 지연되거나 이행되지 않을 우려가 있음을 이유로 지방공무원법 제48조 성실의무 위반을 들어 甲을 징계의결하려고 한다. A郡의 인사위원회는, 「A郡지방공무원징계양정에 관한 규칙」 제2조 제1항 및 [별표 1] '징계양정기준'에 의하여 이 같은 비위사실에 대하여는 견책으로 징계를 하여야 할 것이지만, 동 규칙 제4조 제1항 및 [별표 3] '징계양정감경기준'에 따라 甲에게 표창공적이 있음을 이유로 그 징계를 감경하여 불문으로 하되, 甲에게 경고할 것을 권고하는 의결을 하였고, 이에 따라 A군의 군수는 甲을 '불문경고'에 처하였다. 한편 A郡이 소속한 B도 도지사의 「B道지방공무원인사기록및인사사무처리지침」에는 불문경고에 관한 기록은 1년이 경과한 후에 말소되어 또한 불문경고를 받은 자는 각종 표창의 선정대상에서 1년간 제외하도록 규정하고 있다.

1) 불문경고의 처분성 여부 및 징계와의 관련성을 검토하시오. (13점)
2) 불문경고에 대한 甲의 행정쟁송상 권리구제 수단을 검토하시오. (12점)

참조조문

지방공무원법

제13조(소청심사위원회의 설치)
공무원의 징계, 그 밖에 그 의사에 반하는 불리한 처분이나 부작위(不作爲)에 대한 소청을 심사·결정하기 위하여 시·도에 제6조에 따른 임용권자별로(임용권을 위임받은 자는 제외한다) 지방소청심사위원회 및 교육소청심사위원회(이하 "심사위원회"라 한다)를 둔다.

제20조의2(행정소송과의 관계)
제67조에 따른 처분, 그 밖에 본인의 의사에 반한 불리한 처분이나 부작위에 관한 행정소송은 심사위원회의 심사·결정을 거치지 아니하면 제기할 수 없다.

제70조(징계의 종류)
징계는 파면·해임·강등·정직·감봉 및 견책으로 구분한다.

▮ 解 說

> 불문경고조치[10]

Ⅰ. 설문 1) : 불문경고의 처분성 여부 및 징계와의 관련성

1. 불문경고의 처분성 여부

가. 문제점

불문경고가 인사권자의 단순한 권고 내지 지도에 불과한 것으로서 처분성이 부정되는 내부 행위인지, 아니면 공무원의 신분상에 불이익을 초래하는 법적인 행위로서 처분성이 인정되는 것인지 문제된다.

나. 취소소송의 대상으로서 처분

행정소송법 제19조에서 취소소송은 처분을 대상으로 한다고 규정하고 있고, 동법 제2조 제1항 제1호에 의하면 처분은 행정청이 행하는 구체적 사실에 관한 법집행으로서의 공권력의 행사 또는 그 거부와 그 밖에 이에 준하는 행정작용으로 규정하고 있다.

이와 같은 행정소송법상의 처분개념을 해석하면, ① 행정청의 행위이어야 하고, ② 구체적 사실에 관한 법집행행위이어야 하며, ③ 공권력적 행위이고, ④ 외부에 대한 법적 행위로서 국민의 권리·의무에 직접적인 영향을 미치는 것이어야 한다.

다. 불문경고의 경우

불문경고가 직접 상대방의 법적 지위나 권리·의무에 변동을 가하는 것은 아니지만, 불문경고에 관한 기록이 말소되지 않는 1년 동안은 각종 표창의 대상자에서 제외되는 효과가 있으며, 불문경고를 받지 아니하였다면 차후 다른 징계처분을 받게 될 경우 징계감경사유로 사용될 수 있는 표창공적의 사용가능성을 소멸시키는 효과가 있으므로 그 밖에 이에 준하는 작용으로서 처분성을 긍정하는 것이 타당하다.

2. 징계와의 관련성

가. 공통점

공무원의 비위사실이 원인이며, 공무원의 신분상 지위에 불이익을 줄 수 있어 행정쟁송을 제기할 수 있다는 점에서는 공통된다.

---

10) 이 문제는 대법원 2002. 7. 26. 선고 2001두3532 판결을 바탕으로 만들어졌습니다.

나. 차이점

징계는 국가공무원법이나 지방공무원법 같은 법률에 근거하고 법률에 의한 효과가 발생하는 데 비하여, 불문경고는 행정규칙에 근거하고 행정규칙의 내부적 구속력에 의해 일정한 효과가 발생한다는 점에서 차이가 있다.

다. 소 결

불문경고조치는 또 하나의 감경된 징계처분은 아니며 다만 징계의 종류 중 가장 가벼운 견책을 감경할 때에는 이를 불문에 붙여 아무런 징계처분을 하지 않고 그 대신 경고를 한다는 뜻으로 보아야 할 것이다.

Ⅱ. 설문 2) : 불문경고에 대한 행정쟁송상의 권리구제수단

1. 소청심사청구

지방공무원에 대하여 징계처분 그 밖에 본인의 의사에 반한 불리한 처분이 나온 경우, 해당 공무원은 시·도 소속 지방소청심사위원회에 소청을 제기할 수 있다.

사안의 경우, 불문경고는 징계처분은 아니지만 그 밖에 본인의 의사에 반하는 불리한 처분이므로 지방공무원 甲은 B도 소청심사위원회에 소청을 제기할 수 있다.

2. 항고소송

가. 원처분주의

甲이 소청을 제기하여 인용결정을 받은 경우에는 더 이상 불복할 이유가 없으나, 기각결정·각하결정을 받은 경우에는 불복할 필요가 있으므로 항고소송을 제기할 수 있다. 다만 불문경고조치는 성질상 일부취소가 불가능하며, 가장 가벼운 형태의 불이익이므로 다른 처분으로 변경될 수 없으므로 일부인용결정이나 변경결정, 변경명령결정은 불가능할 것이다.

한편 이때 항고소송의 대상이 원처분으로서 불문경고인지 재결인지 문제되나, 우리 행정소송법은 원처분중심주의를 선언하고 있어 기본적으로 원처분이 소송의 대상이고 재결은 재결 고유의 하자가 존재하는 경우에만 취소소송의 대상이 되도록 하고 있다(행정소송법 제19조).

나. 소청심사전치주의

甲이 소청심사위원회의 결정에 불복하는 경우 취소소송 또는 무효확인소송을 제기할 수 있다. 다만 취소소송을 제기하려면 먼저 소청심사위원회의 심사·결정을 거쳐야 하나(지방공무원법 제20조의2, 행정소송법 제18조 제1항 단서), 무효확인소송의 경우에는 소청심사청구 없이 바로 무효확인소송을 제기할 수 있다(행정소송법 제38조 제1항).

3. 집행정지

甲은 취소소송 또는 무효확인소송을 제기하면서 집행정지를 신청할 수 있다(행정소송법 제23조, 동법 제38조 제1항).

事例 2009년 사법시험 변형

A장관은 소속 일반직공무원인 甲이 '재직 중 국가공무원법 제61조 제1항을 위반하여 금품을 받았다'는 이유로 적법한 징계절차를 거쳐 2008. 4. 3. 甲에 대해 해임처분을 하였고, 甲은 2008. 4. 8. 해임처분서를 송달받았다. 이에 甲은 소청심사위원회에 이 해임처분이 위법·부당하다고 주장하며 소청심사를 청구하였다. 소청심사위원회는 2008. 7. 25. 해임을 3개월의 정직처분으로 변경하라는 처분명령재결을 하였고, 甲은 2008. 7. 30. 재결서를 송달받았다. A장관은 2008. 8. 5. 甲에 대해 정직처분을 하였다. 2008. 8. 10. 정직처분서를 송달받은 甲은 취소소송을 제기하고자 한다. 처분을 대상으로 취소소송을 제기하는 경우 어떠한 처분을 대상으로 할 것인가? 또 이 취소소송에서 어느 시점을 제소기간 준수여부의 기준시점으로 하여야 하는가? (25점)

解說

> 처분변경명령재결[11]

1. 논점의 정리

행정심판을 제기하여 (처분)변경명령재결이 나오고 상대방이 이러한 행정심판의 결과에 불복하여 취소소송을 제기하려고 할 때, 취소소송의 대상은 변경된 원처분인지 변경명령재결인지 아니면 변경처분인지가 문제되며, 이때 무엇을 취소소송의 대상으로 보느냐에 따라 제소기간의 기산점이 달라질 것이다.

2. 취소소송의 대상에 대한 입법주의

행정심판의 재결에 불복하여 취소소송을 제기하는 경우에 원처분을 대상으로 하여야 하는지 아니면 재결을 대상으로 하여야 하는지에 대하여 견해의 대립이 있는바, 우리 행정소송법 제19조 단서는 "재결취소소송의 경우에는 재결 자체에 고유한 위법이 있음을 이유로 하는 경우에 한한다"고 규정하여 원처분주의를 취하고 있다.

이런 원처분주의에서 재결이 취소소송의 대상이 되는 경우는 재결 자체에 주체·절차·형식 그리고 내용상 위법이 있는 경우를 말한다.

3. (처분)변경명령재결의 경우 소의 대상

가. 학 설

① 변경명령재결에 따른 행정청의 변경처분은 재결의 기속력에 의한 부차적인 행위로서 변경처분을 하게 된 것이 위원회의 의사이지 행정청의 의사가 아니므로 변경명령재결이 취소소송의 대상이 된다는 견해, ② 변경명령재결에 의해 원처분은 소멸되었고 국민에 대한 구체적인 침해는 변경처분이 있어야 현실화된다는 점을 강조하여 변경처분이 취소소송의 대상이 된다는 견해와 ③ 변경명령재결은 원처분의 강도를 변경하는 것에 불과하다는 입장에서 변경된 원처분이 취소소송의 대상이 된다는 견해가 대립하고 있다.

나. 판 례

판례는 행정청이 영업자에게 행정제재처분을 한 후 일부인용의 (처분)변경명령재결에 따라 당초 처분을 영업자에게 유리하게 변경하는 처분을 한 경우 그 취소소송의 대상은 변경된 내용의 당초 처분이지 변경처분은 아니라고 판시한 바 있다.

---

[11] 이 문제는 대법원 2007. 4. 27. 선고 2004두9302 판결을 참고하여 만들어졌습니다.

다. 사안의 경우

판례의 입장에 따를 때, 취소소송의 대상은 변경된 내용의 원처분이 되어야 하므로 결국 취소소송의 대상은 A장관이 행한 2008. 4. 3. 3개월 정직처분이다.

4. 제소기간의 기산점

가. 행정소송법 제20조 제1항의 규정

취소소송의 제소기간은 송달 기타 공고 등을 통하여 처분등이 있음을 안 날로부터 기산하는 것이 원칙이나, 적법한 행정심판청구가 있는 경우에는 재결서 정본을 송달받은 날부터 기산한다.

나. 사안의 경우

변경된 원처분이 취소소송의 대상이 되어야 한다는 판례의 입장에 따르면 제소기간의 준수 여부도 변경된 원처분을 기준으로 판단하여야 한다. 따라서 甲은 해임처분서를 송달받은 날인 2008. 4. 8.부터 90일 이내에 취소소송을 제기하여야 하나, 행정심판을 제기한 경우에 해당되기 때문에 재결서를 송달받은 날인 2008. 7. 30.부터 90일 이내에 취소소송을 제기하여야 한다(행정소송법 제20조 제1항 단서).[12]

5. 사안의 해결

甲은 A장관의 2008. 4. 3. 3개월 정직처분을 대상으로 2008. 7. 30.부터 90일 이내에 취소소송을 제기할 수 있다.

---

12) 대판 2007. 4. 27, 2004두9302

事例 2013년 사법시험 변형

　X시 소속 공무원 甲은 다른 동료들과 함께 회식을 하던 중 옆자리에 앉아 있던 동료 丙과 시비가 붙어 그를 폭행하였다. 이러한 사실이 지역 언론을 통하여 크게 보도되자, X시의 시장 乙은 적법한 절차를 통해 甲에 대해 정직 3월의 징계처분을 하였다. 甲은 "해당 징계처분이 과도하기 때문에 위법이다."라고 주장하면서, X시 소청심사위원회에 소청을 제기하였다. 이에 대해 X시 소청심사위원회는 정직 3월을 정직 2월로 변경하는 결정을 내렸다. 甲은 2월의 정직기간 만료 전에 X시 소청심사위원회가 내린 정직 2월도 여전히 무겁다고 주장하면서 취소소송을 제기하려고 한다. 이 경우 취소소송의 피고 및 대상을 검토하시오. (25점)

解說

일부취소재결

1. 논점의 정리

공무원의 징계처분에 대한 소청심사는 특별행정심판에 해당하며 그에 대한 결정은 행정심판의 재결에 해당한다. 이와 관련하여, 소청심사위원회가 정직 3월을 정직 2월로 변경한 경우 소의 대상이 원처분인지 변경처분인지 문제되며, 그에 따라 취소소송의 피고가 원처분청인 시장 乙인지 아니면 소청심사위원회인지 문제된다.

2. 취소소송의 대상에 대한 입법주의

행정심판의 재결에 불복하여 취소소송을 제기하는 경우에 원처분을 대상으로 하여야 하는지 아니면 재결을 대상으로 하여야 하는지에 대하여 견해의 대립이 있는바, 우리 행정소송법 제19조 단서는 "재결취소소송의 경우에는 재결 자체에 고유한 위법이 있음을 이유로 하는 경우에 한한다"고 규정하여 원처분주의를 취하고 있다.

이런 원처분주의에서 재결이 취소소송의 대상이 되는 경우는 재결 자체에 주체·절차·형식 그리고 내용상 위법이 있는 경우를 말한다.

3. 변경재결(또는 일부취소재결)의 경우 취소소송의 대상

가. 학설

원처분주의의 원칙상 변경된 원처분이 취소소송의 대상이 된다는 견해와 행정심판기관에 의한 변경재결은 당초처분을 대체하는 새로운 처분이므로 행정심판기관의 변경재결이 취소소송의 대상이 된다는 견해가 대립하고 있다.

나. 판례

판례는 감봉처분을 소청심사위원회가 견책처분으로 변경한 재결에 대한 취소소송에서 소청심사위원회의 재량권의 일탈·남용은 재결의 고유한 위법이라고 볼 수 없다고 하여[13] 변경재결에 대한 취소소송의 제기를 인정하지 않고 있는바, 변경된 원처분설의 입장이라 할 수 있다.

---

[13] 대판 1993. 8. 24, 93누5673

4. 취소소송의 피고

가. 문제점

먼저 소청심사위원회와 같은 합의제 행정기관도 취소소송의 피고가 될 수 있는지 살펴보고, 취소소송의 대상에 따라서 시장 乙과 소청심사위원회 중 누가 해당 사안의 피고가 될 것인지 살펴보도록 한다.

나. 소청심사위원회도 취소소송의 피고가 될 수 있는지 여부

취소소송의 피고적격은 처분이나 재결의 효과가 귀속되는 국가나 지방자치단체와 같은 권리의무의 귀속주체가 갖는 것이 원칙이나, 우리 행정소송법은 소송수행의 편의를 위하여 처분을 행한 행정청에게 피고적격을 인정하고 있다(법 제13조 제1항).

한편 행정청이란 행정주체의 의사를 결정하여 이를 대외적으로 표시할 수 있는 권한을 가진 행정기관을 의미하는바, 합의제 행정기관의 경우에도 법령에 의하여 자신의 이름으로 처분을 할 수 있는 권한이 주어진 경우에는 행정청이 될 수 있다. 소청심사위원회는 자신의 이름으로 소청에 대한 결정을 할 수 있는 권한이 주어져 있으므로 합의제 행정청에 해당한다. 따라서 취소소송의 피고가 될 수도 있다.

다. 사안의 경우

사안의 경우, 취소소송의 대상이 원처분이므로 甲은 소청심사위원회가 아닌 원처분청인 시장 乙을 피고로 취소소송을 제기하여야 할 것이다.

5. 사안의 해결

甲은 시장 乙을 피고로 하여 정직 2월 처분의 취소를 구하는 소송을 제기하여야 할 것이다.

事例　2014년 공인노무사

A회사의 근로자 甲은 노동조합을 설립하고자 「노동조합 및 노동관계조정법」 제10조에 따라 설립신고를 하였으나, 甲이 설립하는 노동조합은 경비의 주된 부분을 사용자로부터 원조받는 조직으로, 동법 제2조 제4호에 의해 노동조합으로 보지 아니하는 것이다. 그럼에도 불구하고 관할 행정청은 甲의 조합설립신고를 수리하였고, 이에 A회사는 甲의 조합은 무자격조합임을 이유로 신고수리에 대해 취소심판을 제기하였다. 다음 물음에 답하시오. (총 50점)

(1) A회사가 제기한 심판청구의 적법성에 관한 법적 쟁점을 설명하시오. (30점)

(2) 만약 A회사의 취소심판이 인용되어 취소명령재결이 행해진다면, 甲은 이러한 인용재결에 대해 취소소송으로 다툴 수 있는가? (20점)

▌解 說

> 노동조합설립신고수리의 처분성 여부 / 청구인적격
> / 취소명령재결의 경우 소의 대상

Ⅰ. 설문 (1) : 심판청구의 적법성

1. 논점의 정리

행정심판의 제기가 적법하기 위해서는 청구인적격이 있는 자가(행정심판법 제13조), 처분이나 부작위를 대상으로(동법 제3조, 대상적격), 심판청구기간 내에(동법 제27조, 심판청구기간), 피청구인을 상대로(동법 제17조, 피청구인적격), 일정한 사항을 기재한 서면으로(동법 제28조), 피청구인이나 행정심판위원회에 제기하여야 한다(동법 제23조).

이와 관련하여 설문은 먼저 노동조합설립신고에 대한 수리가 행정심판의 대상으로서 처분에 해당하는지 문제되고, 만약 처분성이 인정된다 하더라도 처분의 제3자로서 A회사가 이를 다툴 청구인적격이 있는지 여부가 문제된다.

2. 노동조합설립신고수리의 처분성 여부

가. 노동조합설립신고의 법적 성격

(1) 신고의 의의 및 종류

사인의 공법행위로서 신고란 사인이 공법적 효과의 발생을 목적으로 행정주체에 대하여 일정한 사실을 알리는 행위로서, 신고만으로 금지해제의 효과가 발생하는지 아니면 신고에 대한 수리라는 의사표시를 통해서 금지해제가 발생하는지에 따라 자체완성적 신고와 행정요건적 신고로 구분된다.

(2) 신고의 구별기준

신고요건으로 형식적 요건만을 요구하는 경우에는 자체완성적 신고로 볼 수 있고, 신고요건으로 형식적 요건 이외에 실질적 요건도 함께 요구하는 경우에는 행정요건적 신고로 보아야 할 것이다.

(3) 노동조합설립신고의 경우

노동조합설립신고를 받은 관할 행정청은 해당 신고가 노동조합 및 노동관계조정법(이하 '노동조합법'이라 한다) 제2조 제4호의 각 목에 해당하는지 여부를 심사하도록 되어 있는바, 이는 노동조합으로서의 실질적 요건을 갖추지 못한 노동조합의 난립을 방지함으로써 근로자의 자주적이고 민주적인 단결권 행사를 보장하려는 데 있다. 따라서 노동조합설립신고는 행정요건적 신고로 보아야 할 것이다.[14]

나. 노동조합설립신고수리의 처분성 여부

(1) 취소심판의 대상으로서 처분

행정청의 어떤 행위가 취소심판의 대상이 되는 처분이 되기 위해서는 구체적 사실에 관한 법집행으로서 공권력의 행사에 해당하여야 한다(행정심판법 제2조 제1호).

(2) 사안의 경우

행정요건적 신고에 해당하는 노동조합설립신고에 대한 수리이므로 이는 단순한 접수행위가 아니라 행정청의 의사표시로서 금지해제의 효과를 부여하는 공권력의 행사에 해당한다. 따라서 취소심판의 대상으로서 처분에 해당한다.

3. A회사의 청구인적격 인정여부

가. 취소심판의 청구인적격

취소심판은 처분의 취소 또는 변경을 구할 법률상 이익이 있는 자가 제기할 수 있는바(행정심판법 제13조 제1항 전단), 이때 '법률상 이익'이 무엇을 의미하는지에 대하여 ① 권리구제설, ② 법률상이익구제설, ③ 보호가치있는이익구제설, ④ 적법성보장설로 대립되고 있으나, 학설의 일반적 경향은 이때의 법률상 이익을 문자 그대로 '법률상 보호되는 이익'으로 파악하고 있다.

이러한 법률상이익구제설에 따르면 법률상 이익이란 처분의 근거법규 등에 의하여 보호되는 개별적·직접적·구체적 이익을 의미한다.

나. 사안의 경우

노동조합 설립신고의 수리 그 자체에 의하여 사용자에게 어떤 공적 의무가 부과되는 것이 아니므로 행정관청이 노동조합의 설립신고를 수리한 것만으로는 사용자의 어떤 법률상의 이익이 침해되었다고 할 수 없다. 따라서 사용자는 노동조합 설립신고의 수리처분을 다툴 청구인적격이 인정되지 않는다.[15]

다. 보론

행정소송법이 위법한 처분에 대해서만 행정소송을 제기할 수 있도록 규정하고 있는데 반해(행정소송법 제1조, 제4조) 행정심판법은 위법한 처분뿐만 아니라 부당한 처분에 대해서도 행정심판을 제기할 수 있도록 규정하고 있다(행정심판법 제1조, 제5조).

이렇게 심판대상에서 차이가 있음에도 불구하고 행정심판의 청구인적격을 행정소송의 원고적격과 동일하게 "법률상 이익"이 있는 자로 한정하고 있는 현행 행정심판법상 청구인적격에 관한 규정(동법 제13조)이 입법상 과오이므로 이를 개정할 필요가 있다는 주장이 있는바, 경청할 필요가 있다.

---

14) 대판 2014. 4. 10. 2011두6998
15) 대판 1997. 10. 14. 96누9829

4. 사안의 해결

노동조합설립신고수리의 처분성은 인정되나, A회사의 청구인적격이 부정되므로 위원회는 A회사의 심판청구를 부적법 각하하여야 한다.

Ⅱ. 설문 (2) : 취소명령재결을 취소소송으로 다툴 수 있는지 여부[16]

1. 논점의 정리

인용재결을 취소소송으로 다툴 수 있는지 여부가 행정소송법 제19조의 해석과 관련하여 문제되며, 그 밖에 노동조합의 구성원으로서 甲이 A회사에 대한 인용재결을 다툴 원고적격이 있는지 문제된다.

2. 대상적격

가. 문제점

행정심판의 재결에 불복하여 취소소송을 제기하는 경우에 원처분을 대상으로 하여야 하는지 아니면 재결을 대상으로 하여야 하는지에 대하여 견해의 대립이 있는바, 우리 행정소송법 제19조 단서는 "재결취소소송의 경우에는 재결 자체에 고유한 위법이 있음을 이유로 하는 경우에 한한다"고 규정하여 원처분주의를 취하고 있다.

이런 원처분주의에서 재결이 취소소송의 대상이 되는 경우는 재결 자체에 주체·절차·형식 그리고 내용상 위법이 있는 경우를 말한다.

나. 위원회의 취소명령재결이 취소소송의 대상이 되는지 여부

재결이 취소소송의 대상이 되기 위해서는 재결 고유의 하자가 인정되어야 한다. 이와 관련하여 제3자효 행정행위에 대한 제3자의 취소심판청구에 대하여 취소명령재결이 있는 경우, 이 취소명령재결을 소의 대상으로 삼아 취소소송을 제기할 때 재결 고유의 하자가 인정되는지가 문제된다.

이와 관련하여 판례는 "인용재결은 원처분과 내용을 달리하는 것이므로, 그 인용재결의 취소를 구하는 것은 원처분에는 없는 재결의 고유한 하자를 주장하는 셈이어서 당연히 항고소송의 대상이 된다"고 판시하여 재결의 고유한 하자를 인정하는 것을 전제로 취소명령재결이 취소소송의 대상이 된다고 보고 있다.

3. 원고적격

취소소송은 처분의 취소를 구할 법률상 이익이 있는지가 제기할 수 있는바(행정소송법 제12조), 노동조합이 아닌 노동조합의 구성원인 근로자 개인이 위 취소명령재결을 다툴 원고적격이 있는지 문제된다.

---

[16] 2010년 행정심판법 개정시 취소명령재결은 삭제가 되었으나, 출제의도에 따라 취소명령재결이 가능함을 전제로 문제를 풀겠습니다.

판례는 노동조합에게는 노동조합신고반려처분의 당사자적격을 인정하고 있으나, 구성원인 근로자 개인에게는 당사자적격을 부인하고 있다. 그렇다면 이와 유사한 노동조합설립신고수리취소명령재결의 경우에도 노동조합에게는 원고적격이 인정될 것이나, 구성원인 근로자 개인에게는 원고적격을 부인할 것이다.

4. 사안의 해결

행정소송법 제19조 단서에 따라 취소명령재결도 취소소송의 대상이 된다. 다만 노동조합의 구성원인 근로자 甲에게는 노동조합설립신고수리취소명령재결을 다툴 원고적격이 부인될 것이며, 그에 따라 甲이 제기한 소송은 각하될 것이다. 따라서 甲이 아닌 甲이 속한 노동조합이 취소소송을 제기하여야 한다.

事例 2016년 공인노무사

다음 질문에 답하시오. (총 50점)
(단, 행정쟁송법과 무관한 노동법적인 쟁점에 대해서는 서술하지 말 것)

(1) A회사에 근무하는 근로자 甲은 사용자와의 임금인상에 관한 문제를 해결하고 근로조건의 개선을 도모하고자 A회사에 노동조합을 조직하고 관할시장 乙에게 설립신고서를 제출하였다. 이에 관할시장 乙은 A회사 노동조합 설립신고서에는 'A회사로부터 해고되어 노동위원회에 부당노동행위의 구제신청을 하고 중앙노동위원회의 재심판정이 있기 전의 자'를 조합원으로 가입시킬 수 있다고 명시되어 있고, 이는 「노동조합 및 노동관계조정법」 제2조 제4호 라목의 '근로자가 아닌 자의 가입을 허용하는 경우'에 해당한다는 이유로 甲의 설립신고서를 반려하였다. 관할 시장 乙의 설립신고서 반려행위에 대하여, 취소소송을 통한 권리구제방안을 논하시오. (35점)

(2) 취소소송의 인용판결 확정으로 A회사노동조합은 적법하게 설립신고를 완료하였다. 이후 A회사 사용자는 임금인상을 요구하는 근로자 丙에 대하여 업무정지를 명하고, 수일 후에 해고를 명하였다. A회사노동조합은 이에 대해 관할 지방노동위원회에 구제신청을 하였다. 관할 지방노동위원회는 A회사에게 "丙을 원직에 복직시키고 업무정지 및 해고기간 동안 정상적으로 근무하였다면 받을 수 있었던 임금상당액을 지급하라"는 구제명령을 내렸다. A회사는 丙에 대한 업무정지 및 해고는 정당하고 임금상당액도 지급할 의무가 없다는 취지로 중앙노동위원회에 재심을 신청하였다. 이에 대해 중앙노동위원회는 "해고는 부당노동행위에 해당하나 업무정지는 부당노동행위에 해당하지 않으며, A회사는 해고기간 동안의 임금상당액만을 지급하라"는 재심판정을 하였다. 이 때 A회사가 취소소송을 제기하는 경우 취소소송의 대상은? (15점)

▌解說

> 신고반려 / 거부처분에 대한 행정소송법상 구제수단 / 재결주의

Ⅰ. 설문 1 : 거부처분취소소송

1. 논점의 정리

먼저 관할 시장 乙의 노동조합설립신고에 대한 반려행위가 취소소송의 대상으로서 거부처분에 해당하는지를 판단한다.

만약 거부처분에 해당하여 이에 대하여 취소소송을 제기하였을 때 어떠한 권리구제수단을 도모할 수 있는지 살펴보도록 한다.

2. 노동조합설립신고반려의 처분성 여부

가. 문제점

노동조합설립신고반려가 취소소송의 대상으로서 처분인지 여부는 노동조합설립신고의 성격을 어떻게 보느냐에 따라 좌우될 수 있으므로 먼저 노동조합설립신고의 법적 성격을 살펴본 후, 그에 따라 설립신고반려의 처분성 여부를 논하기로 한다.

나. 노동조합설립신고의 법적 성격

(1) 신고의 의의 및 종류

사인의 공법행위로서 신고란 사인이 공법적 효과의 발생을 목적으로 행정주체에 대하여 일정한 사실을 알리는 행위를 말한다.

이러한 신고는 행정청에 대하여 일정한 사항을 통지함으로써 의무가 끝나는 신고로서 수리를 요하지 않으며 신고 그 자체로서 법적 효과를 발생시키는 자체완성적 신고와 행정청에 대하여 일정한 사항을 통지하고 행정청이 이를 수리함으로써 법적 효과가 발생하는 행정요건적 신고가 있다.

(2) 신고의 구별기준

신고요건으로 형식적 요건만을 요구하는 경우에는 자체완성적 신고로 볼 수 있고, 신고요건으로 형식적 요건 이외에 실질적 요건도 함께 요구하는 경우에는 행정요건적 신고로 보아야 할 것이다.

(3) 노동조합설립신고의 경우

노동조합설립신고를 받은 관할 행정청은 해당 신고가 노동조합 및 노동관계조정법(이하 '노동조합법'이라 한다) 제2조 제4호의 각 목에 해당하는지 여부를 심사하도록 되어 있는바, 이는 노동조합으로서의 실질적 요건을 갖추지 못한 노동조합의 난립을 방지함으로써 근로자의 자

주적이고 민주적인 단결권 행사를 보장하려는 데 있다. 따라서 노동조합설립신고는 행정요건적 신고로 보아야 할 것이다.[17]

다. 노동조합설립신고반려의 처분성 여부

(1) 행정요건적 신고에 대한 반려의 처분성 여부

행정요건적 신고의 경우에는 행정청의 '수리'라는 단독적인 의사표시에 의하여 법적 효과가 발생하므로, 적법 요건을 갖춘 신고가 있다하더라도 행정청에 의해 수리되지 않으면 법적 효과가 발생하지 않는다. 따라서 행정요건적 신고에서 수리의 거부는 거부처분에 해당하여 행정소송의 대상이 된다.

판례도 주민등록전입신고나 인·허가가 의제되는 건축신고를 수리를 요하는 신고로 보고, 그 수리거부의 처분성을 긍정하는 전제에서 본안판결을 하였다.

(2) 사안의 경우

노동조합설립신고는 행정요건적 신고에 해당하므로 그 수리는 단순한 접수행위가 아니라 행정청의 의사표시로서 금지해제의 효과를 부여하는 공권력의 행사에 해당한다. 따라서 수리거부도 공권력의 행사에 대한 거부로서 취소소송의 대상인 거부처분에 해당한다(행정소송법 제2조 제1항 제1호). 결국 관할 시장 乙의 노동조합 설립신고서 반려는 취소소송의 대상이 될 수 있다.

3. 취소소송

거부처분에 대한 취소소송을 제기하여 취소판결이 확정되면 기속력의 한 내용으로서 행정청에게 재처분의무가 인정되며(행정소송법 제30조 제2항), 이러한 재처분의무를 행정청이 이행하지 않으면 甲은 제1심 수소법원에 간접강제를 신청하여(행정소송법 제34조) 자신의 권익보호를 실현할 수 있다.

4. 가구제

가. 집행정지 인정여부

거부처분에 대한 집행정지를 인정할 실익이 있는지에 대하여 견해가 대립하고 있다. 이에 대해 판례는 거부처분에 대한 집행정지를 인정한다 하더라도 그 거부처분이 없었던 것과 같은 상태를 만드는 것에 지나지 않는 것이고, 그 이상으로 행정청에 대하여 어떠한 처분을 명하는 등 적극적인 상태를 만들어낼 수 없다는 이유로 거부처분에 대한 집행정지신청을 이익흠결로 각하하고 있다.[18]

나. 가처분 허용여부

민사집행법 제300조 제2항의 가처분에 관한 규정을 행정소송에도 준용하여 잠정적인 허가 등을 명하는 조치를 할 수 있는지 여부가 문제되는바, 판례는 "항고소송에 대하여는 민사집행법상 가처분에 관한 규정이 적용되지 않는다"고 판시하여 부정하는 입장이다.[19]

---

17) 대판 2014. 4. 10. 2011두6998
18) 대결 1991. 5. 2, 91두15
19) 대판 1980. 12. 22, 80두5

5. 사안의 해결

甲은 관할시장 乙의 설립신고서 반려행위에 대하여 취소소송을 제기할 수 있다. 다만 이에 대한 집행정지나 가처분은 신청할 수 없다.

Ⅱ. 설문 2 : 재결주의

1. 논점의 정리

원처분에 해당하는 관할지방노동위원회의 구제명령과 재결에 해당하는 중앙노동위원회의 재심판정 중 어떤 것이 취소소송의 대상이 될 것인지가 문제된다. 이는 취소소송의 대상에 대한 입법주의의 대립과 관련이 깊다.

2. 취소소송의 대상에 대한 입법주의

가. 원처분주의와 재결주의

원처분주의는 원처분과 재결 중 어느 것에 대하여도 소를 제기할 수 있으나, 원처분의 위법은 원처분취소소송에서만 주장할 수 있고, 재결취소소송에서는 원처분의 위법은 주장할 수 없고 재결 자체의 고유한 위법만을 주장할 수 있도록 하는 제도를 말한다. 그에 반해 재결주의는 원처분에 대하여는 소송을 제기할 수 없고, 재결에 대하여만 소송을 제기할 수 있도록 하되, 재결 자체의 위법뿐만 아니라 원처분의 위법도 재결취소소송에서 주장할 수 있도록 하는 제도를 말한다. 따라서 재결주의의 경우 원고가 원처분의 취소를 구하면 부적법 각하가 된다.

나. 우리나라의 경우

우리 행정소송법 제19조는 취소소송의 대상을 원칙적으로 원처분으로 하고, 재결에 대하여는 그 재결 자체에 고유한 위법이 있음을 이유로 하는 경우에 한하여 제소를 허용하는 원처분주의를 취하고 있다.

다만 개별법률에서 재결주의를 채택하고 있는 경우에는 재결이 취소소송의 대상이 되는바, 부당노동행위에 대한 구제절차가 원처분주의인지 아니면 재결주의인지 판단해보기로 한다.

3. 부당노동행위에 대한 구제절차

가. 지방노동위원회에 대한 구제신청

사용자의 부당노동행위로 인하여 권리를 침해당한 근로자 또는 노동조합은 지방노동위원회에 구제신청을 할 수 있으며(노동조합 및 노동관계조정법 제82조), 지방노동위원회는 이에 대하여 심문을 한 후 결정을 한다.

나. 중앙노동위원회에 대한 재심신청

위 지방노동위원회의 결정에 불복하는 당사자는 결정서를 송달받은 날부터 10일 이내에 중앙노동위원회에 재심을 신청할 수 있으며(노동조합 및 노동관계조정법 제85조 제1항), 중앙노동위원회는 이에 대하여 심문을 한 후 재심판정을 한다.

다. 행정소송의 제기

위 중앙노동위원회의 재심판정에 불복하는 근로자 및 노동조합, 사용자는 재심판정서를 송달받은 날부터 15일 이내에 행정소송을 제기하여야 하는데(노동조합 및 노동관계조정법 제85조 제1항, 제2항), 어느 경우든 상관없이 중앙노동위원회의 '재심판정'이 취소소송의 대상이 된다(노동위원회법 제27조 제1항). 지방노동위원회의 구제신청에 대한 판정이 원처분에 해당하는데 반해, 중앙노동위원회의 재심신청에 대한 판정은 행정심판에 대한 재결의 성질을 갖고 있는바, 노동위원회법 제27조 제1항이 중앙노동위원회의 처분에 대해서만 행정소송을 제기할 수 있도록 하는 것은 행정소송법의 기본적인 태도인 원처분주의(행정소송법 제19조)와는 달리 재결주의를 취한 대표적인 예에 해당한다.

4. 사안의 해결

A회사가 취소소송을 제기하는 경우 그 대상은 중앙노동위원회의 '재심판정'이 된다.

事例　2012년 공인노무사

지방노동위원회의 처분(「근로기준법」 제30조에 따른 구제명령과 그에 준하는 것)에 대한 행정쟁송절차를 설명하시오(다툼이 있을 경우 판례에 따름). (25점)

▌解 說

> ## 재결주의

1. 논점의 정리

일반적으로 행정처분에 불복하는 경우에는 행정심판과 같은 전심절차를 거친 이후에 취소소송을 제기하거나 아니면 바로 취소소송을 제기한다(행정소송법 제18조 제1항 본문). 다만 개별법령에서 전심절차에 대한 결정만을 취소소송의 대상으로 하도록 요구하고 있는 경우에는 반드시 전심절차를 거친 이후에만 취소소송을 제기할 수 있는데, 지방노동위원회의 처분에 불복하는 경우에 어떤 절차를 거쳐 무엇을 대상으로 누구를 피고로 소송을 제기할 것인지를 노동위원회법의 규정을 중심으로 살펴보기로 한다.

2. 지방노동위원회의 처분의 특징

사용자가 근로자에 대하여 정당한 이유 없이 해고, 휴직, 정직, 전직, 감봉, 그 밖의 징벌과 같은 행위(부당해고등, 근로기준법 제23조 제1항)를 한 경우에는 그 근로자는 지방노동위원회에 구제신청을 할 수 있다(근로기준법 제28조 제1항). 지방노동위원회는 이러한 부해당고등 구제신청에 대하여 화해를 권고하거나 또는 판정을 내리는 바, 판정은 구제명령·기각결정·각하결정으로 나누어진다(노동위원회법 16조의 3 1항).

이러한 지방노동위원회의 판정은 행정처분의 일종으로서 그 판정서가 당사자에게 교부된 날부터 효력을 발생하고(노동위원회법 제17조의2 제2항), 그 후에는 판정을 한 지방노동위원회도 이를 취소하거나 변경할 수 없으며(불가변력), 당연무효가 아닌 한 권한 있는 기관에 의하여 취소가 될 때까지는 계속 효력을 갖는다(공정력).

3. 중앙노동위원회의 재심

가. 개 설

지방노동위원회의 판정(즉 처분)에 불복하는 자는 판정서를 송달받은 날로부터 10일 이내에 중앙노동위원회에 재심을 신청할 수 있으며(근로기준법 제31조 제1항), 중앙노동위원회는 지방노동위원회의 판정을 재심하여 이를 인정·취소·변경할 수 있다(노동위원회법 제26조 제1항).

나. 성 격

헌법 제107조 제3항은 "행정심판의 절차는 법률로 정하되, 사법절차가 준용되어야 한다"고 규정하고 있으므로, 어떤 불복절차가 행정심판에 해당하기 위해서는 심판기관의 독립성과 공정성, 대심적 심리구조, 당사자의 절차적 권리보장과 같은 사법절차의 본질적 요소가 보장되어야 한다.

중앙노동위원회는 노동부로부터 독립된 합의제 행정기관으로서, 중앙노동위원회의 재심은 지방노동위원회와 신청인 사이의 대심구조를 이루고 있으며, 증거신청과 같은 절차적 권리가 보장되어 있으므로 특별법상의 행정심판에 해당한다.

4. 행정소송의 제기

가. 개설

중앙노동위원회의 재심판정에 불복하는 자는 중앙노동위원회위원장을 피고로 하여 재심판정의 통지를 받은 날로부터 15일 이내에 이를 취소하는 소를 제기할 수 있다(노동위원회법 제27조 제1항).

나. 특징

(1) 재결주의

재결주의란 원처분에 대하여는 소송을 제기할 수 없고, 재결에 대하여만 소송을 제기할 수 있도록 하되, 재결 자체의 위법뿐만 아니라 원처분의 위법도 재결취소소송에서 주장할 수 있도록 하는 제도를 말한다.

노동위원회법 제27조 제1항에 따르면 중앙노동위원회의 재심판정에 불복하는 자는 이 재심판정을 대상으로 취소소송을 제기하도록 요구하고 있으므로, 재결주의에 해당한다.

(2) 피고적격의 특칙

취소소송의 피고는 처분을 행한 행정청인데(행정소송법 제13조), 중앙노동위원회는 자신의 이름으로 재심신청에 대한 결정을 할 수 있는 권한이 주어져 있으므로 합의제 행정청에 해당한다.

다만 노동위원회법 제27조는 중앙노동위원회의 판정에 대한 취소소송의 피고를 중앙노동위원회가 아닌 중앙노동위원회'위원장'으로 특별히 규정하고 있다.

(3) 제소기간의 특칙

취소소송은 처분이 있음을 안 날로부터 90일 이내 혹은 재결서 정본을 송달받은 날로부터 90일 이내에 제기하여야 하는데(행정소송법 제20조 제1항), 노동위원회법 제27조는 재심판정의 통지를 받은 날로부터 15일 이내에 소를 제기하도록 특별히 규정하고 있다.

(4) 필수적 전심절차로서 재심

노동위원회법 제27조에 따르면 중앙노동위원회의 재심판정만이 취소소송의 대상이 되므로 이를 위해서는 반드시 중앙노동위원회의 재심을 거쳐야 한다. 따라서 중앙노동위원회의 재심은 필수적 전심절차에 해당한다.

事例 2021년 공인노무사

X시장의 환지예정지지정처분(이하 '이 사건 처분'이라 함)으로 불이익을 입은 甲은 이 사건 처분이 위법하다는 이유로 취소심판을 청구하였고 행정심판위원회는 처분의 위법을 인정하였다. 다만 행정심판위원회는 이 사건처분이 취소될 경우 다수의 이해관계인에 대한 환지예정지지정처분까지도 변경됨으로써 기존의 사실관계가 뒤집어지고 새로운 사실관계가 형성되는 혼란이 발생될 수 있다는 이유로 이 사건 처분을 취소하는 것이 공공복리에 크게 위배된다고 인정하여 위 심판청구를 기각하는 재결을 하였다. 甲이 이에 불복하여 취소소송을 제기할 경우 그 대상에 대하여 설명하시오. (25점)

解說

> 사정재결 / 재결소송

1. 논점의 정리

처분의 위법이 인정됨에도 불구하고 공공복리를 위해 그 처분을 취소하지 않는 재결은 사정재결이다. 이러한 사정재결에 불복하여 취소소송의 제기하려고 할 때, 취소소송의 대상이 사정재결인지 아니면 원처분이 되는지는 취소소송의 대상에 대한 입법주의의 대립과 관련이 깊다.

2. 사정재결의 의의

행정심판위원회는 심판청구의 심리결과 그 청구가 이유있다고 인정되는 경우에도 이를 인용하는 것이 공공복리에 크게 위배된다고 인정하면 그 심판청구를 기각하는 재결을 할 수 있는 바, 이를 사정재결이라 한다(행정심판법 제44조 제1항). 이러한 사정재결은 취소심판 및 의무이행심판에서만 인정되고 무효등확인심판에서는 인정되지 않는다(법 제44조 제3항).

3. 취소소송의 대상에 대한 입법주의

가. 종 류

원처분주의란 원처분과 재결 중 어느 것에 대하여도 소를 제기할 수 있으나, 원처분의 위법은 원처분취소소송에서만 주장할 수 있고, 재결취소소송에서는 재결 자체의 고유한 위법만을 주장할 수 있도록 하는 제도를 말한다. 그에 반해 재결주의란 원처분에 대하여는 소송을 제기할 수 없고, 재결에 대하여만 소송을 제기할 수 있도록 하되, 재결 자체의 위법뿐만 아니라 원처분의 위법도 재결취소소송에서 주장할 수 있도록 하는 제도를 말한다.

나. 행정소송법의 태도

우리 행정소송법 제19조는 취소소송의 대상을 원칙적으로 원처분으로 하고, 재결에 대하여는 그 재결 자체에 고유한 위법이 있음을 이유로 하는 경우에 한하여 제소를 허용하는 원처분주의를 취하고 있다.

이런 원처분주의에서 재결이 취소소송의 대상이 되는 경우는 재결 자체에 주체·절차·형식 그리고 내용상 위법이 있는 경우를 말한다.[20]

4. 사안의 해결

행정심판위원회가 청구인의 취소심판에 대하여 사정재결을 한 경우에는 사정재결의 요건이 존재하지 않는다는 이유로 사정재결의 위법성을 주장하며 사정재결에 대한 취소를 구하는 소송을 제기할 수 있다.

---

20) 대판 1997. 9. 12, 96누14661

事例　2008년 5급공채시험 변형

　　甲은 LPG 충전사업허가를 신청하였다. 이에 대하여 乙시장은 인근 주민들의 반대여론이 있고 甲의 사업장이 교통량이 많은 대로변에 있어서 교통사고시 위험이 초래될 수 있다는 이유로 사업허가를 거부하였다. 한편, 乙시장은 丙이 신청한 LPG 충전사업에 대하여 허가를 하였다. 관련 법령에 의하면 乙시장의 관할구역에는 1개소의 LPG 충전사업만이 가능하고, 충전소의 외벽으로부터 100m 이내에 있는 건물주의 동의를 받도록 되어 있다. 그런데 丙은 이에 해당하는 건물주로부터 동의를 얻지 아니한 채 위의 허가신청을 하였다(참고로 甲의 사업장 반경 100m 이내에는 건물이 존재하지 않는다). 乙시장의 丙에 대한 허가처분에 대하여 甲은 취소소송을 제기할 수 있는가? (25점)

解 說

경원자의 원고적격 / 협의의 소의 이익[21]

1. 논점의 정리

사안에서 丙에 대한 LPG충전사업허가처분은 丙에게 LPG충전사업을 영위할 수 있는 권리를 설정하여 주는 강학상 특허로서 취소소송의 대상이 되는 처분에 해당한다. 문제는 甲이 취소소송을 제기할 원고적격과 협의의 소의 이익을 갖추고 있는지 여부이다.

2. 원고적격

가. 의 의

원고적격이란 구체적인 소송에서 원고로서 소송을 수행하여 본안판결을 받을 수 있는 자격을 말하는 것으로서, 행정소송법 제12조 제1문은 "취소소송은 처분 등의 취소를 구할 법률상의 이익이 있는 자가 제기할 수 있다"라고 하여 취소소송의 원고적격을 규정하고 있다.

나. 법률상 이익의 의미

행정소송법 제12조 1문의 '법률상 이익'이 무엇을 의미하는지에 대하여 취소소송의 기능과 연결하여 ① 권리구제설, ② 법이 보호하는 이익구제설, ③ 소송상 보호할 가치 있는 이익구제설, ④ 적법성보장설 등의 견해가 있다.

생각건대, 오늘날 권리의 개념이 확대되어 '권리'와 '법이 보호하는 이익'을 같은 개념으로 볼 수 있으므로 권리구제설은 큰 의미가 없고, 적법성보장설에 따르게 되면 항고소송이 민중소송화 되어 법원의 재판부담이 가중될 우려가 있다는 문제점이 있다. 소송상 보호할 가치 있는 이익구제설은 비록 원고적격을 넓힐 수 있다는 장점이 있으나, 소송상 보호할 가치가 있는 이익의 존부여부에 대한 일반적인 기준을 마련하기 어려우며 이는 결과적으로 법관의 자의적인 판단에 맡기는 결과가 될 수 있다는 문제점이 있다.

결국 행정소송법 제12조의 법률상 이익은 문자의 표현 그대로 법이 보호하는 이익이라고 해석하는 것이 타당하며, 대법원도 법이 보호하는 이익구제설의 입장에서 법률상 이익이란 처분의 근거 법규 및 관련 법규에 의하여 보호되는 개별적·직접적·구체적 이익을 말하고, 공익보호의 결과로 국민 일반이 공통적으로 가지는 일반적·간접적·추상적 이익은 여기에 포함되지 않는다고 판시하고 있다.

---

[21] 이 문제는 대법원 1992. 5. 8. 선고 91누13274 판결을 바탕으로 만들어졌습니다.

다. 법률의 범위

법이 보호하는 이익구제설의 입장을 취할 경우, 그 법의 범위를 어디까지 넓힐 것인가에 따라 원고적격의 인정범위가 또 달라질 수 있다.

이에 대해 ① 처분의 근거법규에 한정하는 견해, ② 처분의 근거법규 및 관련법규까지 고려하는 견해, ③ 처분의 근거가 되는 법률 전체의 취지까지 고려하는 견해, ④ 처분의 근거법규 이외에 헌법규정까지 고려하는 견해 등이 대립하고 있고, 대법원은 법률상 이익이라 함은 당해 "처분의 근거법규 및 관련법규에 의하여 보호되는 개별적·직접적·구체적 이익"이라고 하여 ②설의 입장을 취하고 있다. 그에 따라 헌법 제35조에 정하고 있는 환경권에 관한 규정만으로는 항고소송의 원고적격을 인정할 수 없다고 판시하고 있다.

라. 경원자소송의 경우

경원자란 수익적 처분에 대한 신청이 경쟁하는 관계를 말하는 것으로서, 보통 수인의 신청을 받아 일부에 대하여만 인·허가 등의 수익적 행정처분을 할 수 있는 경우에 인·허가 등을 받지 못한 자가 인·허가처분에 대하여 취소를 구하는 소송을 제기하거나 자신의 신청에 대한 거부처분에 대하여 취소를 구하는 소송으로 제기된다.

이러한 경원자 관계에 있는 경우에는 각 경원자에 대한 인·허가 등이 배타적 관계에 있으므로 자신의 권익을 구제하기 위하여 타인에 대한 인·허가 등을 취소할 법률상 이익이 있다고 보아야 한다. 판례도 같은 입장이다.

마. 사안의 경우

설문의 관련 법령에 의하면 乙시장의 관할구역 내에는 1개의 업소에 한해 LPG충전사업에 대한 허가가 가능하므로 허가를 신청한 甲과 丙은 경원자관계에 해당한다. 따라서 허가를 받지 못한 甲은 비록 해당 허가처분의 상대방이 아니라도 丙에 대한 허가처분에 대하여 취소를 구할 법률상 이익이 인정된다.

3. 협의의 소의 이익 인정여부

가. 의의 및 내용

협의의 소의 이익이란 원고의 청구가 소송을 통하여 분쟁을 해결할 만한 현실적인 필요성이 있는지에 대한 문제로서 권리보호의 필요라고 불리기도 한다.

취소소송의 경우에는 ① 처분의 효력이 소멸한 경우 ② 원상회복이 불가능한 경우 ③ 권리침해의 상태가 해소된 경우, ④ 취소소송보다 쉬운 방법으로 목적을 달성할 수 있는 경우, ⑤ 원고의 청구가 이론적 의미만 있을 뿐 실제적 효용이 없는 경우 등이 협의의 소의 이익이 문제가 되는 경우이다.

나. 경원자소송의 경우

명백한 법적 장애로 인하여 원고 자신의 신청이 인용될 가능성이 처음부터 배제되어 있는 경우에는 원고의 청구가 이론적인 의미만 있을 뿐 실제적 효용이 없으므로 해당 처분의 취소를 구할 정당한 이익은 부정된다.

다. 사안의 경우

인근주민들이 반대한다는 사정이라든가 甲의 사업장이 대로변에 있다는 사정 등은 허가여부를 결정함에 있어 참작요소는 될 수 있으나, 관련 법령에서 정한 허가제한사유가 아니므로 그 자체만으로는 허가를 거부할 사유가 될 수 없다.

따라서 이 사건 처분이 취소된다면 甲에게 허가가 부여될 가능성이 있다는 점을 고려할 때, 甲에게는 명백한 법적 장애가 존재하지 않는다. 결국 甲에게는 이 사건 처분의 취소를 구할 정당한 이익도 있다고 하여야 할 것이다.

4. 사안의 해결

사안에서 甲의 취소소송 제기는 대상적격, 원고적격, 협의의 소의 이익이 모두 인정된다. 따라서 甲은 丙에 대한 허가처분이 있음을 안 날로부터 90일 이내에(행정소송법 20조), 처분청인 乙시장을 피고로 하여(동법 제13조), 피고의 소재지를 관할하는 행정법원에 취소소송을 제기할 수 있다(동법 제9조).

事例 2023년 공인노무사

　A시에서 여객자동차운송사업을 하고 있는 甲은 운송사업 중 일부 노선을 같은 지역 여객자동차운송사업자인 乙에게 양도하였고, A시의 시장 X는 위 양도·양수를 인가하였다. 이 노선에는 甲 이외에도 여객자동차운송사업자 丙이 일부 중복된 구간을 운영하고 있으며, 위 인가처분으로 해당 구간의 사업자는 甲, 乙, 丙으로 증가한다. 이에 丙은 기존의 경쟁 사업자 외에 乙이 동일한 운행경로를 포함한 운행계통을 가지게 되어 그 중복운행 구간의 연고 있는 사업자 수가 증가하고, 그 결과 향후 운행횟수 증회, 운행계통 신설 및 변경 등에 있어 장래 기대이익이 줄어들 것을 우려한다. 그런데 위 인가처분으로 인해 甲이 운행하던 일부 노선에 관한 운행계통, 차량 및 부대시설 등이 일체로 乙에게 양도된 것이어서, 이로 인하여 종전 노선 및 운행계통이나 그에 따른 차량수 및 운행횟수 등에 변동이 있는 것은 아니다. 丙이 위 인가처분의 취소를 구하는 소송을 제기할 경우, 원고적격이 인정되는가? (25점)

解 說

경업자의 원고적격

1. 논점의 정리
위 인가처분의 상대방이 아닌 제3자에 불과한 丙에게 기대이익이 줄어드는 것을 이유로 위 인가처분의 취소를 구하는 소송을 제기할 원고적격을 인정할 수 있는지 문제된다.

2. 경업자의 원고적격

가. 원고적격의 의의
원고적격이란 구체적인 소송에서 원고로서 소송을 수행하여 본안판결을 받을 수 있는 자격을 말하는 것으로서, 행정소송법 제12조 1문은 "취소소송은 처분 등의 취소를 구할 법률상의 이익이 있는 자가 제기할 수 있다"라고 하여 취소소송의 원고적격을 규정하고 있다.

나. 법률상 이익

(1) 법률상 이익의 의미
행정소송법 제12조 1문의 '법률상 이익'이 무엇을 의미하는지에 대하여 취소소송의 기능과 연결하여 ① 권리구제설, ② 법이 보호하는 이익구제설, ③ 소송상 보호할 가치 있는 이익구제설, ④ 적법성보장설 등의 견해가 있다.

생각건대, 오늘날 권리의 개념이 확대되어 '권리'와 '법이 보호하는 이익'을 같은 개념으로 볼 수 있으므로 권리구제설은 큰 의미가 없고, 적법성보장설에 따르게 되면 항고소송이 민중소송화 되어 법원의 재판부담이 가중될 우려가 있다는 문제점이 있다. 소송상 보호할 가치 있는 이익구제설은 비록 원고적격을 넓힐 수 있다는 장점이 있으나, 소송상 보호할 가치가 있는 이익의 존부여부에 대한 일반적인 기준을 마련하기 어려우며 이는 결과적으로 법관의 자의적인 판단에 맡기는 결과가 될 수 있다는 문제점이 있다.

결국 행정소송법 제12조의 법률상 이익은 문자의 표현 그대로 법이 보호하는 이익이라고 해석하는 것이 타당하며, 대법원도 법이 보호하는 이익구제설의 입장에서 법률상 이익이란 처분의 근거 법규 및 관련 법규에 의하여 보호되는 개별적·직접적·구체적 이익을 말하고, 공익보호의 결과로 국민 일반이 공통적으로 가지는 일반적·간접적·추상적 이익은 여기에 포함되지 않는다고 판시하고 있다.

(2) 법률의 범위
법이 보호하는 이익구제설의 입장을 취할 경우, 그 법의 범위를 어디까지 넓힐 것인가에 따라 원고적격의 인정범위가 또 달라질 수 있다.

이에 대해 ① 처분의 근거법규에 한정하는 견해, ② 처분의 근거법규 및 관련법규까지 고려하는 견해, ③ 처분의 근거가 되는 법률 전체의 취지까지 고려하는 견해, ④ 처분의 근거법규 이외에 헌법규정까지 고려하는 견해 등이 대립하고 있고, 대법원은 법률상 이익이라 함은 해당 "처분의 근거법규 및 관련법규에 의하여 보호되는 개별적·직접적·구체적 이익"이라고 하여 ②설의 입장을 취하고 있다. 그에 따라 헌법 제35조에 정하고 있는 환경권에 관한 규정만으로는 항고소송의 원고적격을 인정할 수 없다고 판시하고 있다.

다. 경업자소송의 원고적격 판단

경업자란 경쟁관계에 있는 영업자를 말하는 것으로서, 이는 보통 새로운 경쟁자에 대한 신규 영업허가에 대하여 기존업자가 그 허가의 취소를 구하는 형태로 소송이 제기된다.

이런 경업자소송의 원고적격과 관련하여 대법원은 "일반적으로 면허나 인·허가 등의 수익적 행정처분의 근거가 되는 법률이 해당 업자들 사이의 과당경쟁으로 인한 경영의 불합리를 방지하는 것도 그 목적으로 하고 있는 경우, 다른 업자에 대한 면허나 인·허가 등의 수익적 행정처분에 대하여 미리 같은 종류의 면허나 인·허가 등의 수익적 행정처분을 받아 영업을 하고 있는 기존의 업자는 경업자에 대하여 이루어진 면허나 인·허가 등 행정처분의 상대방이 아니라 하더라도 해당 행정처분의 취소를 구할 원고적격이 있다"고 판시하고 있다.

3. 사안의 해결

본 사안에서 시장 X의 인가로 인해 甲, 乙과 경업자관계인 丙의 종전 노선 및 운행계통이나 그에 따른 차량수 및 운행횟수 등에 변동이 생기는 것이 아니므로 위 양도·양수로 인하여 丙의 법률상 이익이 침해된다고 볼 수는 없다. 또한 장래 발생한 것이 예상되는 기대이익은 법이 보호하는 이익이라고 볼 수 없다. 따라서 丙의 원고적격은 인정되지 않는다.[22]

---

[22] 대판 1997. 4. 25, 96누14906

事例   2009년 5급공채시험

A시와 B시 구간의 시외버스 운송사업을 하고 있는 甲은 최근 자가용 이용의 급증 등으로 시외버스 운송사업을 하는데 상당한 어려움에 처해 있다. 그런데 관할행정청 X는 甲이 운영하는 노선에 대해 인근에서 대규모 운송사업을 하고 있던 乙에게 새로이 시외버스 운송사업면허를 하였다.

1. 甲은 X의 乙에 대한 시외버스 운송사업면허에 대하여 행정소송을 제기할 수 있는가? (20점)

2. 법원은 X의 乙에 대한 시외버스 운송사업면허처분에 위법사유가 발견되어 甲의 행정소송을 인용하고 乙에 대한 시외버스 운송사업면허처분을 취소하고자 한다. 그러나 이미 많은 시민들이 乙이 운영하는 버스를 이용하고 있다는 이유로 면허취소판결을 하지 아니할 수 있는가? (15점)

3. 위 사안에서 甲이 乙에 대한 시외버스 운송사업면허의 취소를 구하는 행정심판을 제기하여 인용재결을 받았다면, 乙은 무엇을 대상으로 어떠한 쟁송수단을 강구할 수 있는가? (15점)

참조조문

여객자동차 운수사업법

제1조(목적) 이 법은 여객자동차 운수사업에 관한 질서를 확립하고 여객의 원활한 운송과 여객자동차 운수사업의 종합적인 발달을 도모하여 공공복리를 증진하는 것을 목적으로 한다.

제6조 (면허등의 기준) ① 여객자동차운송사업의 면허기준은 다음 각호와 같다.
  1. 사업계획이 해당 노선 또는 사업구역의 수송수요와 수송력공급에 적합할 것

▌解 說

> 경업자의 원고적격 / 사정판결 / 취소재결의 경우 소의 대상[23]

Ⅰ. 설문 1 : 甲의 행정소송 제기가능성

1. 논점의 정리

운송사업면허를 직접 다투는 행정소송은 항고소송이 될 것이며, 제소기간 경과 등 특별한 사정이 없다면 항고소송 중 취소소송으로 제기되어야 한다. 이러한 취소소송을 제기하기 위한 요건을 검토하도록 한다.

2. 취소소송의 제기요건

취소소송의 제기가 적법하려면, 처분 등을 대상으로(행정소송법 제19조), 처분의 취소를 구할 법률상 이익이 있는 자가(동법 12조), 처분청을 상대로(동법 제13조), 처분청의 소재지를 관할하는 행정법원 또는 지방법원 본원에(동법 제9조), 전심절차를 거쳐야 하는 경우에는 그에 대한 결정을 받은 후에(동법 제18조 제1항 단서), 적법한 제소기간 안에(동법 제20조) 취소소송을 제기하여야 하는바, 사안의 경우에는 처분의 직접상대방이 아닌 제3자에 불과한 甲에게 乙에 대한 시외버스 운송사업면허의 취소를 구할 법률상 이익이 인정되는지가 문제된다.

3. 원고적격

가. 의 의

원고적격이란 구체적인 소송에서 원고로서 소송을 수행하여 본안판결을 받을 수 있는 자격을 말하는 것으로서, 행정소송법 제12조 1문은 "취소소송은 처분 등의 취소를 구할 법률상의 이익이 있는 자가 제기할 수 있다"라고 하여 취소소송의 원고적격을 규정하고 있다.

나. 법률상 이익의 의미

행정소송법 제12조 1문의 '법률상 이익'이 무엇을 의미하는지에 대하여 취소소송의 기능과 연결하여 ① 권리구제설, ② 법이 보호하는 이익구제설, ③ 소송상 보호할 가치 있는 이익구제설, ④ 적법성보장설 등의 견해가 있다.

생각건대, 오늘날 권리의 개념이 확대되어 '권리'와 '법이 보호하는 이익'을 같은 개념으로 볼 수 있으므로 권리구제설은 큰 의미가 없고, 적법성보장설에 따르게 되면 항고소송이 민중소송화 되어 법원의 재판부담이 가중될 우려가 있다는 문제점이 있다. 소송상 보호할 가치 있는 이익구제설은 비록 원고적격을 넓힐 수 있다는 장점이 있으나, 소송상 보호할 가치가 있

---

[23] 이 문제는 대법원 2002. 10. 25. 선고 2001두4450 판결을 참고하여 만들어졌습니다.

는 이익의 존부여부에 대한 일반적인 기준을 마련하기 어려우며 이는 결과적으로 법관의 자의적인 판단에 맡기는 결과가 될 수 있다는 문제점이 있다.

결국 행정소송법 제12조의 법률상 이익은 문자의 표현 그대로 법이 보호하는 이익이라고 해석하는 것이 타당하며, 대법원도 법이 보호하는 이익구제설의 입장에서 법률상 이익이란 처분의 근거 법규 및 관련 법규에 의하여 보호되는 개별적·직접적·구체적 이익을 말하고, 공익보호의 결과로 국민 일반이 공통적으로 가지는 일반적·간접적·추상적 이익은 여기에 포함되지 않는다고 판시하고 있다.

다. 법률의 범위

법이 보호하는 이익구제설의 입장을 취할 경우, 그 법의 범위를 어디까지 넓힐 것인가에 따라 원고적격의 인정범위가 또 달라질 수 있다.

이에 대해 ① 처분의 근거법규에 한정하는 견해, ② 처분의 근거법규 및 관련법규까지 고려하는 견해, ③ 처분의 근거가 되는 법률 전체의 취지까지 고려하는 견해, ④ 처분의 근거법규 이외에 헌법규정까지 고려하는 견해 등이 대립하고 있고, 대법원은 법률상 이익이라 함은 당해 "처분의 근거법규 및 관련법규에 의하여 보호되는 개별적·직접적·구체적 이익"이라고 하여 ②설의 입장을 취하고 있다. 그에 따라 헌법 제35조에 정하고 있는 환경권에 관한 규정만으로는 항고소송의 원고적격을 인정할 수 없다고 판시하고 있다.

라. 경업자소송의 경우

경업자란 경쟁관계에 있는 영업자를 말하는 것으로서, 이는 보통 새로운 경쟁자에 대한 신규 영업허가에 대하여 기존업자가 그 허가의 취소를 구하는 형태로 소송이 제기된다.

이런 경업자소송의 원고적격과 관련하여 대법원은 "일반적으로 면허나 인·허가 등의 수익적 행정처분의 근거가 되는 법률이 해당 업자들 사이의 과당경쟁으로 인한 경영의 불합리를 방지하는 것도 그 목적으로 하고 있는 경우, 다른 업자에 대한 면허나 인·허가 등의 수익적 행정처분에 대하여 미리 같은 종류의 면허나 인·허가 등의 수익적 행정처분을 받아 영업을 하고 있는 기존의 업자는 경업자에 대하여 이루어진 면허나 인·허가 등 행정처분의 상대방이 아니라 하더라도 해당 행정처분의 취소를 구할 원고적격이 있다"고 판시하고 있다.

마. 사안의 경우

甲에게 취소소송을 제기할 원고적격이 있는지 판단하기 위해서는 신규업자 乙에 대한 시외버스 운송사업면허처분으로 기존업자의 甲의 법률상 이익이 침해되었는지 아니면 경제적·사실적 이익이 침해된 것에 불과한지 검토하여야 한다.

이 사건 처분의 근거 및 관련법규라고 할 수 있는 여객자동차운수사업법 제6조 제1항 제1호는 "사업계획이 해당 노선 또는 사업구역의 수송수요와 수송력 공급에 적합할 것"을 기준으로 규정하고 있다. 이는 주로 자동차운수사업에 관한 질서를 확립하고 자동차운수의 종합적인 발달을 도모하여 공공복리의 증진을 목적으로 하는 동시에 한편으로는 해당 업자들 사이의 과당경쟁으로 인한 경영의 불합리를 방지하는 것도 그 목적으로 하고 있다 할 것이므로 기존업자의 이익은 단순한 사실상의 이익이 아니고 법에 의하여 보호되는 이익이라고 할 수 있다. 또한 기존업자 甲의 자동차운수사업면허는 독점적 경영권 내지 지위를 창설하는 강학상 특허에 해당하는 바, 판례는 기존업자가 특허기업인 경우에는 그 기존업자가 그 특허로 인하여 받은 이익은 법률상 이익으로 보아 원고적격을 인정하고 있다.

따라서 이 사건의 경우 甲은 기존업자로서 乙에 대한 시외버스 운송사업면허의 취소를 구할 법률상 이익이 있으므로 원고적격이 인정된다.

4. 기타 소송요건 충족여부

운송사업면허는 강학상 특허로서 처분성이 인정되어(행정소송법 제2조 제1항 제1호) 대상적격이 충족된다(동법 제19조). 따라서 甲이 乙에 대한 시외버스 운송사업면허가 있음을 안 날로부터 90일 이내에(동법 제20조), 관할 행정청을 피고로(동법 제13조), 피고의 소재지를 관할하는 행정법원에 취소소송을 제기한다면(동법 제9조) 소송요건은 충족될 것이다.

5. 사안의 해결

설문은 원고적격을 비롯한 취소소송의 소송요건이 충족되는 사안이므로 甲은 乙에 대한 시외버스 운송사업면허에 대하여 취소소송을 제기할 수 있다.

Ⅱ. 설문 2 : 법원의 사정판결의 가능성

1. 논점의 정리

사정판결이란 원고의 취소청구가 이유 있다고 인정하는 경우에도 해당 처분 등을 취소·변경함이 현저히 공공복리에 적합하지 아니하다고 인정하는 때 법원이 원고의 청구를 기각하는 판결을 말하는바(행정소송법 제28조). 사안에서는 공익과 사익의 이익형량을 통한 사정판결의 허용여부가 문제된다.

2. 사정판결의 요건

가. 원고의 청구가 이유있을 것

원고는 처분 등의 위법성을 주장하는 자이므로 원고의 청구가 이유가 있다는 것은 처분 등이 위법하다는 것을 의미한다. 이때 처분 등의 위법판단의 기준시점은 일반원칙에 따라 '처분시'가 된다.

사안의 경우, 설문에서 乙에 대한 운송사업면허의 위법성을 인정하고 있으므로 이 요건은 충족된다.

나. 피고인 행정청의 신청이 필요한지 여부

사정판결을 위하여 피고인 행정청의 신청이 필요한지에 관해 견해의 대립이 있는바, 판례는 행정소송법 제26조 및 제28조 제1항의 취지에 비추어 직권으로 사정판결을 할 수 있다는 입장이다.[24]

다. 처분 등의 취소가 현저히 공공복리에 적합하지 않을 것

판례는 사정판결에 있어서 공공복리의 개념을 적극적으로 제시하는 대신에, "위법한 행정처분을 취소·변경하여야 할 필요와 그 취소·변경으로 인하여 발생할 수 있는 공공복리에 반하는 사태 등을 비교·교량하여 그 적용 여부를 판단하여야 한다"고 판시하고 있다. 한편 사정판결은 처분시에는 위법하였으나 사후의 변화된 사정을 고려하는 제도이기 때문에 사정판결이 필요한가의 판단의 기준시점은 '사실심변론종결시'가 된다(행정소송규칙 제14조).

사안에서 이미 많은 시민들이 乙이 운영하는 버스를 이용하고 있다는 사정 때문에 사정판결을 하여야만 하는지가 문제되는바, 甲의 운송사업이 이미 이용객의 부족으로 경영난을 겪고 있다는 점, 乙에 대한 운송사업면허를 취소할 경우에도 시민들은 甲이 운영하는 버스를 어려움 없이 이용할 수 있다는 점에서 공공복리가 우월하다고 판단되지 않는다.

3. 사안의 해결

사안에서 사정판결을 할 공공복리의 우월성이 보이지 않는바, 법원은 乙에 대한 위법한 운송사업면허를 취소하여야 할 것이다.

Ⅲ. 설문 3 : 제3자효 행정행위에 대한 인용재결의 경우 소의 대상

1. 논점의 정리

제3자효 행정행위에 대한 인용재결의 경우, 취소소송의 대상이 원처분인지 재결인지 재결에 따른 후속행위인지가 문제된다.

2. 취소소송의 대상에 대한 입법주의

가. 행정소송법의 태도

취소소송의 대상에 대한 입법주의와 관련하여 원처분주의와 재결주의의 대립이 있으나, 우리 행정소송법 제19조는 취소소송의 대상을 원칙적으로 원처분으로 하고, 재결에 대하여는 그 재결 자체에 고유한 위법이 있음을 이유로 하는 경우에 한하여 제소를 허용하는 원처분주의를 취하고 있다.

나. 원처분주의에서 재결이 취소소송의 대상이 되는 경우

원처분주의에서 재결이 취소소송의 대상이 되는 경우는 재결 자체의 고유한 위법이 있는 경우에 한한다.

여기서 재결 자체의 고유한 위법이란 재결에만 존재하는 주체·절차·형식상의 위법을 의미한다는 점에 대해서는 이견이 없으나, 내용상의 위법이 포함되는지에 대해서는 견해의 대립이 있다. 이와 관련하여 판례는 재결 자체의 고유한 위법이란 원처분에는 없고 재결에만 있는 재결청의 권한 또는 구성의 위법, 재결의 절차나 형식의 위법, 내용의 위법 등을 뜻한다고 판시하여, 내용상의 위법도 포함된다는 입장이다.[25]

---

24) 대판 2006. 9. 22, 2005두2506

3. 위원회의 취소재결이 취소소송의 대상이 되는지 여부

해당 인용재결은 형식상으로는 재결이나 실질적으로는 제3자에게 최초처분의 성질을 갖는 것이라고 보아 제3자의 소송을 처분취소소송으로 보는 견해도 있으나, 제3자효를 수반하는 행정행위에 있어서 인용재결로 인하여 불이익을 입은 자는 그 인용재결에 대하여 다툴 필요가 있고, 그 인용재결은 원처분과 내용을 달리하는 것이므로, 인용재결의 취소를 주장하는 것은 원처분에는 없는 재결에 고유한 하자를 주장하는 셈이어서 당연히 항고소송의 대상이 된다 할 것이다. 판례도 같은 입장이다.[26]

4. 사안의 해결

甲의 취소심판이 인용된 경우, 乙은 취소재결을 대상으로 취소소송을 제기하여야 할 것이다.

---

[25] 대판 1997. 9. 12, 96누14661
[26] 대판 2001. 5. 29, 99두10292

事例　2012년 제1회 변호사시험 변형

　A주식회사는 2000. 3 경 안동시장으로부터 분뇨수집·운반업 허가를 받은 다음 그 무렵 안동시장과 사이에 분뇨수집·운반 대행계약을 맺은 후 통상 3년 단위로 계약을 연장해 왔는데 2009. 3. 18. 계약기간을 그 다음 날부터 2012. 3. 18. 까지 다시 연장하였다. B주식회사는 안동시에서 분뇨수집·운반업을 영위하기 위하여 하수도법 및 같은 법 시행령 소정의 시설, 장비 등을 구비하고 2011. 11. 10. 안동시장에게 분뇨수집·운반업 허가를 신청하여 같은 해 12. 1. 허가처분(이하 '이 사건 처분'이라 한다)을 받았다. 안동시장은 이 사건 처분 후 안동시 전역을 2개 구역으로 나누어 A, B주식회사에 한 구역씩을 책임구역으로 배정하고 각각 2014. 12. 31. 까지를 대행기간으로 하는 새로운 대행계약을 체결하였다. A주식회사는 과거 안동시 전역에서 단독으로 분뇨 관련 영업을 하던 기득권이 전혀 인정되지 않은데다가 수익성이 낮은 구역을 배정받은 데 불만을 품고, B주식회사에 대한 이 사건 처분은 허가기준에 위배되는 위법한 처분이라고 주장하면서 안동시장을 상대로 2011. 12. 20. 관할 법원에 그 취소를 구하는 행정소송을 제기하였다.

1. 위 소송에서 A주식회사에게 원고적격이 인정되는가? (15점)

2. 만약, 이 사건 처분의 절차가 진행 중인 상태에서 A주식회사가 안동시장을 상대로 "안동시장은 B주식회사에게 분뇨수집·운반업을 허가하여서는 아니 된다."라는 판결을 구하는 행정소송을 관할 법원에 제기하였다면 이러한 소송이 현행 행정소송법상 허용될 수 있는가? (15점)

3. 안동시장은 이 사건 처분을 함에 있어 분뇨수집·운반업 허가에 필요한 조건을 붙일 수 있다는 하수도법 제45조 제5항에 따라 B주식회사에게 안동시립박물관 건립기금 5억 원의 납부를 조건으로 부가하였다. (20점)

　(1) 위 조건의 법적 성질은?
　(2) B주식회사는 위 조건만의 취소 또는 무효확인을 구하는 행정소송을 제기할 수 있는가?

> **참조조문**
>
> 하수도법
>
> **제1조(목적)** 이 법은 하수도의 설치 및 관리의 기준 등을 정함으로써 하수와 분뇨를 적정하게 처리하여 지역사회의 건전한 발전과 공중위생의 향상에 기여하고 공공수역의 수질을 보전함을 목적으로 한다.
>
> **제2조(정의)** 이 법에서 사용하는 용어의 정의는 다음과 같다.
> 2. "분뇨"라 함은 수거식 화장실에서 수거되는 액체성 또는 고체성의 오염물질(개인하수처리시설의 청소과정에서 발생하는 찌꺼기를 포함한다)을 말한다.
> 10. "분뇨처리시설"이라 함은 분뇨를 침전·분해 등의 방법으로 처리하는 시설을 말한다.
>
> **제3조(국가 및 지방자치단체의 책무)** ① 국가는 하수도의 설치·관리 및 관련 기술개발 등에 관한 기본정책을 수립하고, 지방자치단체가 제2항의 규정에 따른 책무를 성실하게 수행할 수 있도록 필요한 기술적·재정적 지원을 할 책무를 진다. ② 지방자치단체의 장은 공공하수도의 설치·관리를 통하여 관할구역 안에서 발생하는 하수 및 분뇨를 적정하게 처리하여야 할 책무를 진다.
>
> **제41조(분뇨처리 의무)** ① 특별자치도지사·시장·군수·구청장은 관할구역 안에서 발생하는 분뇨를 수집·운반 및 처리하여야 한다. 이 경우 특별자치도지사·시장·군수·구청장은 해당 지방자치단체의 조례가 정하는 바에 따라 제45조의 규정에 따른 분뇨수집·운반업자로 하여금 그 수집·운반을 대행하게 할 수 있다.
>
> **제45조(분뇨수집·운반업)** ① 분뇨를 수집(개인하수처리시설의 내부청소를 포함한다)·운반하는 영업(이하 "분뇨수집·운반업"이라 한다)을 하고자 하는 자는 대통령령이 정하는 기준에 따른 시설·장비 및 기술인력 등의 요건을 갖추어 특별자치도지사·시장·군수·구청장의 허가를 받아야 하며, 허가받은 사항 중 환경부령이 정하는 중요한 사항을 변경하고자 하는 때에는 특별자치도지사·시장·군수·구청장에게 변경신고를 하여야 한다.
>
> ⑤ 특별자치도지사·시장·군수·구청장은 관할구역 안에서 발생하는 분뇨를 효율적으로 수집·운반하기 위하여 필요한 때에는 제1항에 따른 허가를 함에 있어 관할구역의 분뇨 발생량, 분뇨처리시설의 처리용량, 분뇨수집·운반업자의 지역적 분포 및 장비보유 현황, 분뇨를 발생시키는 발생원의 지역적 분포 및 수집·운반의 난이도 등을 고려하여 영업구역을 정하거나 필요한 조건을 붙일 수 있다.

▍解 說

> 경업자의 원고적격 / 예방적 금지소송 / 부관의 독립쟁송가능성

Ⅰ. 설문 1 : A주식회사의 원고적격 인정여부

1. 논점의 정리

사안에서 B주식회사에 대한 분뇨수집·운반업 허가처분에 대한 상대방이 아닌 기존의 업자 A에게 B주식회사에 대한 이 사건 처분의 취소를 구할 법률상의 이익이 있는지 여부가 문제된다.

2. 취소소송의 원고적격

가. 의 의

원고적격이란 구체적인 소송에서 원고로서 소송을 수행하여 본안판결을 받을 수 있는 자격을 말하는 것으로서, 행정소송법 제12조 1문은 "취소소송은 처분 등의 취소를 구할 법률상의 이익이 있는 자가 제기할 수 있다"라고 하여 취소소송의 원고적격을 규정하고 있다.

나. 법률상 이익의 의미

행정소송법 제12조 1문의 '법률상 이익'이 무엇을 의미하는지에 대하여 취소소송의 기능과 연결하여 ① 권리구제설, ② 법이 보호하는 이익구제설, ③ 소송상 보호할 가치 있는 이익구제설, ④ 적법성보장설 등의 견해가 있다.

생각건대, 오늘날 권리의 개념이 확대되어 '권리'와 '법이 보호하는 이익'을 같은 개념으로 볼 수 있으므로 권리구제설은 큰 의미가 없고, 적법성보장설에 따르게 되면 항고소송이 민중소송화 되어 법원의 재판부담이 가중될 우려가 있다는 문제점이 있다. 소송상 보호할 가치 있는 이익구제설은 비록 원고적격을 넓힐 수 있다는 장점이 있으나, 소송상 보호할 가치가 있는 이익의 존부여부에 대한 일반적인 기준을 마련하기 어려우며 이는 결과적으로 법관의 자의적인 판단에 맡기는 결과가 될 수 있다는 문제점이 있다.

결국 행정소송법 제12조의 법률상 이익은 문자의 표현 그대로 법이 보호하는 이익이라고 해석하는 것이 타당하며, 대법원도 법이 보호하는 이익구제설의 입장에서 법률상 이익이란 처분의 근거 법규 및 관련 법규에 의하여 보호되는 개별적·직접적·구체적 이익을 말하고, 공익보호의 결과로 국민 일반이 공통적으로 가지는 일반적·간접적·추상적 이익은 여기에 포함되지 않는다고 판시하고 있다.

다. 법률의 범위

법이 보호하는 이익구제설의 입장을 취할 경우, 그 법의 범위를 어디까지 넓힐 것인가에 따라 원고적격의 인정범위가 또 달라질 수 있다.

이에 대해 ① 처분의 근거법규에 한정하는 견해, ② 처분의 근거법규 및 관련법규까지 고려하는 견해, ③ 처분의 근거가 되는 법률 전체의 취지까지 고려하는 견해, ④ 처분의 근거법규 이외에 헌법규정까지 고려하는 견해 등이 대립하고 있고, 대법원은 법률상 이익이라 함은 당해 "처분의 근거법규 및 관련법규에 의하여 보호되는 개별적·직접적·구체적 이익"이라고 하여 ②설의 입장을 취하고 있다. 그에 따라 헌법 제35조에 정하고 있는 환경권에 관한 규정만으로는 항고소송의 원고적격을 인정할 수 없다고 판시하고 있다.

라. 경업자소송의 경우

경업자란 경쟁관계에 있는 영업자를 말하는 것으로서, 이는 보통 새로운 경쟁자에 대한 신규 영업허가에 대하여 기존업자가 그 허가의 취소를 구하는 형태로 소송이 제기된다.

이런 경업자소송의 원고적격과 관련하여 대법원은 "일반적으로 면허나 인·허가 등의 수익적 행정처분의 근거가 되는 법률이 해당 업자들 사이의 과당경쟁으로 인한 경영의 불합리를 방지하는 것도 그 목적으로 하고 있는 경우, 다른 업자에 대한 면허나 인·허가 등의 수익적 행정처분에 대하여 미리 같은 종류의 면허나 인·허가 등의 수익적 행정처분을 받아 영업을 하고 있는 기존의 업자는 경업자에 대하여 이루어진 면허나 인·허가 등 행정처분의 상대방이 아니라 하더라도 당해 행정처분의 취소를 구할 원고적격이 있다"고 판시하고 있다.

3. 사안의 해결

판례는 일반적으로 기존업자가 특허기업인 경우 특허로 인하여 받은 이익을 법률상 이익이라고 보아 원고적격을 인정하는바, 사안의 분뇨수집·운반업 허가는 공중위생 향상과 공공수역의 수질 보전이라는 공익을 위해 상대방에게 새로운 권리를 창설해주는 강학상 특허에 해당하므로 영업허가의 상대방 아닌 기존업자 A주식회사에게 원고적격이 인정된다.

Ⅱ. 설문 2 : 예방적 금지소송 인정여부

1. 논점의 정리

이 사건 처분의 절차가 진행 중인 상태에서 "B주식회사에게 분뇨수집·운반업을 허가하여서는 아니된다"라는 판결을 구하는 행정소송은 예방적 금지소송인바, 명문의 규정이 없는 예방적 금지소송의 인정여부가 문제된다.

2. 예방적 금지소송의 의의

예방적 금지소송은 행정청의 공권력 행사에 의해 국민의 권익이 침해될 것이 예상되는 경우에 미리 그 예상되는 침익적 처분의 발급을 저지하는 것을 목적으로 제기하는 소송을 말하며, 예방적 부작위청구소송이라고도 한다.

3. 예방적 금지소송의 인정여부

가. 문제점

예방적 금지소송이 현행 행정소송법에 명시되어 있지 않았음에도 불구하고 이를 인정할 수 있는지 여부와 만약에 이를 인정할 수 있다면 항고소송의 일종으로 볼 것인지 아니면 당사자소송의 일종으로 볼 것인지가 문제된다.

나. 학 설

(가) 부정설

이 견해는 현행 행정소송법은 행정소송의 유형을 제한적으로 열거하고 있으므로 예방적 금지소송과 같은 무명항고소송은 인정되지 않는다고 한다. 이에 따르면 예방적 금지소송은 침익적인 공권력의 행사가 행하여지기 전에 공권력 행사를 막는 소송으로서 행정청의 1차적 판단권을 침해하며, 권력분립원칙 및 사법권의 본질에 반하므로 허용되어서는 안된다고 한다. 또한 공권력의 행사를 기다려 해당 공권력 행사에 의해 권익이 침해된 경우에 위법한 공권력 행사의 취소를 구하는 소송을 제기하고 집행정지를 신청하면 침해된 권익을 구제받을 수 있으므로 예방적 금지소송의 도입 필요성도 크지 않다고 한다.

(나) 예방적 금지소송을 당사자소송으로 인정하려는 견해

이 견해도 부정설과 마찬가지로 현행 행정소송법은 행정소송의 유형을 제한적으로 열거하고 있으므로 예방적 금지소송과 같은 무명항고소송은 인정되지 않는다고 한다. 다만 당사자소송은 이행소송을 포함하고 있는바, 예방적 금지소송을 당사자소송의 한 형태로 인정할 수 있다고 한다.

(다) 예방적 금지소송을 항고소송으로 인정하려는 견해

이 견해는 현행 행정소송법 제4조의 항고소송의 종류에 관한 규정을 예시적 규정으로 볼 수 있다고 한다. 따라서 특정의 권익침해가 예상되고 또한 임박한 경우에는 행정청의 1차적 판단권이 행사된 것에 준하는 것으로 볼 수 있고 이미 분쟁이 현실화 되어 사건의 성숙성

도 이루어져 있다고 볼 수 있으므로 예방적 금지소송을 인정할 필요성이 크다고 한다. 또한 행정강제와 같이 즉시 완결되어 버리는 경우에 취소소송을 제기하는 것은 권리구제에 별 도움이 되지 않으므로 이러한 경우를 대비하여 예방적 금지소송을 인정할 필요가 있다고 한다.

다. 판 례

판례는 건축물의 준공처분을 하여서는 아니된다는 내용의 부작위를 구하는 청구는 행정소송에서 허용되지 않는다고 하여 예방적 금지소송을 부정하고 있다.[27]

4. 사안의 해결

사안에서 B주식회사에 대한 분뇨수집·운반업 허가의 절차가 진행 중인 상태에서 그 허가발령을 저지하기 위한 수단인 예방적 금지소송은 현행 행정소송법 체계 아래에서는 인정되지 않고 있다. 따라서 A주식회사는 B주식회사에 대한 허가가 나온 후에야 권리구제를 도모할 수 있다.

Ⅲ. 설문 3 : 행정행위의 부관

1. 설문 (1) : 조건의 법적 성질

가. 부관의 의의 및 종류

부관은 주된 행정행위의 효과를 제한 또는 보충하기 위하여 부과된 종된 규율로서, 이러한 부관에는 행정행위의 효력의 발생 또는 소멸을 장래의 도래가 불확실한 사실의 발생에 의존시키는 부관인 '조건', 행정행위의 효과의 발생 또는 소멸을 도래가 확실한 장래의 사실에 의존시키는 부관인 '기한', 행정청이 일정한 경우에 행정행위를 철회하여 그 효력을 소멸시킬 수 있는 권한을 유보하는 부관인 '철회권의 유보', 주된 행정행위에 부수하여 상대방에게 작위·부작위·급부·수인 등의 의무를 과하는 부관인 '부담' 등이 있다.

나. 부담과 조건과의 구별

부담은 실정법상 조건으로 표시되기 때문에 조건과의 구별이 쉽지 않다. 그러나 ① 정지조건부 행정행위는 일정한 사실의 성취가 있어야 효력이 발생하는 반면 부담부 행정행위는 처음부터 효력이 발생된다는 점, ② 해제조건부 행정행위는 조건이 되는 사실의 성취에 의하여 당연히 효력이 소멸되는 데 대하여 부담은 이행하지 않더라도 당연히 효력이 소멸되지 않는다는 점에서 양자는 현저한 차이가 있다.

양자의 구별이 명확하지 않을 경우에는 개인에게 상대적으로 유리한 부담으로 보는 것이 타당할 것이다.

다. 사안의 경우

사안의 조건은 분뇨수집·운반업 영업허가라는 주된 행정행위에 부가된 종된 규율로서 부관

---

[27] 대판 1987. 3. 24, 86누182

에 해당한다. 안동시장은 B주식회사에게 분뇨수집·운반업 영업허가를 '하면서' 안동시립박물관 건립기금 납부를 조건으로 부과하고 있으므로 조건의 이행과 상관없이 주된 행정행위인 분뇨수집·운반업 영업허가의 효력이 발생하고 있다. 따라서 사안의 조건은 강학상 '부담'에 해당한다.

2. 설문 (2) : 조건만의 취소 또는 무효확인을 구하는 행정소송의 제기가능성

가. 문제점

부관의 위법성을 다투려는 자가 침익적인 부관만을 취소쟁송으로 다툴 수 있는 지 여부와 다툴 수 있다면 어떠한 쟁송형태로 하여야 하는지 여부가 문제된다.

나. 학 설

① 처분성이 인정되는 부담만이 독립쟁송이 가능하다는 견해, ② 부관이 주된 행정행위로부터 분리가능한 것이면 독립하여 행정쟁송으로 다툴 수 있다는 견해, ③ 부담의 행정행위성마저 부인하는 전제에서, 모든 부관에 대한 제소가능성을 인정하면서 그때의 소송형태는 항상 부진정일부취소소송이어야 한다는 견해 등이 대립하고 있다.

다. 판 례

판례는 부담은 처분성이 인정되기 때문에 부담 그 자체가 행정소송의 대상이 된다고 한다(진정일부취소소송).[28]

그러나 부담 이외의 기타 부관은 주된 행정행위의 불가분적 요소를 이루고 있기 때문에 독립하여 취소소송의 대상이 될 수 없다고 한다.[29] 따라서 부관부 행정행위 전체를 소송의 대상으로 하고 부관부 행정행위 전체의 취소를 구하는 소송을 제기하거나(전체취소소송), 처분청에 부관의 변경을 신청하고 거부처분이 내려지면 거부처분 취소소송을 제기하여야 한다고 본다.

라. 사안의 경우

사안에서 안동시립박물관 건립기금 5억 원의 납부 조건은 강학상 부담으로서, 부담은 부관의 성질도 가지고 있지만 하명으로서 행정행위의 성질도 가지고 있으므로 주된 행정행위와는 독립된 처분성을 가지고 있다. 따라서 B주식회사는 박물관건립기금 납부조건만이 위법하다면 위법한 위 조건만을 대상으로 하여 행정소송을 제기할 수 있다.

---

[28] 대판 1992. 1. 2, 91누1264
[29] 대판 2001. 6. 15, 99두509

事例 2022년도 공인노무사

채석업자 丙은 P산지(山地)에서 토석채취를 하기 위하여 관할행정청 군수 乙에게 토석채취허가신청을 하였다. 乙은 丙의 신청서류를 검토한 후 적정하다고 판단하여 토석채취허가(이하 '이 사건 처분'이라 한다.)를 하였다. 한편, P산지 내에는 과수원을 운영하여 거기에서 재배된 과일로 만든 잼 등을 제조·판매하는 영농법인 甲이 있는데, 그곳에서 제조하는 잼 등은 청정지역에서 재배하여 품질 좋은 제품이라는 명성을 얻어 인기리에 판매되고 있다. 그런데, 甲은 과수원 인근에서 토석채취가 이루어지면 비산먼지 등으로 인하여 과수원에 악영향을 미친다고 판단하여, 이 사건 처분의 취소를 구하는 소를 제기하였다. 다음 물음에 답하시오. (50점)

물음 1) 위 취소소송에서 甲의 원고적격은 인정될 수 있는가? (20점)

물음 2) 위 사안에서 丙이 토석채취허가신청을 하였으나, 乙이 이 사건 처분을 하기 전이라면, 甲은 乙이 이 사건 처분을 하여서는 안된다는 소의 제기가 허용되는가? (30점)

▮ 解 說

> 법인의 원고적격 / 예방적 금지소송

Ⅰ. 물음 1 : 법인의 원고적격

1. 논점의 정리

행정소송법(이하 '법') 제12조에서 원고적격을 규정하는 바, 본 사안에서 영농법인 甲이 과수원에 악영향을 미친다는 이유로 乙의 丙에 대한 처분의 취소를 구하는 소송에서 원고적격이 인정될 수 있을지와 관련하여, 법인 甲의 당사자능력과 법률이익이 문제된다.

2. 당사자능력

가. 의 의

당사자능력이란 소송의 당사자인 원고 및 피고가 될 수 있는 소송법상의 권리능력을 말한다. 우리 법에는 당사자능력에 관한 명문의 규정이 없으므로 민사소송법 제51조와 제52조가 준용되어(법 제8조 제2항), 민법상 권리능력을 가진 자연인과 법인 그리고 법인 아닌 사단이나 재단도 당사자가 될 수 있다

나. 사안의 경우

영농법인 甲은 법 제8조 제2항 및 민사소송법 제51조 및 제52조에 의하여 소송의 당사자가 될 수 있다. 다만 원고적격이 있는지와 관련하여 법률상 이익을 검토하여야 한다.

3. 원고적격

가. 의 의

원고적격이란 구체적인 소송에서 원고로서 소송을 수행하여 본안판결을 받을 수 있는 자격을 말하는 것으로서, 법 제12조 1문은 "취소소송은 처분 등의 취소를 구할 법률상의 이익이 있는 자가 제기할 수 있다"라고 하여 취소소송의 원고적격을 규정하고 있다.

나. 법률상 이익

(1) 법률상 이익의 의미

행정소송법 제12조 1문의 '법률상 이익'이 무엇을 의미하는지에 대하여 취소소송의 기능과 연결하여 ① 권리구제설, ② 법이 보호하는 이익구제설, ③ 소송상 보호할 가치 있는 이익구제설, ④ 적법성보장설 등의 견해가 있다.

생각건대, 오늘날 권리의 개념이 확대되어 '권리'와 '법이 보호하는 이익'을 같은 개념으로 볼 수 있으므로 권리구제설은 큰 의미가 없고, 적법성보장설에 따르게 되면 항고소송이 민중소송화 되어 법원의 재판부담이 가중될 우려가 있다는 문제점이 있다. 소송상 보호할 가치 있는 이익구제설은 비록 원고적격을 넓힐 수 있다는 장점이 있으나, 소송상 보호할 가치가 있는 이익의 존부여부에 대한 일반적인 기준을 마련하기 어려우며 이는 결과적으로 법관의 자의적인 판단에 맡기는 결과가 될 수 있다는 문제점이 있다.

결국 행정소송법 제12조의 법률상 이익은 문자의 표현 그대로 법이 보호하는 이익이라고 해석하는 것이 타당하며, 대법원도 법이 보호하는 이익구제설의 입장에서 법률상 이익이란 처분의 근거 법규 및 관련 법규에 의하여 보호되는 개별적·직접적·구체적 이익을 말하고, 공익보호의 결과로 국민 일반이 공통적으로 가지는 일반적·간접적·추상적 이익은 여기에 포함되지 않는다고 판시하고 있다.

(2) 법률의 범위

법이 보호하는 이익구제설의 입장을 취할 경우, 그 법의 범위를 어디까지 넓힐 것인가에 따라 원고적격의 인정범위가 또 달라질 수 있다.

이에 대해 ① 처분의 근거법규에 한정하는 견해, ② 처분의 근거법규 및 관련법규까지 고려하는 견해, ③ 처분의 근거가 되는 법률 전체의 취지까지 고려하는 견해, ④ 처분의 근거법규 이외에 헌법규정까지 고려하는 견해 등이 대립하고 있고, 대법원은 법률상 이익이라 함은 해당 "처분의 근거법규 및 관련법규에 의하여 보호되는 개별적·직접적·구체적 이익"이라고 하여 ②설의 입장을 취하고 있다. 그에 따라 헌법 제35조에 정하고 있는 환경권에 관한 규정만으로는 항고소송의 원고적격을 인정할 수 없다고 판시하고 있다.

다. 법인의 원고적격

법인은 당사자능력이 인정되므로 원칙적으로 취소소송을 제기할 원고적격이 인정될 수 있다. 다만 환경상 이익과 같이 법인이 누릴 수 없는 법률상 이익의 침해를 주장하며 취소소송을 제기하는 것은 허용되지 않는다. 판례도 수녀원은 쾌적한 환경에서 생활할 수 있는 이익을 향수할 수 있는 주체가 아니라는 이유로 재단법인인 수녀원의 원고적격을 부정한 바 있다.

라. 사안의 경우

자연인이 아닌 법인 甲은 쾌적한 환경에서 생활할 수 있는 이익을 향수할 수 있는 주체가 아니므로 이 사건 처분에 대한 취소를 구할 법률상 이익이 없다.[30]

4. 사안의 해결

영농법인 甲의 원고적격은 인정될 수 없다.

---

[30] 이에 반하여, 甲법인이 '영농'법인임을 강조하면서 이 사건 처분에 의하여 영농법인 甲에 의해 재배되는 과일의 품질이 악화되는 등의 불이익이 발생한다면 이는 甲의 존립목적을 위협하는 것이므로 법률상 이익의 침해에 해당하므로 甲에게 이 사건 처분에 대한 취소소송을 제기할 자격이 있다고 논증하는 것도 가능합니다.

Ⅱ. 물음 2 : 예방적 금지소송

1. 논점의 정리

乙이 이 사건 처분을 하기 전에 미리 甲이 이 사건 처분을 하여서는 안된다는 소 제기가 허용되는지와 관련하여, 명문의 규정이 없는 예방적 금지소송의 인정여부가 문제된다.

2. 예방적 금지소송

가. 의의

예방적 금지소송은 행정청의 공권력 행사에 의해 국민의 권익이 침해될 것이 예상되는 경우에 미리 그 예상되는 침익적 처분의 발급을 저지하는 것을 목적으로 제기하는 소송을 말하며, 예방적 부작위청구소송이라고도 한다.

나. 인정여부

(1) 문제점

예방적 금지소송이 현행 행정소송법에 명시되어 있지 않았음에도 불구하고 이를 인정할 수 있는지 여부와 만약에 이를 인정할 수 있다면 항고소송의 일종으로 볼 것인지 아니면 당사자소송의 일종으로 볼 것인지가 문제된다.

(2) 학설

(가) 부정설

이 견해는 현행 행정소송법은 행정소송의 유형을 제한적으로 열거하고 있으므로 예방적 금지소송과 같은 무명항고소송은 인정되지 않는다고 한다. 이에 따르면 예방적 금지소송은 침익적인 공권력의 행사가 행하여지기 전에 공권력 행사를 막는 소송으로서 행정청의 1차적 판단권을 침해하며, 권력분립원칙 및 사법권의 본질에 반하므로 허용되어서는 안된다고 한다. 또한 공권력의 행사를 기다려 해당 공권력 행사에 의해 권익이 침해된 경우에 위법한 공권력 행사의 취소를 구하는 소송을 제기하고 집행정지를 신청하면 침해된 권익을 구제받을 수 있으므로 예방적 금지소송의 도입 필요성도 크지 않다고 한다.

(나) 예방적 금지소송을 당사자소송으로 인정하려는 견해

이 견해도 부정설과 마찬가지로 현행 행정소송법은 행정소송의 유형을 제한적으로 열거하고 있으므로 예방적 금지소송과 같은 무명항고소송은 인정되지 않는다고 한다. 다만 당사자소송은 이행소송을 포함하고 있는바, 예방적 금지소송을 당사자소송의 한 형태로 인정할 수 있다고 한다.

(다) 예방적 금지소송을 항고소송으로 인정하려는 견해

이 견해는 현행 행정소송법 제4조의 항고소송의 종류에 관한 규정을 예시적 규정으로 볼 수 있다고 한다. 따라서 특정의 권익침해가 예상되고 또한 임박한 경우에는 행정청의 1차적 판단권이 행사된 것에 준하는 것으로 볼 수 있고 이미 분쟁이 현실화 되어 사건의 성숙성

도 이루어져 있다고 볼 수 있으므로 예방적 금지소송을 인정할 필요성이 크다고 한다. 또한 행정강제와 같이 즉시 완결되어 버리는 경우에 취소소송을 제기하는 것은 권리구제에 별 도움이 되지 않으므로 이러한 경우를 대비하여 예방적 금지소송을 인정할 필요가 있다고 한다.

(3) 판례
판례는 건축물의 준공처분을 하여서는 아니된다는 내용의 부작위를 구하는 청구는 행정소송에서 허용되지 않는다고 하여 예방적 금지소송을 부정하고 있다.

다. 가구제
예방적 금지소송의 가구제로는 민사집행법 제300조 제1항의 보전명령적 가처분이 필요한데, 이는 어떠한 행정결정이 나오고 있지 않은 현상태를 유지하는 취지의 가처분이다.

3. 사안의 해결
甲이 乙이 이 사건 처분을 하여서는 안된다는 소의 제기는 예방적 금지소송인데, 이에 대해서는 행정소송법상 명문의 규정이 없으므로 이러한 유형의 소 제기는 허용되지 않는다. 따라서 법원은 각하판결을 하여야 할 것이다.

▮事 例   2017년 5급공채시험

　교육부장관은 A학교법인의 이사 甲에게 「고등교육법」 위반사유가 있음을 이유로, A학교법인에 대하여 甲의 임원취임승인을 취소하면서 乙을 임시이사로 선임하는 처분을 하였다. 甲은 교육부장관을 상대로 본인에 대한 임원취임승인 취소처분과 乙에 대한 임시이사선임처분의 취소를 구하는 소송을 제기하였다. 소송 진행 중 임시이사 乙의 임기가 만료되어 임시이사는 丙으로 변경되었고, 甲의 원래 임기가 만료되었을 뿐만 아니라 甲에 대한 「사립학교법」 제22조 제2호 소정의 임원결격사유기간도 경과하였다. 甲이 제기한 취소소송에 대하여 다음 물음에 답하시오.

1) 甲에게는 원고적격이 인정되는가? (10점)
2) 甲이 제기한 취소소송은 '협의의 소의 이익'이 있는가? (15점)

참조조문

사립학교법

제20조의2(임원취임의 승인취소) ① 임원이 다음 각호의 1에 해당하는 행위를 하였을 때에는 관할청은 그 취임승인을 취소할 수 있다
　　1. 이 법, 「초·중등교육법」 또는 「고등교육법」의 규정을 위반하거나 이에 대한 명령을 이행하지 아니한 때
② 제1항의 규정에 의한 취임승인의 취소는 관할청이 해당 학교법인에게 그 사유를 들어 시정을 요구한 날로부터 15일이 경과하여도, 이에 응하지 아니한 경우에 한한다. 다만, 시정을 요구하여도 시정할 수 없는 것이 명백하거나 회계부정, 횡령, 뇌물수수 등 비리의 정도가 중대한 경우에는 시정요구 없이 임원취임의 승인을 취소할 수 있으며, 그 세부적 기준은 대통령령이 정한다.

제22조(임원의 결격사유) 다음 각호의 1에 해당하는 자는 학교법인의 임원이 될 수 없다.
　　2. 제20조의2의 규정에 의하여 임원취임의 승인이 취소된 자로서 5년이 경과하지 아니한 자.

제25조(임시이사의 선임) ① 관할청은 다음 각 호의 어느 하나에 해당되는 경우에는 이해관계인의 청구 또는 직권으로 조정위원회의 심의를 거쳐 임시이사를 선임하여야 한다.
　　2. 제20조의2에 따라 학교법인의 임원취임 승인을 취소한 때. 다만, 제18조제1항에 따른 이사회 의결정족수를 초과하는 이사에 대하여 임원취임 승인이 취소된 때에 한한다.

▌解 說

> 원고적격 / 협의의 소의 이익[31]

Ⅰ. 설문 1)의 해결

1. 논점의 정리

甲에서 이 사건 임원취임승인 취소처분과 임시이사선임처분의 취소를 구할 원고적격이 인정되는지 여부가 문제된다.

2. 제3자의 원고적격

가. 원고적격의 의의

원고적격이란 구체적인 소송에서 원고로서 소송을 수행하여 본안판결을 받을 수 있는 자격을 말하는 것으로서, 행정소송법 제12조 제1문은 "취소소송은 처분 등의 취소를 구할 법률상의 이익이 있는 자가 제기할 수 있다"라고 하여 취소소송의 원고적격을 규정하고 있다.

나. 법률상 이익의 의미

행정소송법 제12조 1문의 '법률상 이익'이 무엇을 의미하는지에 대하여 취소소송의 기능과 연결하여 ① 권리구제설, ② 법이 보호하는 이익구제설, ③ 소송상 보호할 가치 있는 이익구제설, ④ 적법성보장설 등의 견해가 있다.

생각건대, 오늘날 권리의 개념이 확대되어 '권리'와 '법이 보호하는 이익'을 같은 개념으로 볼 수 있으므로 권리구제설은 큰 의미가 없고, 적법성보장설에 따르게 되면 항고소송이 민중소송화 되어 법원의 재판부담이 가중될 우려가 있다는 문제점이 있다. 소송상 보호할 가치 있는 이익구제설은 비록 원고적격을 넓힐 수 있다는 장점이 있으나, 소송상 보호할 가치가 있는 이익의 존부여부에 대한 일반적인 기준을 마련하기 어려우며 이는 결과적으로 법관의 자의적인 판단에 맡기는 결과가 될 수 있다는 문제점이 있다.

결국 행정소송법 제12조의 법률상 이익은 문자의 표현 그대로 법이 보호하는 이익이라고 해석하는 것이 타당하며, 대법원도 법이 보호하는 이익구제설의 입장에서 법률상 이익이란 처분의 근거 법규 및 관련 법규에 의하여 보호되는 개별적·직접적·구체적 이익을 말하고, 공익보호의 결과로 국민 일반이 공통적으로 가지는 일반적·간접적·추상적 이익은 여기에 포함되지 않는다고 판시하고 있다.

---

[31] 이 문제는 대법원 2007. 7. 19. 선고 2006두19297 판결을 바탕으로 만들어졌습니다.

다. 법률의 범위

법이 보호하는 이익구제설의 입장을 취할 경우, 그 법의 범위를 어디까지 넓힐 것인가에 따라 원고적격의 인정범위가 또 달라질 수 있다.

이에 대해 ① 처분의 근거법규에 한정하는 견해, ② 처분의 근거법규 및 관련법규까지 고려하는 견해, ③ 처분의 근거가 되는 법률 전체의 취지까지 고려하는 견해, ④ 처분의 근거법규 이외에 헌법규정까지 고려하는 견해 등이 대립하고 있고, 대법원은 법률상 이익이라 함은 당해 "처분의 근거법규 및 관련법규에 의하여 보호되는 개별적·직접적·구체적 이익"이라고 하여 ②설의 입장을 취하고 있다. 그에 따라 헌법 제35조에 정하고 있는 환경권에 관한 규정만으로는 항고소송의 원고적격을 인정할 수 없다고 판시하고 있다.

3. 사안의 해결

임원취임의 승인이 취소가 되면 해당 학교법인의 임원이 될 수 없으므로(사립학교법 제22조 제2호) 甲은 불이익처분의 상대방으로서 임원취임승인 취소처분을 다툴 원고적격이 인정된다. 또한 임원취임의 승인이 취소가 되면 관할 행정청은 임시이사를 선임하여야 하므로(사립학교법 제25조 제1항 제2호) 甲은 더이상 A학교법인의 이사로서의 직무를 수행할 수 없게 된다. 따라서 甲은 乙에 대한 임시이사선임처분에 대해서도 그 취소를 구할 원고적격이 인정된다.

Ⅱ. 설문 2)의 해결

1. 논점의 정리

설문(1)의 A소송의 경우에는 주된 지위의 회복이 불가능하다는 점에서, B소송의 경우에는 처분의 효력이 소멸되었다는 점에서, 설문(2)의 경우에는 원상회복이 불가능하다는 점에서 각각 협의의 소의 이익이 인정되는지 여부가 문제된다.

2. 협의의 소의 이익

가. 의 의

협의의 소의 이익이란 원고의 청구가 소송을 통하여 분쟁을 해결할 만한 현실적인 필요성이 있는지에 대한 문제로서 권리보호의 필요라고 불리기도 한다.

취소소송의 경우에는 ① 처분의 효력이 소멸한 경우 ② 원상회복이 불가능한 경우 ③ 권리침해의 상태가 해소된 경우, ④ 취소소송보다 쉬운 방법으로 목적을 달성할 수 있는 경우, ⑤ 원고의 청구가 이론적 의미만 있을 뿐 실제적 효용이 없는 경우 등이 협의의 소의 이익이 문제가 되는 경우이다.

나. 근 거

우리 행정소송법은 협의의 소의 이익에 대한 일반규정을 두고 있지 않고 있다. 다만 행정소송법 제12조 2문은 처분의 효력이 소멸된 뒤에도 처분의 취소로 인하여 회복되는 이익이 법률상 이익인 경우에는 취소소송을 제기할 수 있다고 규정하고 있는바, 이는 '원고적격'이라는 조문의 제목에도 불구하고 처분의 효력이 소멸된 경우에 대한 권리보호의 필요에 관한 규정으로 보아야 할 것이다.

그 밖의 경우에 대한 권리보호의 필요는 신의성실의 원칙에서 파생되는 소권남용금지의 원칙에서 그 이론적 근거를 찾을 수 있다.

다. 행정소송법 제12조 제2문의 소송의 성격과 법률상 이익의 의미

(1) 문제점

행정소송법 제12조 제2문의 법률상 이익이라는 문구가 입법과오인지 여부와 동조문에 의하여 인정되는 소송의 성격이 독일의 계속확인소송과 유사한 위법확인송인지 아니면 취소소송인지에 대해 견해가 대립하고 있다.

(2) 학 설

① 법률상 이익설은 행정소송법 제12조 제2문의 법률상 이익도 1문의 법률상 이익과 마찬가지로 처분의 근거법률에 의해 보호되는 개별적·직접적·구체적 이익에 한정되는 것으로서, 제12조 제2문의 소송은 위법상태의 배제의 의미로서의 취소소송이므로 12조 2문은 입법과오가 아니라고 한다. ② 그에 반해 정당한 이익설은 처분의 효력이 소멸된 경우에는 취소가 불가능하므로 제12조 제2문의 소송은 위법확인소송으로서, 위법확인의 정당한 이익만 인정되면 소송을 제기할 수 있으므로 법률상 이익이 있는 자로 한정하고 있는 제12조 제2문은 입법과오에 해당한다고 본다. ③ 한편 우리 행정소송법상 취소소송의 성질을 확인소송으로 보는 것을 전제로 1문의 취소와 2문의 취소 모두 위법성의 확인을 의미하고 따라서 처분의 효과가 소멸된 경우에도 독일과 같이 계속확인소송이라는 별도의 소송유형으로 변경되는 것이 아니라 여전히 취소소송의 형태로 유지된다고 보는 견해도 있다. 이에 따르면 행정소송법 12조는 성질이 다른 두 가지 소송형태를 한꺼번에 규정한 것이 아니므로 입법과오에 해당하지 않는다고 본다.

(3) 판 례

판례는 행정소송법 제12조 제2문의 법률상 이익의 개념을 1문의 법률상 이익의 개념과 동일하게 파악하여 명예·신용 등의 인격적 이익의 침해에 대해서는 원칙적으로 소의 이익을 부정하여 왔다.

그러나 최근에 들어와 판례는 "반복될 위험성이 있어 행정처분의 위법성 확인이 필요하다고 판단되는 경우"에 해당한다는 이유로 효력이 소멸된 처분에 대한 소의 이익을 긍정하고 있는바, 이는 정당한 이익설의 입장도 어느 정도 받아들여 소의 이익을 넓히고 있는 것으로 평가할 수 있다.

3. 사안의 해결

대법원은 종래 학교법인이사에 대한 취임승인취소처분의 취소를 구하는 소송에서 이사의 임기가 만료된 경우에 소의 이익을 부인하였다. 그러나 최근 판결에서는 입장을 변경하여, 그 임원 취임승인취소처분이 위법하다고 판명되고 나아가 임시이사들의 지위가 부정되어 직무권한이 상실되면, 그 정식이사들은 후임이사 선임시까지 민법 제691조의 유추적용에 의하여 직무수행에 관한 긴급처리권을 가지게 되고 이에 터잡아 후임 정식이사들을 선임할 수 있게 되기 때문에 임원취임승인취소처분의 취소를 구할 소의 이익이 있다고 판시하였다.[32]

또한 대법원은 종래 학교법인의 이사에 대한 취임승인이 취소되고 임시이사가 선임된 경우, 그 임시이사의 재직기간이 지나 다시 임시이사가 선임되었다면 처분의 효력이 소멸된 당초의 임시이사 선임처분의 취소를 구하는 것은 법률상 이익이 없어 부적법하다고 판시하였다. 그러나 최근 판결에서는 입장을 변경하여, 선행 임시이사 선임처분의 효과가 소멸하였다는 이유로 그 취소를 구할 법률상 이익이 없다고 보게 되면, 원래의 정식이사들로서는 계속중인 소를 취하하고 후행 임시이사 선임처분을 별개의 소로 다툴 수밖에 없게 되며 그 별소 진행 도중 다시 임시이사가 교체되면 또 새로운 별소를 제기하여야 하는 등 무익한 처분과 소송이 반복될 가능성이 있으므로, 이러한 경우 법원이 선행 임시이사 선임처분의 취소를 구할 법률상 이익을 긍정하여 그 위법성 내지 하자의 존재를 판결로 명확히 해명하고 확인하여 준다면 위와 같은 구체적인 침해의 반복 위험을 방지할 수 있을 뿐 아니라, 후행 임시이사 선임처분의 효력을 다투는 소송에서 기판력에 의하여 최초 내지 선행 임시이사 선임처분의 위법성을 다투지 못하게 함으로써 그 선임처분을 전제로 이루어진 후행 임시이사 선임처분의 효력을 쉽게 배제할 수 있어 국민의 권리구제에 도움이 된다."고 하여 소의 이익을 긍정하였다.[33]

---

32) 대판[전] 2007. 7. 19, 2006두19297
33) 대판[전] 2007. 7. 19, 2006두19297

事例   2017년 공인노무사

건설회사에 근무하는 甲은 건설현장 불법행위 단속을 나온 공무원 Z의 중과실로 인하여 공사현장에서업무 중 골절 등 산재사고로 인한 상해를 입었고, 이를 이유로 2014년 2월경 근로복지공단으로부터 휴업급여와 장해급여 등을 지급받았다. 그런데 이후 甲이 회사가 가입하고 있던 보험회사로부터 별도로 장해보상금을 지급받자 근로복지공단은 甲이 이중으로 보상받았음을 이유로 2016년 3월경 이미 지급된 급여의 일부에 대한 징수결정을 하고 이를 甲에게 고지하였다. 그러나 甲이 이 같은 징수결정에 대해서 민원을 제기하자 2016년 11월경 당초의 징수결정 금액의 일부를 감액하는 처분을 하였는데, 그 처분 고지서에는 "이의가 있는 경우 행정심판법 제27조의 규정에 의한 기간 내에 행정심판을 청구하거나 행정소송법 제20조의 규정에 의한 기간 내에 행정소송을 제기할 수 있습니다."라고 기재되어 있었다.

한편 공무원 乙은 공직기강확립 감찰기간 중 중과실로 甲에 대한 산재 사고를 야기하였음을 이유로 해임처분을 받자 이에 대해서 소청심사를 거쳐 취소소송을 제기하였다. 다음 물음에 답하시오. (총 50점)

(1) 甲은 감액처분에 불복하여 행정심판을 청구하였고 각하재결을 받은 후 재결서를 송달받은 즉시 2017년 5월경 근로복지공단을 상대로 위 감액처분의 취소를 구하는 행정소송을 제기하였다. 이 경우 해당 취소소송의 적법 여부를 검토하시오. (25점)

(2) 해임처분취소소송의 계속 중 乙이 정년에 이르게 된 경우, 乙에게 해임처분의 취소를 구할 법률상 이익이 인정되는지 여부를 검토하시오. (25점)

▌解 說

> 변경처분 / 제소기간 / 피고적격 / 협의의 소의 이익

Ⅰ. 설문 (1)의 해결

1. 논점의 정리

취소소송의 제기가 적법하려면, 처분 등을 대상으로(행정소송법 제19조), 처분의 취소를 구할 법률상 이익이 있는 자가(동법 제12조), 처분청을 상대로(동법 1제3조), 처분청의 소재지를 관할하는 행정법원 또는 지방법원 본원에(동법 제9조), 전심절차를 거쳐야 하는 경우에는 그에 대한 결정을 받은 후에(동법 제18조 제1항 단서), 적법한 제소기간 안에(동법 제20조) 취소소송을 제기하여야 하는 바, 설문의 경우에는 원징수결정과 감액처분 중 무엇이 취소소송의 대상이 되는지 문제되며, 그에 따라 제소기간의 준수여부가 문제된다. 부수적으로 근로복지공단이 행정청이 될 수 있는지도 문제된다.

2. 근로복지공단의 법적 지위

공법인으로서 공공조합이나 공법상의 재단법인 또는 영조물법인 등이 법령에 의하여 국가 또는 지방자치단체의 사무를 위탁받아 제3자에게 행정권을 행사하는 경우에는 법주체이면서도 동시에 행정청으로서의 지위를 가진다(행정소송법 제2조 제2항). 근로복지공단은 공공조합으로서 원징수결정과 감액처분 등을 할 수 있는 행정청에 해당한다.

3. 소의 대상

가. 변경처분의 경우 소의 대상

판례는 종전처분의 주요 부분을 실질적으로 변경하는 내용으로 후속처분을 한 경우에 종전처분은 특별한 사정이 없는 한 효력을 상실하고 후속처분만이 항고소송의 대상이 되지만, 후속처분이 종전처분의 내용 중 일부만을 소폭 변경하는 정도에 불과한 경우에는 종전처분은 소멸하는 것이 아니라 후속처분에 의하여 변경되지 아니한 범위 내에서는 그대로 존속한다고 한다.[34]

나. 사안의 경우

행정청이 보험급여 수급자에 대하여 부당이득 징수결정을 한 후 징수결정의 하자를 이유로 징수금 액수를 감액하는 경우에 감액처분은 당초 징수결정과 별개 독립의 징수금 결정처분이 아니라 그 실질은 처음 징수결정의 변경이고, 그에 의하여 징수금의 일부취소라는 징수의

---

[34] 대판[전] 2015. 11. 19, 2015두295; 대판 2020. 4. 9, 2019두49953

무자에게 유리한 결과를 가져오는 처분이므로 징수의무자에게는 그 취소를 구할 소의 이익이 없다. 이에 따라 감액처분으로도 아직 취소되지 않고 남아 있는 부분이 위법하다 하여 다투고자 하는 경우, 감액처분 자체를 항고소송의 대상으로 할 수는 없고, 당초 징수결정 중 감액처분에 의하여 취소되지 않고 남은 부분을 항고소송의 대상으로 할 수 있을 뿐이며, 그 결과 제소기간의 준수 여부도 감액처분이 아닌 당초 처분인 원징수결정을 기준으로 판단해야 한다.[35]

4. 제소기간의 준수여부

가. 행정소송법 제20조 제1항의 취지

행정소송법 제20조 제1항은 '취소소송은 처분 등이 있음을 안 날부터 90일 이내에 제기하여야 하나, 행정청이 행정심판청구를 할 수 있다고 잘못 알린 경우에 행정심판청구가 있은 때의 기간은 재결서의 정본을 송달받은 날부터 기산한다'고 규정하고 있는데, 위 규정의 취지는 불가쟁력이 발생하지 않아 적법하게 불복청구를 할 수 있었던 처분 상대방에 대하여 행정청이 법령상 행정심판청구가 허용되지 않음에도 행정심판청구를 할 수 있다고 잘못 알린 경우에 잘못된 안내를 신뢰하여 부적법한 행정심판을 거치느라 본래 제소기간 내에 취소소송을 제기하지 못한 자를 구제하려는 데에 있다.[36]

나. 사안의 경우

앞서 살펴본 바와 같이 이 사건의 제소기간의 준수 여부는 당초 처분인 원징수결정을 기준으로 판단하여야 한다. 이와 같이 당초 처분을 기준으로 판단하면 이미 제소기간이 지남으로써 불가쟁력이 발생하여 불복청구를 할 수 없었던 경우이므로 그 이후에 행정청이 행정심판청구를 할 수 있다고 잘못 알렸다고 하더라도 그 때문에 甲이 적법한 제소기간 내에 취소소송을 제기할 수 있는 기회를 상실하게 된 것은 아니므로 이러한 경우에 잘못된 안내에 따라 청구된 행정심판 재결서 정본을 송달받은 날부터 다시 취소소송의 제소기간이 기산되는 것은 아니다. 따라서 甲이 제기하는 취소소송은 제소기간을 경과하여 부적법하다.

5. 사안의 해결

설문과 같이 징수결정의 하자를 이유로 징수금 액수를 감액하는 경우, 징수결정 중 감액처분에 의하여 취소되지 않고 남은 부분이 취소쟁송의 대상이며, 그 결과 심판청구기간 또는 제소기간의 준수 여부도 감액처분이 아닌 당초 처분인 원징수결정을 기준으로 판단해야 한다. 따라서 甲이 제기한 행정심판의 청구는 청구기간을 경과한 부적법한 것이고, 그에 따라 각하재결을 받은 후 甲이 제기한 취소소송의 제기도 제소기간을 경과하여 부적법하다.

---

35) 대판 2012. 9. 27, 2011두27247
36) 대판 2012. 9. 27, 2011두27247

Ⅱ. 설문 (2)의 해결

1. 논점의 정리

처분의 취소를 구할 법률상 이익이 인정되어야 취소소송을 제기할 수 있는바(행정소송법 제12조), 해임처분취소소송 중 정년에 이르게 되어 취소판결을 받아도 복직이 불가능한 상태임에도 불구하고 해임처분의 취소를 구할 법률상 이익이 인정되는지가 원고적격과 소의 이익과 관련하여 문제된다.

2. 원고적격

원고적격이란 구체적인 소송에서 원고로서 소송을 수행하여 본안판결을 받을 수 있는 자격을 말하는 것으로서, 행정소송법 제12조 1문은 "취소소송은 처분 등의 취소를 구할 법률상의 이익이 있는 자가 제기할 수 있다"라고 하여 취소소송의 원고적격을 규정하고 있다.

乙은 해임처분이라는 불이익한 처분을 받은 상대방인데, 불이익처분의 상대방은 직접 개인적 이익의 침해를 받은 자로서 원고적격이 인정된다.[37]

3. 협의의 소의 이익

가. 의 의

협의의 소의 이익이란 원고의 청구가 소송을 통하여 분쟁을 해결할 만한 현실적인 필요성이 있는지에 대한 문제로서 권리보호의 필요라고 불리기도 한다.

취소소송의 경우에는 ① 처분의 효력이 소멸한 경우 ② 원상회복이 불가능한 경우 ③ 권리침해의 상태가 해소된 경우, ④ 취소소송보다 쉬운 방법으로 목적을 달성할 수 있는 경우, ⑤ 원고의 청구가 이론적 의미만 있을 뿐 실제적 효용이 없는 경우 등이 협의의 소의 이익이 문제가 되는 경우이다.

나. 근 거

우리 행정소송법은 협의의 소의 이익에 대한 일반규정을 두지 않고 있다. 다만 행정소송법 제12조 2문은 처분의 효력이 소멸된 뒤에도 처분의 취소로 인하여 회복되는 이익이 법률상 이익인 경우에는 취소소송을 제기할 수 있다고 규정하고 있는바, 이는 '원고적격'이라는 조문의 제목에도 불구하고 처분의 효력이 소멸된 경우에 대한 권리보호의 필요에 관한 규정으로 보아야 할 것이다.

그 밖의 경우에 대한 권리보호의 필요는 신의성실의 원칙에서 파생되는 소권남용금지의 원칙에서 그 이론적 근거를 찾을 수 있다.

---

37) 대판 1995. 8. 22, 94누8129

다. 행정소송법 제12조 제2문의 소송의 성격과 법률상 이익의 의미

(1) 문제점

행정소송법 제12조 2문의 법률상 이익이라는 문구가 입법과오인지 여부와 동 조문에 의해 인정되는 소송의 성격이 독일의 계속확인소송과 유사한 위법확인소송인지 아니면 취소소송인지에 대해 견해가 대립하고 있다.

(2) 학 설

① 법률상 이익설은 행정소송법 12조 2문의 법률상 이익도 1문의 법률상 이익과 마찬가지로 처분의 근거법률에 의해 보호되는 개별적·직접적·구체적 이익에 한정되는 것으로서, 12조 2문의 소송은 위법상태의 배제의 의미로서의 취소소송이므로 12조 2문은 입법과오가 아니라고 한다. ② 그에 반해 정당한 이익설은 처분의 효력이 소멸된 경우에는 취소가 불가능하므로 12조 2문의 소송은 위법확인소송으로서, 위법확인의 정당한 이익만 인정되면 소송을 제기할 수 있으므로 법률상 이익이 있는 자로 한정하고 있는 12조 2문은 입법과오에 해당한다고 본다. ③ 한편 우리 행정소송법상 취소소송의 성질을 확인소송으로 보는 것을 전제로 1문의 취소와 2문의 취소 모두 위법성의 확인을 의미하고 따라서 처분의 효과가 소멸된 경우에도 독일과 같이 계속확인소송이라는 별도의 소송유형으로 변경되는 것이 아니라 여전히 취소소송의 형태로 유지된다고 보는 견해도 있다. 이에 따르면 행정소송법 12조는 성질이 다른 두 가지 소송형태를 한꺼번에 규정한 것이 아니므로 입법과오에 해당하지 않는다고 본다.

(3) 판 례

판례는 행정소송법 12조 2문의 법률상 이익의 개념을 1문의 법률상 이익의 개념과 동일하게 파악하여 명예·신용 등의 인격적 이익의 침해에 대해서는 원칙적으로 소의 이익을 부정하여 왔다.

그러나 최근에 들어와 판례는 "반복될 위험성이 있어 행정처분의 위법성 확인이 필요하다고 판단되는 경우"에 해당한다는 이유로 효력이 소멸된 처분에 대한 소의 이익을 긍정하고 있는바, 이는 정당한 이익설의 입장도 어느 정도 받아들여 소의 이익을 넓히고 있는 것으로 평가할 수 있다.

라. 기본적인 권리회복이 불가능한 경우에도 소의 이익이 인정될 수 있는지 여부

임기만료나 정년도달 등의 이유로 기본적인 권리회복이 불가능한 경우라 하더라도 급여청구와 같은 부수적 이익의 회복을 위하여 취소소송의 제기가 가능한지가 문제된다. 생각건대, 이러한 부수적 이익이 법이 보호하는 이익이라면 부수적 이익의 회복을 위해 취소를 구할 법률상 이익이 인정될 것인바, 공무원의 보수는 법정 사항이므로 공무원의 급여청구의 이익은 법률상 이익이다. 따라서 이미 정년에 도달하여 해임처분을 취소한다 하더라도 공무원의 지위를 회복할 수 없지만 아직 급여청구와의 관계에서 이익이 있는 이상, 해임처분의 취소를 구할 소의 이익이 인정된다. 판례도 같은 입장이다.[38]

---

[38] 대판 1985. 6. 25, 85누39

마. 사안의 경우

공무원 乙이 해임처분을 다투고 있던 중에 정년에 도달하여 공무원의 지위회복은 불가능하다 하더라도 해임처분시부터 정년도달시까지 받지 못한 급여를 받기 위하여 해임처분의 취소를 구할 소의 이익이 인정된다.

4. 사안의 해결

乙은 해임처분이라는 불이익한 처분을 받은 상대방으로서 원고적격이 인정되며, 乙이 해임처분을 다투고 있던 중에 정년에 도달하여 공무원의 지위를 회복할 수 없게 되었다 하더라도 급여청구 이익이 인정되므로 해임처분의 취소를 구할 소의 이익이 인정된다. 따라서 乙에게 해임처분의 취소를 구할 법률상 이익이 인정된다.

事例 2020년 공인노무사

甲은 2018. 11. 1.부터 A시 소재의 3층 건물의 1층에서 일반음식점을 운영해 왔는데, 관한 행정청인 A시의 시장 乙은 2019. 12. 26. 甲이 접대부를 고용하여 영업을 했다는 이유로 甲에 대하여 3월의 영업정지처분을 하였다. 이에 대하여 甲은 문제가 된 여성은 접대부가 아니라 일반 종업원이라는 점을 주장하면서 3월의 영업정지처분의 취소를 구하는 행정심판을 청구했다. 관할 행정심판위원회는 2020. 3. 6. 甲에 대한 3월의 영업정지처분을 1월의 영업정지처분으로 변경하라는 일부인용재결을 하였고, 2020. 3. 10. 그 재결서 정본이 甲에게 도달하였다. 乙은 행정심판위원회의 재결 내용에 따라 2020. 3. 17. 甲에 대하여 1월의 영업정지처분을 하였고, 향후 같은 위반사유로 제재처분을 받을 경우 식품위생법 시행규칙 별표의 행정처분기준에 따라 가중적 제재처분이 내려진다는 점까지 乙은 甲에게 안내했다. 행정심판을 통해서 구제를 받지 못했다고 생각한 甲은 2020. 6. 15. 취소소송을 제기하고자 한다. 다음 물음에 답하시오. (50점)

물음 1) 甲이 제기하는 취소소송의 대상적격, 피고적격, 제소기간에 대하여 논하시오. (30점)

물음 2) 甲은 乙의 영업정지처분 1월이 경과한 후에도 그 처분의 취소를 구할 소의 이익이 있는지 논하시오. (20점)

解說

> 처분변경명령재결 / 협의의 소의 이익

Ⅰ. 물음 1)의 해결

1. 논점의 정리

행정심판위원회가 甲에 대한 3월의 영업정지처분을 1월의 영업정지처분으로 변경하라는 일부 인용재결을 하였고, 그에 따라 피청구인인 乙이 甲에 대하여 1월의 영업정지처분을 한 경우, 소송의 대상이 원처분인지 재결인지 재결에 따른 후속처분인지에 따라 피고와 제소기간의 기산점이 달라질 것이므로 이에 대하여 검토하기로 한다.

2. 취소소송의 대상에 대한 입법주의

행정심판의 재결에 불복하여 취소소송을 제기하는 경우에 원처분을 대상으로 하여야 하는지 아니면 재결을 대상으로 하여야 하는지에 대하여 견해의 대립이 있는바, 우리 행정소송법 제19조 단서는 "재결취소소송의 경우에는 재결 자체에 고유한 위법이 있음을 이유로 하는 경우에 한한다"고 규정하여 원처분주의를 취하고 있다.

이런 원처분주의에서 재결이 취소소송의 대상이 되는 경우는 재결 자체에 주체·절차·형식 그리고 내용상 위법이 있는 경우를 말한다.

3. 변경명령재결의 경우 소의 대상

가. 학 설

① 변경명령재결에 따른 행정청의 변경처분은 재결의 기속력에 의한 부차적인 행위로서 변경처분을 하게 된 것이 위원회의 의사이지 행정청의 의사가 아니므로 변경명령재결이 취소소송의 대상이 된다는 견해, ② 변경명령재결에 의해 원처분은 소멸되었고 국민에 대한 구체적인 침해는 변경처분이 있어야 현실화된다는 점을 강조하여 변경처분이 취소소송의 대상이 된다는 견해와 ③ 변경명령재결은 원처분의 강도를 변경하는 것에 불과하다는 입장에서 변경된 원처분이 취소소송의 대상이 된다는 견해가 대립하고 있다.

나. 판 례

판례는 행정청이 영업자에게 행정제재처분을 한 후 일부인용의 (처분)변경명령재결에 따라 당초 처분을 영업자에게 유리하게 변경하는 처분을 한 경우 그 취소소송의 대상은 변경된 내용의 당초 처분이지 변경처분은 아니라고 판시한 바 있다.

다. 사안의 경우

판례의 입장에 따를 때, 변경된 원처분인 2019. 12. 26. 1월의 영업정지처분이 취소소송의 대상이다.

4. 취소소송의 피고

가. 문제점

먼저 행정심판위원회와 같은 합의제 행정기관도 취소소송의 피고가 될 수 있는지 살펴보고, 취소소송의 대상에 따라서 시장 乙과 행정심판위원회 중 누가 해당 사안의 피고가 될 것인지 판단하도록 한다.

나. 행정심판위원회도 취소소송의 피고가 될 수 있는지 여부

취소소송의 피고적격은 처분이나 재결의 효과가 귀속되는 국가나 지방자치단체와 같은 권리의무의 귀속주체가 갖는 것이 원칙이나, 우리 행정소송법은 소송수행의 편의를 위하여 처분을 행한 행정청에게 피고적격을 인정하고 있다(법 제13조 제1항).

한편 행정청이란 행정주체의 의사를 결정하여 이를 대외적으로 표시할 수 있는 권한을 가진 행정기관을 의미하는바, 합의제 행정기관의 경우에도 법령에 의하여 자신의 이름으로 처분을 할 수 있는 권한이 주어진 경우에는 행정청이 될 수 있다. 행정심판위원회는 자신의 이름으로 행정심판 사건에 대한 결정을 할 수 있는 권한이 주어져 있으므로 합의제 행정청에 해당한다. 따라서 취소소송의 피고가 될 수도 있다.

다. 사안의 경우

앞에서 살펴본 것처럼 취소소송의 대상이 변경된 원처분이므로 甲은 행정심판위원회가 아닌 원처분청인 시장 乙을 피고로 취소소송을 제기하여야 할 것이다.

5. 제소기간의 기산점

가. 행정소송법 제20조 제1항의 규정

취소소송의 제소기간은 송달 기타 공고 등을 통하여 처분등이 있음을 안 날로부터 기산하는 것이 원칙이나, 적법한 행정심판청구가 있는 경우에는 재결서 정본을 송달받은 날부터 기산한다.

나. 사안의 경우

변경된 원처분이 취소소송의 대상이 되어야 한다는 판례의 입장에 따르면 제소기간의 준수 여부도 변경된 원처분을 기준으로 판단하여야 한다. 따라서 甲은 원처분을 송달받은 날인 2019. 12. 26.부터 90일 이내에 취소소송을 제기하여야 하나, 행정심판을 적법하게 제기한 경우에 해당되기 때문에 재결서를 송달받은 날인 2020. 3. 10.부터 90일 이내에 취소소송을 제기하여야 한다(행정소송법 제20조 제1항 단서).[39]

---

[39] 대판 2007. 4. 27, 2004두9302

6. 사안의 해결

甲은 시장 乙을 피고로 하여 2019. 12. 26. 1월의 영업정지처분에 대한 취소소송을 2020. 3. 10.부터 90일 이내에 제기하여야 한다. 따라서 甲이 2020. 6. 15. 취소소송을 제기하고자 한다면 제소기간의 경과로 각하될 것이다.

Ⅱ. 물음 2)의 해결

1. 논점의 정리

영업정지기간이 만료되어 처분의 효력이 소멸된 경우에도 그 처분의 취소를 구할 소의 이익이 인정되는지가 문제된다.

2. 협의의 소의 이익

가. 의 의

협의의 소의 이익이란 원고의 청구가 소송을 통하여 분쟁을 해결할 만한 현실적인 필요성이 있는지에 대한 문제로서 권리보호의 필요라고 불리기도 한다.

취소소송의 경우에는 ① 처분의 효력이 소멸한 경우 ② 원상회복이 불가능한 경우 ③ 권리침해의 상태가 해소된 경우, ④ 취소소송보다 쉬운 방법으로 목적을 달성할 수 있는 경우, ⑤ 원고의 청구가 이론적 의미만 있을 뿐 실제적 효용이 없는 경우 등이 협의의 소의 이익이 문제가 되는 경우이다.

나. 근 거

우리 행정소송법은 협의의 소의 이익에 대한 일반규정을 두지 않고 있다. 다만 행정소송법 제12조 2문은 처분의 효력이 소멸된 뒤에도 처분의 취소로 인하여 회복되는 이익이 법률상 이익인 경우에는 취소소송을 제기할 수 있다고 규정하고 있는바, 이는 '원고적격'이라는 조문의 제목에도 불구하고 처분의 효력이 소멸된 경우에 대한 권리보호의 필요에 관한 규정으로 보아야 할 것이다.

그 밖의 경우에 대한 권리보호의 필요는 신의성실의 원칙에서 파생되는 소권남용금지의 원칙에서 그 이론적 근거를 찾을 수 있다.

3. 행정소송법 제12조 제2문의 소송의 성격과 법률상 이익의 의미

가. 문제점

행정소송법 제12조 제2문의 법률상 이익이라는 문구가 입법과오인지 여부와 동 조문에 의해 인정되는 소송의 성격이 독일의 계속확인소송과 유사한 위법확인소송인지 아니면 취소소송인지에 대해 견해가 대립하고 있다.

나. 학 설

① 법률상 이익설은 행정소송법 12조 2문의 법률상 이익도 1문의 법률상 이익과 마찬가지로 처분의 근거법률에 의해 보호되는 개별적·직접적·구체적 이익에 한정되는 것으로서, 12조 2문의 소송은 위법상태의 배제의 의미로서의 취소소송이므로 12조 2문은 입법과오가 아니라고 한다. ② 그에 반해 정당한 이익설은 처분의 효력이 소멸된 경우에는 취소가 불가능하므로 12조 2문의 소송은 위법확인소송으로서, 위법확인의 정당한 이익만 인정되면 소송을 제기할 수 있으므로 법률상 이익이 있는 자로 한정하고 있는 12조 2문은 입법과오에 해당한다고 본다. ③ 한편 우리 행정소송법상 취소소송의 성질을 확인소송으로 보는 것을 전제로 1문의 취소와 2문의 취소 모두 위법성의 확인을 의미하고 따라서 처분의 효과가 소멸된 경우에도 독일과 같이 계속확인소송이라는 별도의 소송유형으로 변경되는 것이 아니라 여전히 취소소송의 형태로 유지된다고 보는 견해도 있다. 이에 따르면 행정소송법 12조는 성질이 다른 두 가지 소송형태를 한꺼번에 규정한 것이 아니므로 입법과오에 해당하지 않는다고 본다.

다. 판 례

판례는 행정소송법 제12조 제2문의 법률상 이익의 개념을 제1문의 법률상 이익의 개념과 동일하게 파악하여 명예·신용 등의 인격적 이익의 침해에 대해서는 원칙적으로 소의 이익을 부정하여 왔다.

그러나 최근에 들어와 판례는 "반복될 위험성이 있어 행정처분의 위법성 확인이 필요하다고 판단되는 경우"에 해당한다는 이유로 효력이 소멸된 처분에 대한 소의 이익을 긍정하고 있는바, 이는 정당한 이익설의 입장도 어느 정도 받아들여 소의 이익을 넓히고 있는 것으로 평가할 수 있다.

4. 식품위생법 시행규칙 별표의 행정처분기준의 법적 성질[40]

식품위생법 시행규칙 별표의 행정처분기준은 행정청의 법령의 집행과 관련하여 허용된 일반적인 재량권의 행정기준을 정한 재량준칙이라 할 것이다. 이와 같이 형식은 법규명령이 주로 취하는 시행령·시행규칙이나 그 내용은 재량권 행사의 기준을 정한 재량준칙으로 행정규칙의 실질을 가지고 있는 경우, 이러한 행정입법의 법적 성질이 법규명령인지 행정규칙인지 문제된다.

이에 대해 판례는 제재적 처분기준이 시행령형식으로 제정된 경우에는 법규명령[41]으로 보고 있으나, 설문과 같이 시행규칙 형식으로 제정된 경우에는 행정규칙[42]으로 보고 있다.

5. 가중적 제재요건이 시행규칙으로 정해진 경우의 협의의 소의 이익 인정여부

종래 대법원은 제재처분의 기준이 규정된 시행규칙은 행정규칙이므로 구속력이 없고 따라서 가중적 제재처분을 받을 불이익을 직접적·구체적·현실적인 것이 아니라고 하여 소의 이익을 부정하였다.[43]

---

40) 생략해도 무방한 쟁점입니다.
41) 대판 2001. 3. 9, 99두5207
42) 대판 1997. 5. 30, 96누5773

그러나 대법원은 입장을 변경하여 제재처분의 기준이 규정된 시행규칙을 행정규칙으로 보면서도 소의 이익을 인정하였다.[44] 이에 따르면 제재적 행정처분의 가중사유나 전제요건에 관한 규정이 시행규칙에 규정된 경우에도 관할 행정청이나 담당공무원은 이를 준수할 의무가 있으므로 이들은 시행규칙에 정해진 바에 따라 행정작용을 할 것이 당연히 예견되고, 그 결과 행정작용의 상대방인 국민으로서는 그 규칙의 영향을 받을 수밖에 없으므로 그러한 규칙이 정한 바에 따라 선행처분을 받은 상대방이 그 처분의 존재로 인하여 장래에 받을 불이익, 즉 후행처분의 위험은 구체적이고 현실적인 것이므로 상대방에게는 선행처분의 취소소송을 통하여 그 불이익을 제거할 필요가 있다고 한다. 또한 행정청으로서는 선행처분이 적법함을 전제로 후행처분을 할 것이 당연히 예견되므로 이러한 선행처분으로 인한 불이익을 선행처분 자체에 대한 소송에서 사전에 제거할 수 있도록 해 주는 것이 상대방의 법률상 지위에 대한 불안을 해소하는 데 가장 유효적절한 수단이 된다는 점에서 선행처분의 취소를 구할 법률상 이익이 있다고 판시하였다.

6. 사안의 해결

설문에서 식품위생법 시행규칙 별표의 행정처분기준은 가중적 제재처분의 부과에 대한 규정을 두고 있다. 따라서 甲에게는 이러한 가중적 제재규정에 따라 선행처분을 가중사유로 하는 후행처분을 받을 우려가 현실적으로 존재하므로 영업정지기간이 경과하였다 하더라도 그 처분의 위법을 확인할 소의 이익이 인정된다.

---

43) 대판 1995. 10. 17, 94누14148
44) 대판[전] 2006. 6. 22, 2003두1684

事例   2009년 5급공채시험

Y구 의회의원 甲은 평소 의원간담회나 각종 회의 때 동료의원의 의견을 무시한 채 자기만의 독단적인 발언과 주장으로 회의분위기를 망치고, 'Y구 의회는 탄압의회'라고 적힌 현수막을 Y구 청사현관에 부착하고 홀로 철야농성을 하였으며, 만취한 상태에서 공무원의 멱살을 잡는 등 추태를 부려 의원으로서의 품위를 현저히 손상하였다. 이에 Y구 의회는 甲을 의원직에서 제명하는 의결을 하였다.

(1) 甲은 위 제명의결에 대하여 행정소송을 제기할 수 있는가? (15점)

(2) 만일 법원이 甲의 취소소송을 받아들여 소송의 계속 중 甲의 임기가 만료되었다면, 수소법원은 어떠한 판결을 하여야 하는가? (10점)

▌解說

> 제명의결의 처분성 여부 / 협의의 소의 이익[45]

Ⅰ. 설문 (1) : 甲의 취소소송의 제기가능성

1. 논점의 정리

제명의결이 지방의회의 자율권에 속하는 사항으로서 사법심사가 배제되는지 여부가 문제되며, 만약 사법심사가 허용된다면 취소소송의 제기가능성과 관련하여 Y구 의회가 행정청인지 여부와 제명의결이 단순한 내부적인 의사결정인지 아니면 공권력의 행사로서 행정행위에 해당하는지 여부가 쟁점이 된다.

2. 제명의결이 지방의회의 자율권에 속하는 사항으로서 사법심사가 배제되는지 여부

지방의회의 자율권에 속하는 사항이라도 법원의 사법심사가 배제되는 것은 아니다. 국회 내부의 징계나 제명에 관해서는 헌법 제64조 제4항에서 명문으로 사법심사를 배제하고 있지만 지방의회에 관해서는 그러한 규정이 없고, 국회와 지방의회의 본질적 차이를 고려할 때 지방의회가 국회와 같은 고도의 내부 자율권을 가진다고 볼 수도 없다.

3. 대상적격

가. 문제점

행정소송법 제19조에서 취소소송은 처분을 대상으로 한다고 규정하고 있고, 동법 제2조 제1항 제1호에 의하면 처분은 행정청이 행하는 구체적 사실에 관한 법집행으로서의 공권력의 행사 또는 그 거부와 그 밖에 이에 준하는 행정작용으로 규정하고 있다.

이와 관련하여 Y구 의회가 행정청에 해당하는지 여부와 제명의결이 구체적 사실에 관한 법집행으로서 공권력의 행사에 해당하는지 여부가 문제된다.

나. Y구 의회가 행정청에 해당하는지 여부

행정청이란 행정주체의 의사를 결정하여 이를 대외적으로 표시할 수 있는 권한을 가진 행정기관을 말한다. 이와 관련하여 지방의회는 의결기관에 불과하므로 원칙적으로 행정청이 될 수 없으나, 그 소속의원에 대한 징계의결은 지방의회의 이름으로 행하여지는 처분이므로 이 때에는 합의제 행정청으로서 기능한다.

따라서 사안의 Y구 의회는 甲에 대한 제명의결과 관련해서는 합의제 행정청에 해당한다.

---

[45] 이 문제는 대판 2009. 1. 30, 2007두13487를 바탕으로 만들어졌습니다.

다. 제명의결이 구체적 사실에 관한 법집행으로서 공권력의 행사에 해당하는지 여부

제명의결은 단순한 내부적인 의사결정이 아니라 甲에 대한 개별적·구체적 규율로서 甲의 의원직 박탈이라는 법적 효과를 발생시키는 공권력의 행사에 해당한다. 판례 역시 지방의회의 징계의결의 의원의 권리에 직접 법률효과를 미치는 행정처분의 일종으로서 행정소송의 대상이 된다고 판시한 바 있다.

4. 사안의 해결

甲은 제명이라는 불이익처분의 상대방으로서 원고적격이 인정된다(행정소송법 제12조 1문). 따라서 甲은 지방의회를 피고로 하여(동법 제13조), 피고의 소재지를 관할하는 제1심 행정법원에(동법 제9조), 처분이 있음을 안 날로부터 90일 이내에(동법 제20조) 취소소송을 제기할 수 있을 것이다

Ⅱ. 설문 (2) : 소송계속 중 甲의 임기가 만료된 경우 수소법원의 판결

1. 논점의 정리

제명의결취소소송 계속 중 甲의 임기가 만료되었다면 승소판결을 받는다 하더라도 회복되는 지위가 없으므로 원칙적으로 협의의 소의 이익 흠결로 소각하판결을 하여야 하겠지만, 예외적으로 제명의결의 취소를 구할 법률상 이익이 인정되는지 여부가 문제된다.

2. 협의의 소의 이익

가. 의 의

협의의 소의 이익이란 원고의 청구가 소송을 통하여 분쟁을 해결할 만한 현실적인 필요성이 있는지에 대한 문제로서 권리보호의 필요라고 불리기도 한다.
취소소송의 경우에는 ① 처분의 효력이 소멸한 경우 ② 원상회복이 불가능한 경우 ③ 권리침해의 상태가 해소된 경우, ④ 취소소송보다 쉬운 방법으로 목적을 달성할 수 있는 경우, ⑤ 원고의 청구가 이론적 의미만 있을 뿐 실제적 효용이 없는 경우 등이 협의의 소의 이익이 문제가 되는 경우이다.

나. 근 거

우리 행정소송법은 협의의 소의 이익에 대한 일반규정을 두지 않고 있다. 다만 행정소송법 제12조 2문은 처분의 효력이 소멸된 뒤에도 처분의 취소로 인하여 회복되는 이익이 법률상 이익인 경우에는 취소소송을 제기할 수 있다고 규정하고 있는바, 이는 '원고적격'이라는 조문의 제목에도 불구하고 처분의 효력이 소멸된 경우에 대한 권리보호의 필요에 관한 규정으로 보아야 할 것이다.
그 밖의 경우에 대한 권리보호의 필요는 신의성실의 원칙에서 파생되는 소권남용금지의 원칙에서 그 이론적 근거를 찾을 수 있다.

3. 사안의 해결

대법원은 종래 임기만료된 지방의회의원이 지방의회를 상대로 한 의원제명처분 취소소송에서 승소한다고 하더라도 지방의회의원으로서 지위를 회복할 수 없다는 이유로 소의 이익을 부인하였으나,[46] 최근 판결에서는 입장을 변경하여 지방의회의원으로서 지위를 회복할 수 없다고 할지라도 제명의결시부터 임기만료일까지의 기간에 대하여 월정수당의 지급을 구할 수 있는 등 여전히 제명의결의 취소를 구할 법률상 이익이 있다고 본 바 있다.[47] 이는 종래에는 지방의회의원이 무보수명예직인 관계로 지방의회 의원의 보수가 법정(法定)되어 있지 않아 보수청구의 이익을 사실상 이익으로 보아서 소의 이익을 부인하였으나, 현재는 지방의회의원의 보수가 법령으로 정하여져 있으므로 최근 판례에는 보수청구의 이익을 법률상 이익으로 보아 소의 이익을 긍정한 것이다.

따라서 소송계속 중 甲의 임기가 만료되었다 하더라도 여전히 소의 이익이 인정되므로 수소법원은 본안판단을 할 수 있을 것이다.

---

46) 대판 1996. 2. 9, 95누14978
47) 대판 2009. 1. 30, 2007두13487

事例 2013년 사법시험

　甲은 100% 국내산 유기농재료를 사용하여 미백과 주름방지에 특효가 있는 기능성상품을 개발하였다고 광고하여 엄청난 판매수익을 올리고, 나아가 '**로션'이라는 상표등록까지 마쳤다. 그런데 식품의약품안전처장 乙은 甲이 값싼 외국산 수입재료를 국내산 유기농재료로 속여 상품을 제조·판매하였음을 이유로 3월의 영업정지처분을 하였다. 한편, 영업정지의 처분기준에는 위반횟수에 따라 가중처분을 하도록 되어 있다. 이미 3월의 영업정지기간이 도과한 후, 甲이 위 영업정지처분의 취소를 구할 법률상 이익이 있는지를 검토하시오. (25점)

解 說

> 협의의 소의 이익

1. 논점의 정리

영업정지 기간이 경과하여 영업정지처분의 효력이 소멸한 경우에도 그 취소를 구할 법률상 이익이 있는지 여부가 문제된다.

2. 협의의 소의 이익의 의의 및 내용

가. 의 의

협의의 소의 이익이란 원고의 청구가 소송을 통하여 분쟁을 해결할 만한 현실적인 필요성이 있는지에 대한 문제로서 권리보호의 필요라고 불리기도 한다.

취소소송의 경우에는 ① 처분의 효력이 소멸한 경우 ② 원상회복이 불가능한 경우 ③ 권리침해의 상태가 해소된 경우, ④ 취소소송보다 쉬운 방법으로 목적을 달성할 수 있는 경우, ⑤ 원고의 청구가 이론적 의미만 있을 뿐 실제적 효용이 없는 경우 등이 협의의 소의 이익이 문제가 되는 경우이다.

나. 근 거

우리 행정소송법은 협의의 소의 이익에 대한 일반규정을 두지 않고 있다. 다만 행정소송법 제12조 2문은 처분의 효력이 소멸된 뒤에도 처분의 취소로 인하여 회복되는 이익이 법률상 이익인 경우에는 취소소송을 제기할 수 있다고 규정하고 있는바, 이는 '원고적격'이라는 조문의 제목에도 불구하고 처분의 효력이 소멸된 경우에 대한 권리보호의 필요에 관한 규정으로 보아야 할 것이다.

그 밖의 경우에 대한 권리보호의 필요는 신의성실의 원칙에서 파생되는 소권남용금지의 원칙에서 그 이론적 근거를 찾을 수 있다.

3. 행정소송법 제12조 제2문의 소송의 성격과 법률상 이익의 의미

가. 문제점

행정소송법 제12조 제2문의 법률상 이익이라는 문구가 입법과오인지 여부와 동 조문에 의해 인정되는 소송의 성격이 독일의 계속확인소송과 유사한 위법확인소송인지 아니면 취소소송인지에 대해 견해가 대립하고 있다.

나. 학 설

① 법률상 이익설은 행정소송법 제12조 제2문의 법률상 이익도 제1문의 법률상 이익과 마찬

가지로 처분의 근거법률에 의해 보호되는 개별적·직접적·구체적 이익에 한정되는 것으로서, 제12조 제2문의 소송은 위법상태의 배제의 의미로서의 취소소송이므로 제12조 제2문은 입법과오가 아니라고 한다. ② 그에 반해 정당한 이익설은 처분의 효력이 소멸된 경우에는 취소가 불가능하므로 제12조 제2문의 소송은 위법확인소송으로서, 위법확인의 정당한 이익만 인정되면 소송을 제기할 수 있으므로 법률상 이익이 있는 자로 한정하고 있는 제12조 제2문은 입법과오에 해당한다고 본다. ③ 한편 우리 행정소송법상 취소소송의 성질을 확인소송으로 보는 것을 전제로 제1문의 취소와 제2문의 취소 모두 위법성의 확인을 의미하고 따라서 처분의 효과가 소멸된 경우에도 독일과 같이 계속확인소송이라는 별도의 소송유형으로 변경되는 것이 아니라 여전히 취소소송의 형태로 유지된다고 보는 견해도 있다. 이에 따르면 행정소송법 제12조는 성질이 다른 두 가지 소송형태를 한꺼번에 규정한 것이 아니므로 입법과오에 해당하지 않는다고 본다.

다. 판 례

판례는 행정소송법 제12조 제2문의 법률상 이익의 개념을 제1문의 법률상 이익의 개념과 동일하게 파악하여 명예·신용 등의 인격적 이익의 침해에 대해서는 원칙적으로 소의 이익을 부정하여 왔다.

그러나 최근에 들어와 판례는 "반복될 위험성이 있어 행정처분의 위법성 확인이 필요하다고 판단되는 경우"에 해당한다는 이유로 효력이 소멸된 처분에 대한 소의 이익을 긍정하고 있는바, 이는 정당한 이익설의 입장도 어느 정도 받아들여 소의 이익을 넓히고 있는 것으로 평가할 수 있다.

4. 처분의 효력이 소멸된 경우 소의 이익 여부

가. 논의의 방향

가중사유를 정하고 있는 영업정지의 처분기준의 대외적 구속력이 인정되는 경우와 부정되는 경우로 나누어 검토하기로 한다.

나. 영업정지의 처분기준이 '법률'이나 '시행령'에 규정된 경우

판례는 가중요건이 법률 또는 시행령에 규정된 경우, 선행처분을 받은 상대방이 가중된 제재처분을 받을 위험은 구체적이고 현실적이므로 이런 불이익을 제거하기 위하여 기간이 경과하여 효력이 소멸된 처분의 취소를 구할 법률상 이익을 인정하고 있다.[48]

다. 영업정지의 처분기준이 '시행규칙'에 규정되어 있는 경우

(1) 판례의 변화

종래 대법원은 제재처분의 기준이 규정된 시행규칙은 행정규칙이므로 구속력이 없고 따라서 가중적 제재처분을 받을 불이익을 직접적·구체적·현실적인 것이 아니라고 하여 소의 이익을 부정하였다.[49]

---

[48] 대판 2000. 4. 21, 98두10080
[49] 대판 1995. 10. 17, 94누14148

그러나 2006년 대법원은 입장을 변경하여 제재처분의 기준이 규정된 시행규칙을 행정규칙으로 보면서도 소의 이익을 인정하였다.[50] 이에 따르면 제재적 행정처분의 가중사유나 전제요건에 관한 규정이 시행규칙에 규정된 경우에도 관할 행정청이나 담당공무원은 이를 준수할 의무가 있으므로 이들은 시행규칙에 정해진 바에 따라 행정작용을 할 것이 당연히 예견되고, 그 결과 행정작용의 상대방인 국민으로서는 그 규칙의 영향을 받을 수밖에 없으므로 그러한 규칙이 정한 바에 따라 선행처분을 받은 상대방이 그 처분의 존재로 인하여 장래에 받을 불이익, 즉 후행처분의 위험은 구체적이고 현실적인 것이므로 상대방에게는 선행처분의 취소소송을 통하여 그 불이익을 제거할 필요가 있다고 한다. 또한 행정청으로서는 선행처분이 적법함을 전제로 후행처분을 할 것이 당연히 예견되므로 이러한 선행처분으로 인한 불이익을 선행처분 자체에 대한 소송에서 사전에 제거할 수 있도록 해 주는 것이 상대방의 법률상 지위에 대한 불안을 해소하는 데 가장 유효적절한 수단이 된다는 점에서 선행처분의 취소를 구할 법률상 이익이 있다고 판시하였다.

(2) 사안의 경우

甲에 대한 3월 영업정지처분이 비록 그 기간이 경과하여 소멸되었다 하더라도 차후에 가중처분을 받을 위험이 있는 甲에게는 3월 영업정지처분에 대한 취소를 구할 법률상 이익이 인정된다.

5. 사안의 해결

영업정지의 처분기준이 법규성이 인정되는 법률이나 시행령에 규정되어 있든 법규성이 부정되는 시행규칙에 규정되어 있든 甲은 영업정지처분의 취소를 구할 법률상 이익이 인정된다.

---

50) 대판 2006. 6. 22, 2003두1684

事例　2011년 5급공채시험

　　甲은 A 공단 소속 근로자로서 노동조합 인터넷 게시판에 A 공단 이사장을 모욕하는 내용의 글을 게시하였고, A 공단은 甲이 인사규정상 직원의 의무를 위반하고 품위를 손상하였다는 사유로 甲에 대하여 직위해제처분을 한 후 동일한 사유로 해임처분을 하였다. A 공단의 인사규정은 직위해제기간을 승진소요 최저연수 및 승급소요 최저 근무기간에 산입하지 않도록 하여 직위해제처분이 있는 경우 승진 승급에 제한을 가하고 있고, A 공단의 보수규정은 직위해제기간 동안 보수의 2할(직위해제기간이 3개월을 경과하는 경우에는 5할)을 감액하도록 규정하고 있다. 甲은 중앙노동위원회에 직위해제처분 및 해임처분에 대해 부해당이고 재심판정을 구하였으나 기각되었다. 이후 甲은 중앙노동위원회에 직위해제처분 및 해임처분에 대해 부해당이고 재심판정 중에서 해임처분의 취소를 구하는 소송을 제기하여 다투고 있는 중이다.

1) 직위해제처분의 법적 성격과 해임처분이 직위해제처분에 미치는 효과에 대하여 검토하시오. (7점)

2) 만약 甲이 위 해임처분에 관한 취소소송과는 별도로, 재심판정 중에서 직위해제 부분의 취소를 구하는 소송을 제기하는 경우 이러한 소의 제기는 적법한가? (18점)

解說

> 근로자에 대한 직위해제 / 구제신청의 이익과 소의 이익[51]

Ⅰ. 설문 1) : 직위해제처분의 법적 성격과 해임처분이 직위해제처분에 미치는 효과

1. 직위해제처분의 법적 성격

가. 문제점

직위해제란 신분을 보유하면서 직무담임을 해제하는 행위인바, 사안의 직위해제가 취소소송의 대상으로서 처분인지는 A공단과 甲의 법률관계가 공법관계인지 여부에 따라 달라질 것이다.

나. 甲에 대한 직위해제가 취소소송의 대상인 처분인지 여부

(1) 처분의 개념징표

행정소송법 제19조에서 취소소송은 처분을 대상으로 한다고 규정하고 있고, 동법 제2조 제1항 제1호에 의하면 처분은 행정청이 행하는 구체적 사실에 관한 법집행으로서의 공권력의 행사 또는 그 거부와 그 밖에 이에 준하는 행정작용으로 규정하고 있다.

(2) 사안의 경우

공사나 공단과 같은 공공단체는 법령에 의하여 국가 또는 지방자치단체의 사무를 위임받아 제3자에게 행정권을 행사하는 경우에는 행정청으로서의 지위를 가지므로(행정소송법 제2조 제2항) 이런 공공단체와 외부 구성원과의 관계는 공법관계로 보아야 할 것이나, 공공단체와 그 임직원의 내부관계는 법령의 명시적인 규정이 없는 한 사법상의 고용관계로 보는 것이 타당할 것이다. 판례도 공법인인 의료보험관리공단과 그 직원의 근무관계는 사법관계라고 판시하였다.[52] 따라서 A공단의 甲에 대한 직위해제처분은 취소소송의 대상인 처분이라고 볼 수 없고, A공단과 甲 사이의 고용계약에 근거하여 발령된 사법상의 의사표시로 보아야 할 것이다.

2. 해임처분이 직위해제에 미치는 효과

직위해제처분은 근로자로서의 지위를 그대로 존속시키면서 다만 그 직위만을 부여하지 아니하는 처분이므로, 만일 어떤 사유에 기하여 근로자를 직위해제한 후 그 직위해제 사유와 동일한 사유를 이유로 해임처분과 같은 징계처분을 하였다면 뒤에 이루어진 징계처분에 의하여 그 전에 있었던 직위해제처분은 그 효력을 상실한다.

다만 여기서 직위해제처분이 효력을 상실한다는 것은 직위해제처분이 소급적으로 소멸하여 처음부터 직위해제처분이 없었던 것과 같은 상태로 되는 것이 아니라 사후적으로 그 효력이 소멸한다는 의미이다.

---

51) 이 문제는 대법원 2010. 7. 29. 선고 2007두18406 판결을 바탕으로 만들어졌습니다.
52) 대판 1993. 11. 23, 93누15212

Ⅱ. 설문 2) : 소제기의 적법성

1. 논점의 정리

취소소송의 제기가 적법하기 위해서는 처분 등을 대상으로(행정소송법 제19조), 처분의 취소를 구할 법률상 이익이 있는 자가(동법 제12조), 처분청을 상대로(동법 제13조), 처분이 있음을 안 날 또는 재결서 정본을 송달받은 날로부터 90일 이내에(동법 제20조), 전심절차를 요구하는 경우에는 이를 모두 거친 후(동법 제18조 제1항 단서), 처분청의 소재지를 담당하는 행정법원 또는 지방법원 본원에 소를 제기하여야 한다(동법 제9조).

설문의 경우에는 ① 대상적격과 관련하여 원처분인 지방노동위원회(이하 지노위)의 결정이 아닌 중앙노동위원회(이하 중노위)의 재심판정에 대하여 취소소송을 제기하는 것이 적법한지 여부, ② 당사자적격과 관련하여 중앙노동위원회가 피고적격을 갖는지 여부, ③ 소의 이익과 관련하여 직위해제처분이 실효된 경우에도 직위해제 부분에 대한 구제를 신청할 이익이 있는지 여부, ④ 전심절차와 관련하여 중앙노동위원회의 재심이 필수적 전심절차인지 여부가 주로 문제된다.

2. 대상적격

가. 원처분주의와 재결주의

원처분주의는 원처분과 재결 중 어느 것에 대하여도 소를 제기할 수 있으나, 원처분의 위법은 원처분취소소송에서만 주장할 수 있고, 재결취소소송에서는 원처분의 위법은 주장할 수 없고 재결 자체의 고유한 위법만을 주장할 수 있도록 하는 제도를 말한다. 이에 반해 재결주의는 원처분에 대하여는 소송을 제기할 수 없고, 재결에 대하여만 소송을 제기할 수 있도록 하되, 재결 자체의 위법뿐만 아니라 원처분의 위법도 재결취소소송에서 주장할 수 있도록 하는 제도를 말한다.

우리 행정소송법 제19조는 취소소송의 대상을 원칙적으로 원처분으로 하고, 재결에 대하여는 그 재결 자체에 고유한 위법이 있음을 이유로 하는 경우에 한하여 제소를 허용하는 원처분주의를 취하고 있다. 다만 감사원법이나 노동위원회법과 같은 개별법률에서 재결주의를 채택하고 있는 경우가 있다.

나. 사안의 경우

근로자 甲은 직위해제나 해임에 대하여 지방노동위원회에 구제신청을 한 후 지방노동위원회의 결정에 불복하는 경우 중앙노동위원회에 재심을 신청할 수 있으며, 이 재심판정에 불복하는 경우 이 '재심판정'을 대상으로 '중앙노동위원회위원장'을 피고로 하여 취소소송을 제기하여야 한다(노동위원회법 제27조).

따라서 甲이 지방노동위원회의 결정이 아닌 중앙노동위원회의 재심판정에 대하여 취소소송을 제기하는 것은 적법하다.

3. 당사자적격

가. 원고적격

취소소송의 원고적격이 인정되기 위해서는 처분의 취소를 구할 법률상 이익이 인정되어야 하는 바(행정소송법 제12조), 판례에 따르면 법률상 이익이란 처분의 근거 법률 및 관련 법률에 의하여 보호되는 개별적·직접적·구체적 이익을 말한다.

사안의 경우, 해고(해임)를 당한 '근로자' 甲은 지방노동위원회에 부당해고등 구제신청을 할 수 있고(근로기준법 제28조 제1항), 이러한 지방노동위원회의 기각결정에 불복하는 甲은 기각결정서를 통지받은 날부터 10일 이내에 중앙노동위원회에 재심을 신청할 수 있다(근로기준법 제31조 제1항). 만약 중앙노동위원회의 재심판정에 대하여 불복하는 甲은 재심판정서를 송달받은 날부터 15일 이내에 행정소송법의 규정에 따라 행정소송을 제기할 수 있다(근로기준법 제32조 제2항).

나. 피고적격

피고적격이란 구체적인 소송에서 피고로서 소송을 수행하여 본안판결을 받을 수 있는 자격을 말하는 것으로서, 원래 취소소송의 피고적격도 민사소송과 같이 국가나 지방자치단체와 같은 권리·의무의 귀속주체에게 인정되어야 할 것이나, 행정소송법은 소송수행의 편의를 위하여 당사자능력이 없는 단순한 행정기관에 불과한 행정청에게 피고적격을 인정하고 있다(법 제13조 제1항). 여기서 행정청이란 행정주체의 의사를 결정하여 이를 대외적으로 표시할 수 있는 권한을 가진 행정기관을 의미하는바, 합의제 행정기관의 경우에도 법령에 의하여 자신의 이름으로 처분을 할 수 있는 권한이 주어진 경우에는 행정청이 될 수 있다.

사안의 경우, 중앙노동위원회는 자신의 이름으로 구제신청에 대한 결정을 할 수 있는 권한이 주어져 있으므로 합의제 행정청에 해당한다. 다만 노동위원회법 제27조는 중앙노동위원회의 처분에 대한 소송의 피고를 중앙노동위원회가 아닌 중앙노동위원회위원장으로 특별히 규정하고 있으므로 甲은 중앙노동위원회위원장을 상대로 취소소송을 제기하여야 할 것이다.

4. 협의의 소의 이익

가. 문제점

복직을 하기 위해서는 해고를 취소하여야 하므로 해고행위에 대한 구제를 신청할 이익은 당연히 인정된다. 문제는 직위해제는 해고가 나옴으로서 실효된 상태인데, 이렇게 실효된 경우에도 직위해제에 대한 구제를 신청할 이익이 있는지가 문제된다.

나. 협의의 소의 이익의 의의 및 근거

(1) 의 의

협의의 소의 이익이란 원고의 청구가 소송을 통하여 분쟁을 해결할 만한 현실적인 필요성이 있는지에 대한 문제로서 권리보호의 필요라고 불리기도 한다. 취소소송의 경우에는 ① 처분의 효력이 소멸한 경우 ② 원상회복이 불가능한 경우 ③ 권리침해의 상태가 해소된 경우, ④ 취소소송보다 쉬운 방법으로 목적을 달성할 수 있는 경우, ⑤ 원고의 청구가 이론적 의미만 있을 뿐 실제적 효용이 없는 경우 등이 협의의 소의 이익이 문제가 되는 경우이다.

(2) 근 거

우리 행정소송법은 협의의 소의 이익에 대한 일반규정을 두지 않고 있다. 다만 행정소송법 제12조 2문은 처분의 효력이 소멸된 뒤에도 처분의 취소로 인하여 회복되는 이익이 법률상 이익인 경우에는 취소소송을 제기할 수 있다고 규정하고 있는바, 이는 '원고적격'이라는 조문의 제목에도 불구하고 처분의 효력이 소멸된 경우에 대한 권리보호의 필요에 관한 규정으로 보아야 할 것이다.

다. 구제신청의 이익과 소의 이익의 관계

근로자가 부해당이고 등 구제 재심판정에 대하여 그 취소를 구하는 소를 제기한 경우 소의 이익과 구제이익의 실질적인 내용은 같다고 볼 수 있다. 다만, 그것이 문제되는 시기가 구제절차인 경우에는 구제이익의 문제로 다루어지고, 소송절차인 경우에는 소의 이익의 문제가 되는 것이다. 따라서 설문에서 甲에게 구제신청의 이익이 인정된다면 甲에게는 재심판정취소소송을 제기할 이익도 인정된다.

라. 사안의 경우

직위해제처분에 기하여 발생한 효과는 해당 직위해제처분이 실효되더라도 소급하여 소멸하는 것이 아니므로 인사규정 등에서 직위해제처분에 따른 효과로 승진·승급에 제한을 가하는 등의 불이익을 규정하고 있는 경우에는 직위해제처분을 받은 근로자는 이러한 불이익을 제거하기 위하여 그 실효된 직위해제처분에 대한 구제를 신청할 이익이 있다.[53] 그에 따라 구제신청을 통해 권익구제를 받지 못한 경우, 재심판정취소소송을 제기할 이익이 인정된다.

5. 전심절차

행정심판과 같은 전심절차는 임의적 절차인 것이 원칙이나, 예외적으로 개별법령에서 전심절차를 거친 이후에만 취소소송의 제기를 허용하는 경우에는 전심절차를 거쳐오는 것이 소송요건이 된다(행정소송법 제18조 제1항 단서).

사안의 경우, 노동위원회법 제27조에 따라 중앙노동위원회의 재심절차를 거친 이후에 취소소송을 제기하였으므로 전심절차를 충족한다.

6. 관할법원

관할이란 각 법원에 대한 재판권의 배분 즉 특정법원이 특정사건을 재판할 수 있는 권한을 말하는바, 행정소송법은 취소소송의 제1심 관할법원으로 피고의 소재지를 관할하는 행정법원으로 하고 있다. 다만 중앙행정기관의 합의제행정기관 또는 그 장이 피고인 경우에는 대법원소재지를 관할하는 행정법원에 취소소송을 제기할 수 있다(법 9조 1항, 2항).

중앙노동위원회는 고용노동부장관 소속의 합의제 행정관청이므로(노동위원회법 2조) 대법원소재지를 관할하는 행정법원, 즉 서울행정법원에 취소소송을 제기할 수 있다.

7. 사안의 해결

사안에서 甲의 소제기는 당사자적격 및 소의 이익이 인정되고 필요적 전심절차로서 중앙노동위원회의 재심청구를 거친 후 소송을 제기하였으므로 적법한 소제기라고 판단된다.

---

53) 대판 2010. 7. 29, 2007두18406

事例   2022년도 공인노무사

甲은 교육사업을 영위하는 회사 乙과 기간의 정함이 없는 근로계약을 체결하고 근무하던 중 乙로부터 해고를 통보받았다. 이에 대해 甲은 서울지방노동위원회에 부해당이고 구제를 신청하였고, 이후 원직에 복직하는 대신 금전보상명령을 구하는 것으로 신청취지를 변경하였다. 그러나 서울지방노동위원회에의 구제신청과 이어진 중앙노동위원회에의 재심신청이 각각 기각됨에 따라, 甲은 2022. 7. 22. 서울행정법원에 재심판정의 취소를 구하는 소를 제기하였다. 한편, 乙은 2022. 7. 19. 정당한 절차에 의해 취업규칙을 개정하였고, 이 규칙은 이 사건 소가 계속 중이던 2022. 8. 1.부터 시행되었다. 종전 취업규칙에는 정년에 관한 규정이 없었으나 '개정 취업규칙'에는 근로자가 만 60세에 도달하는 날을 정년으로 정하고 있으며, 甲은 이미 2022. 4. 15. 만 60세에 도달하였다. 甲이 중앙노동위원회의 재심판정을 다툴 협의의 소의 이익이 인정되는지를 설명하시오. (25점)

解說

> 구제의 이익과 협의의 소의 이익

1. 논점의 정리

개정된 취업규칙의 시행으로 소송 계속중 정년에 도달한 甲에게 부해당고에 대한 구제의 신청의 이익이 있는지 살펴서 재심판정을 다툴 협의의 소의 이익이 있는지를 판단하고자 한다.

2. 협의의 소의 이익

가. 의의

협의의 소의 이익이란 원고의 청구가 소송을 통하여 분쟁을 해결할 만한 현실적인 필요성이 있는지에 대한 문제로서 권리보호의 필요라고 불리기도 한다. 취소소송의 경우에는 ① 처분의 효력이 소멸한 경우 ② 원상회복이 불가능한 경우 ③ 권리침해의 상태가 해소된 경우, ④ 취소소송보다 쉬운 방법으로 목적을 달성할 수 있는 경우, ⑤ 원고의 청구가 이론적 의미만 있을 뿐 실제적 효용이 없는 경우 등이 협의의 소의 이익이 문제가 되는 경우이다.

나. 근거

우리 행정소송법은 협의의 소의 이익에 대한 일반규정을 두지 않고 있다. 다만 행정소송법 제12조 2문은 처분의 효력이 소멸된 뒤에도 처분의 취소로 인하여 회복되는 이익이 법률상 이익인 경우에는 취소소송을 제기할 수 있다고 규정하고 있는바, 이는 '원고적격'이라는 조문의 제목에도 불구하고 처분의 효력이 소멸된 경우에 대한 권리보호의 필요에 관한 규정으로 보아야 할 것이다.

그 밖의 경우에 대한 권리보호의 필요는 신의성실의 원칙에서 파생되는 소권남용금지의 원칙에서 그 이론적 근거를 찾을 수 있다.

다. 구제신청의 이익과 소의 이익의 관계

근로자가 부해당고 등 구제 재심판정에 대하여 그 취소를 구하는 소를 제기한 경우 소의 이익과 구제이익의 실질적인 내용은 같다고 볼 수 있다. 다만, 그것이 문제되는 시기가 구제절차인 경우에는 구제이익의 문제로 다루어지고, 소송절차인 경우에는 소의 이익의 문제가 되는 것이다.

라. 소송계속 중 근로관계의 종료

종래 대법원은 근로자가 부해당고 구제신청을 하여 해고의 효력을 '다투던 중' 정년에 이르거나 근로계약기간이 만료하는 등의 사유로 원직에 복직하는 것이 불가능하게 된 경우는 구제의 이익이 없다는 이유로 중앙노동위원회의 재심판정을 다툴 소의 이익을 부정하였으나,

최근 입장을 바꾸어 원직에 복직하는 것이 불가능하게 된 경우에도 ① 부당해고 구제명령 제도는 근로자 지위의 회복만을 목적으로 하는 것이 아닌 점, ② 임금상당액을 지급받도록 하여 근로자를 구제할 수 있는 점, ③ 해고기간 중 미지급임금과 관련하여 강제력 있는 구제명령을 얻을 이익이 있는 점, ④ 임금상당액과 관련하여 민사소송을 제기할 수 있다는 사정이 소의이익을 부정할 근거가 되지 않는 점, ⑤ 종래 대법원의 판결들은 금품지급명령을 도입한 근로기준법의 개정 취지에 맞지 않고 기간제 근로자의 실효적이고 직접적 권리구제를 사실상 부정하는 결과가 되어 부당한 점 등을 근거로 소의 이익을 인정하였다.[54]

마. 사안의 경우

개정 취업규칙의 적용으로 소송 계속 중 정년에 도달하여 근로관계가 종료된 甲은 승소한다 하더라도 원직 복직이 불가하기 때문에 '원상회복이 불가능'한 경우에 해당하지만, ① 원직에 복직하는 것이 불가능하다 하더라도 임금 상당액 지급의 구제이익이 인정되는 점, ② 원직복직과 임금상당액을 지급받는 것 중 어느 것이 더 우월한 구제방법이라고 할 수 없어 원직복직이 가능한 근로자에게 한정하여 임금상당액을 지급받도록 할 것은 아닌 점, ③ 甲에게 유효한 집행권원이 인정되는 것은 아니지만 미지급 임금과 관련하여 강제력 있는 구제명령을 얻을 이익이 있는 점, ④ 甲이 임금상당액 지급과 관련하여 민사소송을 제기할 수 있다는 사정이 소의 이익을 부정할 이유가 되지 않는 점, ⑤ 종래 원직복직이 불가한 경우 소의 이익을 부정한 판례는 개정된 근로기준법의 취지에 맞지 않는 점 등에 비추어 보았을 때, 甲은 중앙노동위원회의 재심판정을 다툴 협의의 소의 이익이 인정된다.

3. 사안의 해결

甲에게는 중앙노동위원회의 재심판정을 다툴 협의의 소의 이익이 인정된다.

---

[54] 대판(전) 2020. 2. 20, 2019두52386

事例 2023년 변호사시험 변형

변호사 甲과 국회의원 乙은 전동킥보드 동호회 회원들이다. 甲과 乙은 동호회 모임에 참석하였다가 만취한 상태로 각자 전동킥보드를 타고 가던 중, 횡단보도를 건너던 보행자를 순차적으로 치어 크게 다치게 한 후 도주하였다. 甲과 乙은 각각 「도로교통법」에 따른 운전면허 취소처분을 받음과 아울러 특정범죄가중처벌등에관한법률위반(도주치상)죄로 공소제기되었다. 법무부장관은 甲에 대하여 위 공소제기를 이유로 「변호사법」 제102조 제1항 본문 및 제2항에 의거하여 업무정지명령을 하였다. 甲은 업무정지명령에 대하여 취소소송을 제기한 상태이다.

1. 乙은 운전면허 취소처분에 대하여 그 취소를 구하는 행정심판을 적법하게 제기하였으나 기각재결을 받고 이어서 취소소송을 제기하였다. 한편 甲은 「도로교통법」 제142조에도 불구하고 자신에 대한 취소처분은 乙의 사건과 동종사건이므로 행정심판을 거칠 필요가 없다'고 판단하고 곧바로 취소소송을 제기하였는데, 결국 그 소송 계속 중에 행정심판 청구기간이 도과하였다. 행정심판전치주의와 관련하여 甲의 취소소송이 적법한지 판단하시오. (15점)

2. 법무부장관이 甲에 대하여 업무정지명령을 할 당시 甲은 위 특정범죄가중처벌등에관한법률위반(도주치상)죄뿐만 아니라 무고죄로도 공소제기되어 있었는데, 위 업무정지명령 처분서에는 특정범죄가중처벌등에관한법률위반(도주치상)죄로 공소제기된 사실만 적시되어 있었다. 법무부장관은 甲이 제기한 업무정지명령에 대한 취소소송이 진행되던 중에 위 처분사유만으로는 부족하다고 판단하고, '甲이 현재 무고죄로 공소제기되어 있다'는 처분사유를 추가하고자 한다. 이러한 처분사유의 추가가 허용되는지 판단하시오. (15점)

참조조문

「변호사법」

제102조(업무정지명령) ① 법무부장관은 변호사가 공소제기되거나 제97조에 따라 징계 절차가 개시되어 그 재판이나 징계 결정의 결과 등록취소, 영구제명 또는 제명에 이르게 될 가능성이 매우 크고, 그대로 두면 장차 의뢰인이나 공공의 이익을 해칠 구체적인 위험성이 있는 경우에는 법무부징계위원회에 그 변호사의 업무정지에 관한 결정을 청구할 수 있다. 다만, 약식명령이 청구된 경우와 과실범으로 공소제기된 경우에는 그러하지 아니하다.
② 법무부장관은 법무부징계위원회의 결정에 따라 해당 변호사에 대하여 업무정지를 명할 수 있다.

▍解 說

> 필요적 행정심판 전치주의의 예외 / 처분사유의 추가 또는 변경

Ⅰ. 설문 1 : 필요적 행정심판 전치주의의 예외

1. 논점의 정리

도로교통법상 운전면허 취소처분에 대한 취소소송은 행정심판의 재결(裁決)을 거치지 아니하면 제기할 수 없으므로(도로교통법 제142조) 운전면허 취소처분을 받은 甲은 행정심판의 재결을 거쳐 온 이후에 취소소송을 제기하는 것이 원칙이다(행정소송법 제18조 제1항 단서). 다만 행정소송법 제18조 3항에 해당하는 사건의 경우에는 행정심판을 제기하지 않고도 취소소송을 제기할 수 있으므로 이에 해당하는지를 판단하기로 한다.

2. 동종사건에 관하여 이미 행정심판의 기각재결이 있는 경우

행정소송법 제18조 제3항 제1호는 필수적 행정심판 전심절차 사건이라 하더라도 동종사건에 관하여 이미 행정심판의 기각재결이 있는 경우에는 행정심판을 제기하지 않고 바로 취소소송을 제기할 수 있도록 하고 있다.
여기에서 말하는 '동종사건'이란 해당사건은 물론이고, 해당사건과 기본적인 점에서 동질성이 인정되는 사건도 포함된다는 것이 판례의 입장이다.[55]

3. 사안의 해결

甲과 乙은 만취한 상태로 '각자' 전동킥보드를 타고 가던 중, 횡단보도를 건너던 보행자를 치어 다치게 한 후 도주하였으므로 甲과 乙의 사건은 동종사건이라고 볼 수 없다. 따라서 甲의 취소소송은 제소기간 도과 및 전심절차 불충족을 이유로 부적법 각하되어야 한다.

Ⅱ. 설문 2 : 처분사유의 추가 또는 변경

1. 논점의 정리

처분청이 취소소송의 심리과정에서 해당 처분의 적법성을 유지하기 위하여 처분 당시에 제시된 처분사유 이외에 다른 사유를 추가하거나 변경하는 것이 허용되는지와 만약 허용된다면 어느 범위까지 허용되는지에 대하여 견해의 대립이 있다.

---

[55] 대판 1993. 9. 28, 93누9132

2. 처분사유의 추가 또는 변경의 허용여부

가. 학 설

① 처분사유의 추가나 변경을 허용하면 처분의 상대방에게 예기치 못한 불이익을 가져올 수 있으므로 상대방의 권익보호차원에서 부정하는 견해, ② 처분사유의 추가나 변경을 부정하면 계쟁처분에 대한 취소판결 이후 처분청은 추가 또는 변경하고자 했던 처분사유를 근거로 동일한 내용의 처분을 다시 하게 되어 소송경제에 반하게 되므로 분쟁의 일회적 해결차원에서 긍정하는 견해, ③ 기본적 사실관계의 동일성이 유지되는 범위 내에서 허용하는 견해 등이 있다.

나. 판 례

판례는 처분시에 존재하였던 처분사유로서 당초의 처분사유와 기본적 사실관계의 동일성이 유지되는 범위 내에서 처분사유의 추가나 변경을 허용하는 입장이다(제한적 긍정설).

이에 따르면, 구체적 사실을 변경하지 않는 범위 내에서 단지 그 처분의 근거법령만을 추가 또는 변경하거나 불명확한 당초의 처분사유를 구체화하는 정도 내에서만 기본적 사실관계의 동일성을 인정함으로써 처분사유의 추가나 변경을 엄격하게 제한하고 있다.

3. 처분사유의 추가 또는 변경의 허용범위

가. 객관적 범위

당초의 처분사유와 기본적 사실관계의 동일성이 유지되는 범위 내에서 처분사유의 추가나 변경이 허용된다(행정소송규칙 제9조). 판례는 기본적 사실관계의 동일성 유무는 처분사유를 법률적으로 평가하기 이전의 구체적인 사실에 착안하여 그 기초가 되는 사회적 사실관계가 기본적인 점에서 동일한 지의 여부에 따라 결정된다고 한다.

나. 시간적 범위

처분사유의 추가나 변경은 결국 처분의 위법성 판단과 관련된 논의이므로 위법판단의 기준시에 대한 판례의 입장인 처분시설에 따른다면, 처분 이후에 발생한 새로운 처분사유는 추가 또는 변경의 대상이 될 수 없다.

4. 처분사유의 추가 또는 변경의 허용시기

처분사유의 추가나 변경은 법률해석이나 적용의 영역이 아니라 사실관계에 관한 영역이므로 사실심 변론종결시까지만 허용된다(행정소송규칙 제9조). 따라서 법률심인 상고심에서는 처분사유의 추가나 변경을 주장할 수 없다.

5. 사안의 해결

현재 취소소송이 진행 중이므로 처분사유 추가의 허용시기는 충족되며, '甲이 현재 무고죄로 공소제기되어 있다'는 처분사유는 업무정지명령 당시에 존재하던 사유이므로 처분사유 추가의 시간적 범위 충족한다.

다만, 도주치상과 무고는 기본적 사실관계의 동일성이 인정되지 않기 때문에 법무부장관의 처분사유의 추가는 허용되지 않을 것이다.

I 事例　창작문제

　甲은 1997. 6. 6.부터 인터넷 사이트인 http://(상세 생략).com(이하 '이 사건 사이트'라 한다)를 운영해 왔는데, 위 이 사건 사이트는 국내에서 최초로 개설된 게이웹사이트로 동성애자 생활의 가이드와 동성애자들의 삶을 공유한다는 취지를 표방하고 있었다. 이에 대해 정보통신윤리위원회는 2000. 8. 25. "이 사건 사이트는 청소년 유해매체물 심의기준 중 '동성애 등 변태성행위 기타 사회통념상 허용되지 아니한 성관계를 조장하는 것'에 해당한다."는 이유로 청소년보호법 제10조, 동법 시행령 제7조에 의하여 청소년 유해매체물로 심의·결정하였고, 청소년보호위원회는 정보통신윤리위원회의 요청에 따라 2000. 9. 20. 효력발생일을 2000. 9. 27. 로 하여 이 사건 사이트가 청소년 유해매체물에 해당한다는 내용의 고시(이하 이 사건 고시)를 하였으며, 甲은 2000. 11. 1. 에서야 청소년보호위원회의 유해매체물 고시의 내용을 현실적으로 알게 되었다. 甲은 2000. 12. 30. 청소년보호위원회의 유해매체물 고시에 대하여 취소소송을 제기하였다. 소 제기의 적법성을 판단하라. (단, 견해의 대립이 있으면 판례에 의함) (25점)

참조조문

(구) 청소년보호법

제8조(청소년 유해매체물의 심의·결정) ① 제27조의 규정에 의한 청소년보호위원회(이하 "청소년보호위원회"라 한다.)는 제7조의 규정에 의한 매체물의 청소년에 대한 유해 여부를 심의하여 청소년에게 유해하다고 인정되는 매체물에 대하여는 청소년 유해매체물로 결정하여야 한다. 다만, 이 법 또는 다른 법령의 규정에 의하여 해당 매체물의 윤리성·건전성의 심의를 할 수 있는 기관(이하 "각 심의기관"이라 한다.)이 있는 경우에는 그러하지 아니하다.
② 청소년보호위원회는 각 심의기관이 해당 매체물에 대하여 청소년 유해 여부의 심의를 하지 아니할 경우 청소년보호를 위하여 필요하다고 인정할 때에는 그 심의를 하도록 요청할 수 있다.

제10조(청소년 유해매체물의 심의기준) ① 청소년보호위원회와 각 심의기관은 제8조의 규정에 의한 심의를 함에 있어서 해당 매체물이 다음 각호의 1에 해당하는 경우에는 청소년 유해매체물로 결정하여야 한다.
　1. 청소년에게 성적인 욕구를 자극하는 선정적인 것이거나 음란한 것
　2. 청소년에게 포악성이나 범죄의 충동을 일으킬 수 있는 것
　3. 성폭력을 포함한 각종 형태의 폭력행사와 약물의 남용을 자극하거나 미화하는 것
　4. 청소년의 건전한 인격과 시민의식의 형성을 저해하는 반사회적·비윤리적인 것
　5. 기타 청소년의 정신적·신체적 건강에 명백히 해를 끼칠 우려가 있는 것

② 제1항의 규정에 의한 기준을 구체적으로 적용함에 있어서는 현재 국내사회에서의 일반적인 통념에 따르며 그 매체물이 가지고 있는 문학적·예술적·교육적·의학적·과학적 측면과 그 매체물의 특성을 동시에 고려하여야 한다.
③ 청소년 유해 여부에 관한 구체적인 심의기준과 그 적용에 관하여 필요한 사항은 대통령령으로 정한다.

제14조(표시의무) ① 청소년 유해매체물에 대해서는 청소년에게 유해한 매체물임을 나타내는 표시(이하 "청소년 유해표시"라 한다.)를 하여야 한다.

② 제1항의 규정에 의한 청소년 유해표시를 하여야 할 의무자, 청소년유해표시의 종류와 시기·방법 기타 필요한 사항은 대통령령으로 정한다.

제22조(청소년 유해매체물의 고시) ① 청소년보호를 위하여 필요하다고 인정할 경우, 청소년보호위원회는 제8조 제1항 본문 및 제3항과 제12조의 규정에 의하여 결정 또는 확인한 매체물에 대하여는 이를 청소년 유해매체물로 고시하여야 한다.

② 각 심의기관은 청소년 유해매체물에 대하여 심의의견서를 첨부하여 청소년보호위원회에 해당 매체물의 고시를 요청하여야 한다.

③ 청소년보호위원회가 제1항 및 제2항의 규정에 의한 매체물을 고시할 때에는 고시의 사유와 효력발생시기를 명시하여야 한다.

I. 解說

> 일반처분의 제소기간[56]

1. 논점의 정리

취소소송의 제기가 적법하려면, 처분 등을 대상으로(행정소송법 제19조), 처분의 취소를 구할 법률상 이익이 있는 자가(동법 제12조), 처분청을 상대로(동법 제13조), 처분청의 소재지를 관할하는 행정법원 또는 지방법원 본원에(법 제9조), 전심절차를 거쳐야 하는 경우에는 그에 대한 결정을 받은 후에(동법 제18조 제1항 단서), 적법한 제소기간 안에(동법 제20조) 취소소송을 제기하여야 하는바, 설문의 경우에는 이 사건 고시가 취소소송의 대상으로서 처분에 해당하는 지, 청소년보호위원회가 합의제 행정청으로서 취소소송의 피고가 될 수 있는지, 그 밖에 제소기간의 준수 여부가 문제된다.

2. 이 사건 고시의 처분성

가. 문제점

'고시'란 행정기관이 일정한 사항을 일반에게 알리는 문서로서, 그 법적 성질은 내용에 따라 결정된다. 고시가 일반적·추상적 규율인 경우에는 행정입법에 해당하나, 고시가 개별적·구체적 규율 또는 일반적·구체적 규율인 경우에는 행정처분의 성격을 갖는다.

먼저 이 사건 고시를 한 청소년보호위원회가 행정청인지 여부를 검토하고 다음으로 이 사건 고시가 구체적 규율에 해당하는지 여부를 살펴본다.

나. 청소년보호위원회가 행정청인지 여부

청소년보호위원회 같은 합의제 행정기관에게 자신의 이름으로 의사를 결정하여 대외적으로 표시할 수 있는 권한이 인정되는 경우에는 합의제 행정청이 된다.

청소년보호위원회는 청소년 유해매체물인지 여부를 심의·결정하여(청소년보호법 제8조), 이를 고시할 권한을 가지고 있으므로(동법 제22조), 합의제 행정청에 해당한다.

다. 이 사건 고시가 구체적 규율인지 여부

이 사건 고시가 효력을 발생하면 일반 불특정 다수인을 상대방으로 하여 일률적으로 표시의무, 포장의무, 청소년에 대한 판매·대여 등의 금지의무 등 각종 구체적인 의무를 발생시키므로, 이 사건 고시는 구체적인 규율로서 처분에 해당한다.

판례도 같은 취지에서 청소년보호위원회의 청소년유해매체물 결정 및 고시에 대해 처분성을 인정하였다.

---

[56] 대법원 2007. 6. 14. 선고 2004두619 판결을 바탕으로 만든 문제입니다.

3. 제소기간 준수여부

가. 문제점

취소소송은 처분이 있음을 안 날로부터 90일 이내에 제기하여야 하는바(행정소송법 제20조 제1항), 일반처분의 제소기간의 기산점과 관련하여 그 고시의 존재를 현실적으로 알게 된 날인지 아니면 그 고시의 효력발생일인지 문제된다.

나. 일반처분의 제소기간의 기산점

판례는 "통상 고시 또는 공고에 의하여 행정처분을 하는 경우에는 그 처분의 상대방이 불특정 다수인이고 그 처분의 효력이 불특정 다수인에게 일률적으로 적용되는 것이므로, 행정처분에 이해관계를 갖는 자가 고시 또는 공고가 있었다는 사실을 현실적으로 알았는지 여부에 관계없이 고시가 효력을 발생하는 날에 행정처분이 있음을 알았다고 보아야 한다"고 판시하여 일반처분의 경우의 제소기간의 기산점을 고시의 효력발생일로 보고 있다.

다. 사안의 경우

청소년보호위원회의 유해매체물 고시의 효력발생일은 2000. 9. 27. 이므로 이 날부터 90일 이내에 소제기가 이루어져야 적법한 소제기라 할 것인바, 甲은 위 고시의 효력발생일로부터 90일이 지난 2000. 12. 30. 취소소송을 제기하였으므로 결국 甲의 소제기는 제소기간을 준수하지 못하였다.

4. 사안의 해결

이 사건 고시는 취소소송의 대상인 처분에 해당하나, 제소기간을 준수하지 못하여 甲의 소제기는 부적법하다.

事例 2019년 변호사시험 변형

　2017. 12. 20. 보건복지부령 제377호로 개정된 「국민건강보험 요양급여의 기준에 관한 규칙」(이하 '요양급여규칙'이라 함)은 비용 대비 효과가 우수한 것으로 인정된 약제에 대해서만 보험급여를 인정해서 보험재정의 안정을 꾀하고 의약품의 적정한 사용을 유도하고자 기존의 보험 적용 약제 중 청구실적이 없는 미청구약제에 대한 삭제제도를 도입하였다. 개정 전의 요양급여규칙은 품목허가를 받은 모든 약제에 대하여 보험급여를 인정하였으나, 개정된 요양급여규칙에 따르면 최근 2년간 보험급여 청구실적이 없는 약제에 대하여 요양급여대상 여부에 대한 조정을 할 수 있다.

　보건복지부장관은 위와 같이 개정된 요양급여규칙의 위임에 따라 사단법인 대한제약회사협회 등 의약관련단체의 의견을 받아 보건복지부 고시인 '약제급여목록 및 급여상한금액표'를 개정하여 2018. 9. 23. 고시하면서, 기존에 요양급여대상으로 등재되어 있던 제약회사 甲(이하 '甲'이라 함)의 A약품(1998. 2. 1. 등재)이 2016. 1. 1.부터 2017. 12. 31.까지의 2년간 보험급여 청구실적이 없는 약제에 해당한다는 이유로 위 고시 별지4 '약제급여목록 및 급여상한금액표 중 삭제품목'란(이하 '이 사건 고시'라 함)에 아래와 같이 A약품을 등재하였다. 요양급여대상에서 삭제되면 국민건강보험의 요양급여를 받을 수 없어 해당 약제를 구입할 경우 전액 자기부담으로 구입하여야 하고 해당 약제에 대해 요양급여를 청구하여도 요양급여청구가 거부되므로 해당 약제의 판매 저하가 우려된다.

보건복지부 고시 제2018-○○호(2018. 9. 23.)

약제급여목록 및 급여상한금액표

제1조 (목적) 이 표는 국민건강보험법 …… 및 국민건강보험요양급여의 기준에 관한 규칙 ……의 규정에 의하여 약제의 요양급여대상기준 및 상한금액을 정함을 목적으로 한다.

제2조 (약제급여목록 및 상한금액 등) 약제급여목록 및 상한금액은 [별표1]과 같다.

[별표1]
별지4 삭제품목
연번 17. 제조사 甲, 품목 A약품, 상한액 120원/1정제약회사들을 회원으로 하여 설립된 사단법인 대한제약회사협회와 甲은 이 사건 고시가 있은 지 1개월 후에야 고시가 있었음을 알았다고 주장하며 이 사건 고시가 있은 날로부터 94일째인 2018. 12. 26. 이 사건 고시에 대한 취소소송을 제기하였다.

1. 보건복지부 고시인 '약제급여목록 및 급여상한금액표'의 취소소송의 대상 여부를 논하시오. (10점)

2. 사단법인 대한제약회사협회와 甲에게 원고적격이 있는지 여부를 논하시오. (20점)

3. 사단법인 대한제약회사협회와 甲이 제기한 이 사건 소가 제소기간을 준수하였는지를 검토하시오. (20점)

▮ 解說

> 처분적 고시 / 원고적격 / 제소기간[57]

Ⅰ. 설문 1의 해결

1. 논점의 정리

설문의 보건복지부 고시가 그 자체로 국민의 권리나 의무를 직접 규율하는 행정처분에 해당하는지가 문제된다.

2. 고시의 의의 및 판단기준

고시는 공고문서의 일종으로서, 법령이 정하는 바에 따라 일정한 사항을 일반에게 알리기 위한 문서를 말한다. 이러한 고시의 법적 성질은 일률적으로 정할 수 없고, 고시되는 내용에 따라 개별적으로 판단하여야 한다.

판례도 고시가 일반적·추상적 성격을 가질 때에는 법규명령 또는 행정규칙에 해당할 것이지만, 다른 집행행위의 매개 없이 그 자체로서 직접 국민의 구체적인 권리의무나 법률관계를 규율하는 성격을 가질 때에는 행정처분에 해당한다고 판시하고 있다.[58]

3. 이 사건 고시의 처분성 여부

가. 처분의 개념 징표

행정소송법 제19조에 따르면 취소소송의 대상은 '처분 등'인데, 여기서 처분이라 함은 행정청이 행하는 구체적 사실에 관한 법집행으로서의 공권력의 행사 또는 그 거부와 그 밖에 이에 준하는 행정작용을 말한다(행정소송법 제2조 제2항).

나. 사안의 경우

이 사건 고시는 행정청인 보건복지부장관의 행위로서, 요양급여대상에서 삭제되면 국민건강보험의 요양급여를 받을 수 없어 국민건강보험가입자도 해당 약제를 구입할 경우 전액 자기부담으로 구입하여야 하고, 요양기관이 해당 약제에 대해 요양급여를 청구하여도 요양급여청구가 거부되는 등 별도의 집행행위의 개입 없이 직접 관계자들의 권리나 의무에 영향을 미치게 되므로 취소소송의 대상이 되는 처분에 해당한다.[59]

---

[57] 이 문제는 대법원 2006. 9. 22. 선고 2005두2506 판결과 대법원 2009. 4. 23. 선고 2008두8918 판결을 바탕으로 출제되었습니다.
[58] 대판 2006. 9. 22, 2005두2506
[59] 대판 2006. 9. 22, 2005두2506

4. 사안의 해결

이 사건 고시는 별도의 집행행위의 개입 없이 직접 관계자들의 권리나 의무에 영향을 미치므로 취소소송의 대상으로서 처분에 해당한다.

Ⅱ. 설문 2의 해결

1. 문제점

사단법인 대한제약회사협회와 제약회사 甲에게 이 사건 고시에 대한 취소소송을 제기할 자격이 있는지와 관련하여, 먼저 당사자능력이 인정되는지가 문제되며, 만약 당사자능력이 인정된다면 이 사건 고시에 대한 취소를 구할 법률상 이익이 인정되는지가 문제된다.

2. 당사자능력과 당사자적격

가. 의 의

당사자능력이란 소송의 당사자인 원고 및 피고가 될 수 있는 소송법상의 권리능력을 말하는데, 우리 행정소송법에는 당사자능력에 관한 명문의 규정이 없으므로 민사소송법 제51조와 제52조가 준용되어(행정소송법 제8조 제2항), 민법상 권리능력을 가진 자연인과 법인 그리고 법인 아닌 사단이나 재단도 대표자 또는 관리인이 있으면 그 이름으로 당사자가 될 수 있다. 그러나 당사자능력이 없는 법인의 기관이나 행정청 등은 원고가 될 수 없다.

한편 당사자적격이란 특정의 소송사건에서 당사자로서 소송을 수행하고 본안판결을 받기에 적합한 자격을 말하는바, 행정소송법 제12조는 권리능력이 있는 자 중에서 그 처분의 취소를 구할 법률상 이익이 있는 자에게 취소소송을 제기할 원고적격을 부여하고 있다.

나. 사안의 경우

사안의 경우, 사단법인 대한제약회사협회는 법인으로서 당사자능력이 인정되며, 제약회사 甲은 주식회사라면 법인으로서 혹시 주식회사가 아니라도 대표자가 있을 것이므로 그 대표자의 이름으로 당사자능력이 인정된다. 결국 사단법인 대한제약회사협회와 제약회사 甲 모두 당사자능력이 인정되므로 다음으로는 이들 각각이 이 사건 고시에 대한 취소소송을 제기할 자격이 있는지를 검토하여야 한다.

3. 취소소송의 원고적격

가. 의 의

원고적격이란 구체적인 소송에서 원고로서 소송을 수행하여 본안판결을 받을 수 있는 자격을 말하는 것으로서, 행정소송법 제12조 제1문은 "취소소송은 처분 등의 취소를 구할 법률상의 이익이 있는 자가 제기할 수 있다"라고 하여 취소소송의 원고적격을 규정하고 있다.

나. 법률상 이익의 의미

행정소송법 제12조 1문의 '법률상 이익'이 무엇을 의미하는지에 대하여 취소소송의 기능과 연결하여 ① 권리구제설, ② 법이 보호하는 이익구제설, ③ 소송상 보호할 가치 있는 이익구제설, ④ 적법성보장설 등의 견해가 있다.

생각건대, 오늘날 권리의 개념이 확대되어 '권리'와 '법이 보호하는 이익'을 같은 개념으로 볼 수 있으므로 권리구제설은 큰 의미가 없고, 적법성보장설에 따르게 되면 항고소송이 민중소송화 되어 법원의 재판부담이 가중될 우려가 있다는 문제점이 있다. 소송상 보호할 가치 있는 이익구제설은 비록 원고적격을 넓힐 수 있다는 장점이 있으나, 소송상 보호할 가치가 있는 이익의 존부여부에 대한 일반적인 기준을 마련하기 어려우며 이는 결과적으로 법관의 자의적인 판단에 맡기는 결과가 될 수 있다는 문제점이 있다.

결국 행정소송법 제12조의 법률상 이익은 문자의 표현 그대로 법이 보호하는 이익이라고 해석하는 것이 타당하며, 대법원도 법이 보호하는 이익구제설의 입장에서 법률상 이익이란 처분의 근거 법규 및 관련 법규에 의하여 보호되는 개별적·직접적·구체적 이익을 말하고, 공익보호의 결과로 국민 일반이 공통적으로 가지는 일반적·간접적·추상적 이익은 여기에 포함되지 않는다고 판시하고 있다.

다. 사안의 경우

이 사건 고시로 인하여 A약품이 요양급여대상에서 삭제되면 국민건강보험가입자가 A약품을 구입할 경우 전액 자기부담으로 구입하여야 하고, 요양기관이 A약품에 대해 요양급여를 청구하여도 요양급여청구가 거부될 것이므로 결국 A약품의 판매 저하가 우려되고 이는 제약회사 甲에 대한 직접적인 영업이익 감소로 이어질 것이므로 당연히 제약회사 甲에게는 이 사건 고시의 취소를 구할 법률상 이익이 인정된다.

그러나 사단법인 대한제약회사협회는 제약회사들을 회원으로 두고 있을 뿐 직접 의약품에 대한 제조나 판매를 업으로 하고 있지 않으므로 이 사건 고시로 인하여 영업이익 감소와 같은 직접적인 불이익을 받지 않는다. 따라서 사단법인 대한제약회사협회에게는 이 사건 고시의 취소를 구할 법률상 이익이 부정된다.

4. 사안의 해결

사단법인 대한제약회사협회는 법인으로서 당사자능력은 인정되나 이 사건 고시의 취소를 구할 원고적격은 부정된다.

한편 제약회사 甲에게는 당사자능력도 인정되고 이 사건 고시의 취소를 구할 원고적격도 인정된다.

Ⅲ. 설문 3의 해결

1. 논점의 정리

설문 2에서 살펴본 바와 같이 사단법인 대한제약회사협회에게는 이 사건 고시의 취소를 구할 원고적격이 부정되므로 굳이 제소기간 준수여부를 검토할 필요가 없다. 그러나 제약회사 甲은 원고적격이 인정되므로 甲이 제기한 이 사건 취소소송이 제소기간을 준수하고 있는지 검토할 필요가 있는데, 이 사건 고시가 있은 날로부터 90일이 지난 이후에 소송을 제기했음에도 불구하고 제소기간을 충족하는지 여부를 살펴보아야 한다. 즉 이 사건 고시에 대한 제소기간의 기산점과 관련하여 그 고시의 존재를 현실적으로 알게 된 날인지 아니면 그 고시의 효력발생일인지 문제된다.

2. 취소소송의 제소기간

가. 행정소송법 제20조의 규정

적법한 행정심판을 거쳐 취소소송을 제기하는 경우에는 행정심판의 재결서 정본을 송달받은 날로부터 90일 이내에 취소소송을 제기하여야 하나(행정소송법 제20조 제1항 단서), 사안과 같이 행정심판을 거치지 않고 바로 취소소송을 제기하는 경우에는 처분이 있음을 안 날로부터 90일 이내에 제기하여야 하고(동법 제20조 제1항 본문), 혹시 처분이 있음을 알지 못한 경우에도 처분이 있은 날로부터 1년을 경과하면 취소소송을 제기할 수 없다. 다만 정당한 사유가 인정되는 경우에는 1년이 경과하여도 취소소송을 제기할 수 있다(동법 제20조 제2항).

여기서 처분이 있음을 안 날이란 송달이나 공고 등의 방법으로 해당 처분이 있었다는 사실을 현실적으로 안날을 의미하고, 처분이 있은 날이란 처분이 대외적으로 표시되어 효력이 발생한 날을 의미한다.

나. 처분이 고시 또는 공고된 경우의 제소기간의 기산점

판례는 불특정 다수인에 대한 처분으로서 관보·신문에 게재하거나 게시판에 공고하는 방법으로 외부에 표시함으로써 효력이 발생하는 처분(이른바 일반처분)에 대하여는 공고 등이 있음을 현실로 알았는지를 불문하고, 근거법규가 정한 처분의 효력발생일(만약 근거법규가 효력발생일을 정하지 아니한 경우에는 공고 후 5일이 경과한 날)에 처분이 있음을 알았다고 보고, 그 때부터 제소기간을 기산한다.[60]

그러나 판례는 개별공시지가결정은 행정편의상 일단의 각 개별토지에 대한 가격결정을 일괄하여 행정기관의 게시판에 공고하는 것일 뿐, 처분 상대방인 토지소유자 및 이해관계인이 공고일에 개별공시지가결정처분이 있음을 알았다고까지 의제할 수는 없으므로 개별공시지가결정에 대한 행정심판청구기간 또는 제소기간은 그 처분의 상대방이 실제로 그 처분이 있음을 안 날로부터 기산하여야 한다고 판시하였다.[61] 또한 판례는 특정인에 대한 행정처분을 주소불명 등의 이유로 송달할 수 없어 관보·공보·게시판·일간신문 등에 공고한 경우에도, 공

---

[60] 대판 2007. 6. 14, 2004두61
[61] 대판 1995. 8. 25, 94누13121

고가 효력을 발생하는 날에 상대방이 그 행정처분이 있음을 알았다고 볼 수는 없고, 상대방이 해당 처분이 있었다는 사실을 현실적으로 안 날에 그 처분이 있음을 알았다고 보아야 한다고 판시하고 있다.[62]

3. 사안의 해결

이 사건 고시는 행정편의상 각 제조사의 요양급여대상 제외품목을 일괄하여 고시하는 것일뿐, 그 실질은 각 제약회사에 대한 개별처분으로 보아야 한다. 즉 이 사건 고시를 통해 제약회사 甲의 A약품이 요양급여대상에서 삭제되므로 이 사건 고시는 제약회사 甲에 대한 개별처분이다. 따라서 이 사건 고시가 있은 날에 알았다고 의제할 수 없고, 실제로 그 처분이 있음을 안 날로부터 기산하여야 한다.

사안에서 제약회사 甲은 2018. 9. 23.로부터 1개월이 지난 후에 이 사건 고시가 있음을 알았다고 주장하고 있으므로 이 주장이 사실로 밝혀진다면 2018. 12. 26.에 제기된 이 사건 고시에 대한 취소소송은 제소기간을 준수하게 된다.

---

[62] 대판 2006. 4. 28, 2005두14851

事例　　2018년 공인노무사

사업자 甲은 위법을 이유로 행정청으로부터 2개월 영업정지처분을 받았다. 이에 대한 甲의 처분취소소송과 그 처분으로 인한 영업 손해에 대한 국가배상청구소송이 병합될 수 있는지 설명하시오. (25점)

解 說

관련청구소송의 병합

1. 논점의 정리

행정소송법 제10조에 따라 취소소송을 제기하면서 동시에 국가배상청구소송을 병합하여 행정법원에 제기할 수 있는지가 문제된다. 특히 2개월 영업정지처분이 기간이 경과한 경우에도 관련청구소송의 병합이 허용될 수 있는지가 문제된다.

2. 관련청구소송의 병합

가. 의 의

관련청구소송의 병합이라 함은 취소소송 등에 해당 취소소송 등과 관련이 있는 청구소송(관련청구소송)을 병합하여 제기하는 것을 말한다(행정소송법 제10조 제2항).

관련청구소송의 병합은 심리의 중복이나 모순을 피하고, 당사자의 과도한 소제기로 인한 부담을 경감하기 위한 제도로서, 특히 관련청구가 국가배상청구소송이나 부당이득반환청구소송과 같은 실무상 민사소송으로 취급되는 소송인 경우, 행정법원에게 민사소송의 관할권을 창설하여 준다는 점에서 그 제도적 취지가 있다.

나. 관련청구소송의 범위

관련청구소송에는 ① 해당 처분등과 관련되는 손해배상·부당이득반환·원상회복등 청구소송, ② 해당 처분등과 관련되는 취소소송 등이 있는데(행정소송법 제10조 제1항), 설문의 처분으로 인한 영업 손해에 대한 국가배상청구소송은 '처분등과 관련되는 손해배상청구소송'에 해당한다.

다. 요 건

(1) 주된 청구인 행정사건에 관련청구를 병합할 것

관련청구소송의 병합은 행정사건를 주된 청구로 하여 그 주된 청구에 관련청구로서 민사사건이나 행정사건을 병합하여 주된 청구를 관할하는 행정법원에 제기하는 것을 말한다. 따라서 민사사건을 주된 청구로 하여 관련 행정사건을 병합하여 민사법원에 제기하는 것은 허용되지 않는다. 다만 행정소송 상호간에는 어느 쪽을 주된 청구로 해도 무방하다.

(2) 취소소송 등이 적법할 것

주된 청구가 소송요건을 갖춘 적법한 소송이어야 관련청구소송을 병합할 수 있다. 판례도 관련청구소송의 병합은 본래의 항고소송이 적법할 것을 요건으로 한다고 판시하여 주된 청구가 적법할 것을 요구하고 있다.

사안의 경우, 2개월 경과 전에는 주된 청구인 취소소송의 적법은 당연히 충족된다. 문제는

2개월이 경과하여 영업정지처분의 효력이 소멸하는 경우인데, 판례는 영업정지처분의 근거 법령이나 시행규칙에 가중요건이 규정되어 있다면 기간이 경과하여 소멸된 처분이라 하더라도 취소를 구할 소의 이익을 인정하므로 주된 청구의 적법 요건이 충족된다.

(3) 사실심 변론종결 이전일 것

관련청구의 병합은 사실심의 변론종결 이전에 하여야 하는 바(법 10조 2항), 사실심의 변론종결 이전이면 원시적 병합이든 추가적 병합이든 문제가 되지 않는다.

라. 형 태

(1) 당사자의 이동(異同)에 따른 구분

하나의 원고·피고간의 복수청구의 병합을 객관적 병합이라 하고, 피고 외의 자를 상대로 하는 병합을 주관적 병합이라고 한다.

(2) 병합의 시기에 따른 구분

취소소송의 제기시에 병합하여 제기하는 경우를 원시적 병합이라 하고, 계속중인 취소소송에 사후적으로 병합하는 것을 추가적(후발적) 병합이라 한다.

마. 적용법규

관련청구소송이 민사소송인 경우에 그 관련청구의 심리에 있어서 행정소송법의 규정, 특히 직권심리주의 규정이 적용될 것인가 여부에 관하여 견해가 대립하고 있는바, 병합된다고 하여 소송의 본질이 달라지지 않기 때문에 민사사건을 행정소송의 절차로 심리하여서는 안된다. 따라서 손해배상액이나 부당이득액의 산정과 같이 민사소송 고유의 심리방법에 의해야 하는 부분은 민사소송법이 적용된다.

3. 사안의 해결

甲은 2개월 영업정지처분에 대한 취소소송과 그 처분으로 인한 영업 손해에 대한 국가배상청구소송을 병합하여 행정법원에 제기할 수 있다.

事例　　2004년 사법시험

사행행위 영업의 하나인 투전기영업허가를 받은 甲은 3년의 허가유효기간이 얼마 남지 아니하여 허가관청에 대하여 허가갱신신청을 하였으나 거부당하였다. 이에 甲은 허가갱신거부처분 취소소송을 제기함과 동시에 허가갱신거부처분의 집행정지결정을 신청하였다. 甲의 집행정지 주장의 당부와 그 논거를 제시하시오. (25점)

解 說

거부처분에 대한 집행정지 인정여부

Ⅰ. 논점의 정리

甲의 집행정지 주장의 당부와 관련하여, 먼저 거부처분에 대하여 집행정지가 인정될 수 있는지가 문제가 되며, 다음으로 허가갱신거부처분으로 인하여 입는 손해가 회복하기 어려운 손해에 해당하는지 여부를 검토하여야 한다.

Ⅱ. 거부처분에 대한 집행정지 인정여부

1. 문제점

부작위와는 달리 거부처분은 행정소송법 제23조 제2항의 "처분등"에 해당하기 때문에 집행정지의 대상에 해당한다. 다만 거부처분에 대해 집행을 정지한다 하더라도 신청인의 법적 지위는 거부처분이 없는 상태, 즉 신청시의 상태로 돌아가는 것에 그치므로 거부처분에 대한 집행정지를 인정할 실익이 있는지에 대하여 견해가 대립하고 있다.

2. 학 설

① 집행정지결정에는 기속력이 인정되므로 거부처분의 집행정지에 따라 행정청에게 잠정적인 재처분의무가 생긴다고 볼 수 있으므로 거부처분에 대한 집행정지의 이익이 있다고 보는 긍정설, ② 집행정지결정의 기속력과 관련된 행정소송법 제23조 제6항은 재처분의무를 규정한 동법 제30조 제2항을 준용하고 있지 않으므로, 거부처분에 대하여 설령 집행정지결정이 있다 할지라도 행정청이 신청에 따른 처분을 하여야 할 의무를 부담하는 것이 아니므로 신청인에게 집행정지 신청의 이익이 없다고 하는 부정설, ③ 원칙적으로는 거부처분에 대해 집행정지를 인정할 실익이 없으나, 거부처분에 대한 집행정지에 의하여 거부처분이 행해지지 아니한 상태로 복귀됨에 따라 신청인에게 어떠한 법적 이익이 인정된다고 볼 수 있는 경우에는 예외적으로 집행정지신청의 이익이 있다고 보는 예외적 긍정설이 대립하고 있다.

3. 판 례

대법원은 거부처분에 대한 집행정지를 인정한다 하더라도 그 거부처분이 없었던 것과 같은 상태를 만드는 것에 지나지 않는 것이고, 그 이상으로 행정청에 대하여 어떠한 처분을 명하는 등 적극적인 상태를 만들어 낼 수 없다는 이유로 거부처분에 대한 집행정지신청을 이익흠결로 각하하였다.

다만, 서울행정법원은 한국보건의료인국가시험원이 한약사국가시험에 응시한 원고들에게 한약관련과목의 이수가 부족하여 응시자격이 없다고 원서를 반려한 거부처분에 대하여, 처분의 효력이 한약사국가시험시행시까지 유지된다면 그동안 시험을 준비하여 왔고 시험에 합격할 가능성이 있는 신청인들의 응시기회가 부당히 박탈될 수 있다는 이유로 집행정지결정을 한 바 있다.

4. 사안의 경우

대법원의 입장에 따르면 집행정지는 허용되지 않을 것이다. 그러나 예외적 긍정설에 따르면 3년의 허가기간은 막대한 자본 및 시설투자가 필요한 투전기영업의 성질에 비추어 볼 때 '갱신기간'으로 해석되므로 사안과 같이 허가기간 종료 전에 갱신 신청이 있는 경우에는 허가기간이 연장된다고 보아야 할 것이다. 따라서 허가갱신거부처분의 효력을 정지한다면 신청인 甲에게 허가연장의 법적 이익이 인정되므로 집행정지를 신청할 실익이 있다.

Ⅲ. 집행정지의 인용여부

1. 회복하기 어려운 손해예방의 필요

판례에 따르면 '회복하기 어려운 손해'라 함은 금전으로 보상할 수 없는 손해를 말하는 바, 이는 금전보상이 불가능한 경우뿐만 아니라 금전보상으로는 사회관념상 행정처분을 받은 당사자가 수인할 수 없거나 수인하는 것이 현저히 곤란한 유형·무형의 손해를 의미한다.

사안의 경우 甲이 본안판단을 기다리며 입는 손해는 금전적 손해에 해당하나, 단기간에 막대한 자금이 회전되는 투전기 영업의 특성을 고려할 때 영업을 못하게 되면 중대한 경영상의 위기를 맞을 수 있다는 점에서 회복되기 어려운 손해가 인정될 수 있다고 본다.

2. 긴급한 필요의 존재

"긴급한 필요"는 회복하기 곤란한 손해의 발생이 시간적으로 절박하였거나 이미 시작됨으로 인하여 판결을 기다릴 여유가 없는 경우를 말한다. 이에 따라 긴급한 필요의 여부는 회복하기 어려운 손해발생의 가능성과 연계하여 합일적으로 판단하여야 할 것이다.

사안에서 甲에게는 집행정지를 신청해서 재산권을 보장할 긴급한 필요가 인정된다.

3. 공공복리에 중대한 영향을 미칠 우려가 없을 것

집행정지는 적극적 요건이 충족된다고 하더라도 공공복리에 중대한 영향을 미칠 우려가 있는 경우에는 허용되지 않는다(행정소송법 제23조 제3항). 여기서는 집행정지가 공공복리에 미치는 영향과 처분의 집행부정지를 통하여 신청인이 입는 손해를 비교형량하여 요건충족을 신중히 판단하여야 한다.

사안의 경우 거부처분을 한다 하더라도 공공복리에 중대한 영향을 미칠 것이라 생각되지는 않기 때문에 해당 요건을 만족한다고 생각한다.

4. 본안청구가 이유없음이 명백하지 않을 것

집행정지는 임시적인 보전절차이므로 본안청구의 이유유무를 따지는 것은 원칙적으로 허용되지 않는다고 할 것이나, 본안소송에서 승소가능성이 전혀 없음에도 불구하고 집행정지신청을 인용하는 것은 집행정지의 남용에 해당하므로, 본안청구가 이유 없음이 명백한 경우에는 집행정지를 명할 수 없다고 보는 것이 판례와 다수 견해의 입장이다.

사안에서 투전기영업허가의 유효기간 3년은 갱신기한으로 해석될 소지도 있는 바, 그러한 경우 행정청은 특별한 사정 변경이나 중대한 공익상의 요청이 없는 한 허가를 갱신해주어야 할 의무를 진다고 할 것이다. 따라서 거부처분 취소소송의 경우 승소가능성이 전혀 없다고 보이지 않으므로 해당 요건을 만족한다고 보인다.

IV. 결 론

사안과 같은 갱신허가의 거부처분의 경우에는 집행정지를 인정할 실익이 존재한다고 보는 것이 타당하다. 또한 단기간에 막대한 자금이 회전되는 투전기 영업의 특성을 고려할 때 일시적이라도 영업을 못하게 되면 중대한 경영상의 위기를 맞을 수 있다는 점에서 회복되기 어려운 손해가 인정될 수 있다. 그 밖의 집행정지에 필요한 요건을 모두 충족하고 있으므로 甲의 집행정지의 주장은 타당하다고 생각한다.

事例 2022년도 공인노무사

甲은 산업입지 및 개발에 관한 법령 등에 따라 관할 행정청 도지사 乙에 의해 지정된 산업단지 내에서 산업단지개발계획상 녹지용지로 되어있던 토지의 소유자이다. 甲은 해당 토지에서 폐기물처리사업을 하기 위하여 乙에게 사업부지에 관한 개발계획을 당초 녹지용지에서 폐기물처리시설용지로 변경해 달라는 내용의 신청을 하였다. 당시 위 법령에 따르면 폐기물처리시설용지로의 변경이 불가능하게 되어 있었다. 이에 따라 乙은 위 변경신청을 거부하는 처분을 하였고, 甲은 이에 대하여 취소소송을 제기하였다. 그런데 거부처분 이후 폐기물처리시설용지로의 변경이 가능하도록 법령의 개정이 있었다고 할 때, 법원이 어느 시점을 기준으로 위법성을 판단하여야 하는지에 관하여 설명하시오. (25점)

解 說

위법판단의 기준시

1. 논점의 정리

본 사안에서 乙의 거부처분이 위법한지에 대한 판단을 甲의 신청 당시를 기준으로 하여야 하는지, 신청 이후 개정된 법령에 따라야 하는지가 문제된다. 특히 거부처분취소소송의 경우 위법판단의 기준시점을 처분시로 보게 되면 인용판결이 확정되어도 처분청이 개정된 법령에 따라 새로운 사유를 들어 다시 이전의 허가신청에 대해 거부처분을 하여도 재처분의무를 다한 것이 되기 때문에 인용판결이 권리구제에 기여하지 못하고 결국 판결에 대한 국민의 불신을 야기한다는 문제가 발생하기 때문에 특히 더 논란이 되고 있다.

2. 위법판단의 기준시

가. 학설

(1) 처분시설

취소소송은 행정처분의 '사후심사'를 속성으로 한다는 견해로서, 만일 법원이 판결시를 기준으로 처분시 이후의 법령의 개폐나 사정변경을 고려하여 위법성을 판단하게 되면, 법원은 원고가 요구하지 않는 소송물에 대하여 판단하게 된다고 한다. 또한 법원이 처분시 이후의 변화된 사정을 참작하여 해당 처분의 취소여부를 결정하게 된다면 행정청의 일차적 판단권을 침해하는 것이 되어 권력분립의 원칙에 위배된다고 한다. 이러한 처분시설에 따르면 적법한 행정행위가 법적, 사실적 상황의 변경으로 인하여 위법하게 되더라도 법원은 기각판결을 내리게 된다.

(2) 판결시설

이 견해는 취소소송의 목적은 해당 처분 등이 현행법규에 비추어 유지될 수 있는지 여부를 판단하는데 있다고 본다. 이러한 판결시설에 따르면 적법하게 발급된 처분이 새로운 사정의 발생으로 위법하게 된 경우에는 법원은 위법하게 된 시점부터 취소할 수 있다고 하면서, 이를 통하여 당사자에게 발생되는 가혹함은 소송비용의 분담을 통하여 어느 정도 해소할 수 있다고 한다.

(3) 절충설

일반적인 취소소송은 처분시의 법령 및 사실상태를 기준으로 위법여부를 판단하여야 하나, 계속적 효력을 갖는 처분과 거부처분의 위법성 판단은 판결시를 기준으로 하여야 한다는 견해이다.

특히 거부처분취소소송은 인용판결이 나온 경우 행정청에게 재처분의무(행정소송법 제30조 제2항)

가 부과된다는 점에서 의무이행소송과 유사한 성격을 가지므로 이행소송의 일반적인 법리에 따라 위법성 판단시점을 판결시로 보아야 한다고 한다.

(4) 위법판단시, 판결시 구별설

보통의 처분은 처분시의 사실상태 및 법률상태를 기준으로 위법여부를 판단하되, 거부처분만큼은 위법여부 판단시점과 인용판결 여부의 판단시점을 구별하는 입장이다. 이 견해에 의하면 거부처분이 처분시를 기준으로 적법하면 기각되고 위법하면 원칙적으로 인용판결을 하되, 다만 거부처분 이후 사정변경이 있으면 공익을 고려하여 사정판결을 할 수 있다고 한다.

나. 판 례

판례는 적극적 처분에 대한 취소소송과 소극적 처분에 대한 취소소송의 경우를 가리지 않고, 그 위법판단의 기준시를 일률적으로 처분시로 보고 있다.

다. 검 토

취소소송은 행정청이 내린 처분을 다투어서 그 취소를 구하는 소송이므로 처분의 위법판단의 기준시는 처분시로 보아야 할 것이다. 행정기본법 제14조도 당사자의 신청에 따른 법령등에 특별한 규정이 있거나 처분 당시의 법령등을 적용하기 곤란한 특별한 사정이 있는 경우를 제외하고는 처분 당시의 법령등에 따른다고 규정하고 있다.

라. 사안의 경우

乙이 처분 당시의 법령에 의해 거부처분을 한 이후에 폐기물처리시설용지로의 변경이 가능하도록 법령의 개정이 있었다 하더라도 법원은 개정된 법령이 아닌 처분 당시의 법령을 기준으로 위법성을 판단하여야 한다.

3. 사안의 해결

법원은 처분시를 기준으로 위법성을 판단하여야 하는데, 처분 당시의 법령에 따르면 폐기물처리시설용지로의 변경이 불가능하므로 乙의 거부처분은 특별한 사정이 없는 한 적법하다.

事例 2011년 공인노무사

甲은 정당한 이유없이 계약을 이행하지 않았음을 이유로 입찰참가자격 제한처분을 받았다. 이에 대해 甲이 취소소송으로 다투던 중 처분청은 당초 처분사유 외에 위 계약 당시 관계 공무원에게 뇌물을 준 사실을 처분사유로 추가하였다. 처분청의 행위는 소송상 허용되는가? (25점)

解說

처분사유의 추가·변경[63]

1. 논점의 정리

행정처분은 근거사실과 근거법규를 기초로 하여 이루어지는바, 이 양자를 합쳐서 처분사유 또는 처분이유라 한다. 이와 관련하여 처분청이 취소소송의 심리과정에서 해당 처분의 적법성을 유지하기 위하여 처분 당시에 제시된 처분사유 이외에 다른 사유를 추가하거나 변경하는 것이 허용되는지, 만약 허용된다면 어느 범위까지 허용되는지에 대하여 견해의 대립이 있다.

2. 허용여부

가. 학 설

① 처분사유의 추가나 변경을 허용하면 처분의 상대방에게 예기치 못한 불이익을 가져올 수 있으므로 상대방의 권익보호차원에서 부정하는 견해, ② 처분사유의 추가나 변경을 부정하면 계쟁처분에 대한 취소판결 이후 처분청은 추가 또는 변경하고자 했던 처분사유를 근거로 동일한 내용의 처분을 다시 하게 되어 소송경제에 반하게 되므로 분쟁의 일회적 해결차원에서 긍정하는 견해, ③ 기본적 사실관계의 동일성이 유지되는 범위 내에서 허용하는 견해 등이 있다.

나. 판 례

판례는 처분시에 존재하였던 처분사유로서 당초의 처분사유와 기본적 사실관계의 동일성이 유지되는 범위 내에서 처분사유의 추가나 변경을 허용하는 입장이다(제한적 긍정설). 이에 따르면, 구체적 사실을 변경하지 않는 범위 내에서 단지 그 처분의 근거법령만을 추가 또는 변경하거나 불명확한 당초의 처분사유를 구체화하는 정도 내에서만 기본적 사실관계의 동일성을 인정함으로써 처분사유의 추가나 변경을 엄격하게 제한하고 있다.

3. 허용범위

가. 객관적 범위

당초의 처분사유와 기본적 사실관계의 동일성이 유지되는 범위 내에서 처분사유의 추가나 변경이 허용된다(행정소송규칙 제9조). 판례는 기본적 사실관계의 동일성 유무는 처분사유를 법률적으로 평가하기 이전의 구체적인 사실에 착안하여 그 기초가 되는 사회적 사실관계가 기본적인 점에서 동일한 지의 여부에 따라 결정된다고 한다.

---

[63] 이 문제는 대법원 1999. 3. 9. 선고 98두18565 판결을 바탕으로 출제된 문제입니다.

나. 시간적 범위

처분사유의 추가나 변경은 결국 처분의 위법성 판단과 관련된 논의이므로 위법판단의 기준시에 대한 판례의 입장인 처분시설에 따른다면, 처분 이후에 발생한 새로운 처분사유는 추가 또는 변경의 대상이 될 수 없다.

4. 허용시기

처분사유의 추가나 변경은 법률해석이나 적용의 영역이 아니라 사실관계에 관한 영역이므로 사실심 변론종결시까지만 허용된다(행정소송규칙 제9조). 따라서 법률심인 상고심에서는 처분사유의 추가나 변경을 주장할 수 없다.

5. 사안의 해결

처분청이 추가하려는 사유는 처분시에 존재하는 사유로서 처분청은 이를 소송계속 중 추가하려고 하고 있으므로 처분사유 추가변경의 시간적 범위와 허용시기를 충족하고 있다.

문제는 객관적 범위 충족 여부인데, 정당한 이유 없이 계약을 이행하지 않은 사실과 계약 당시 관계 공무원에게 뇌물을 준 사실은 기본적 사실관계가 동일하지 않다. 따라서 법원은 새로운 처분사유의 추가를 허용해서는 안되고, 종전 처분사유인 정당한 이유 없이 계약을 이행하지 아니하였는지 여부만을 심리해야 할 것이다.

事例　2015년 공인노무사

　甲은 2015. 01. 16. 주택신축을 위하여 개발행위허가를 신청하였다. 이에 관할 행정청은 乙은 「국토의 계획 및 이용에 관한 법률」의 규정에 의거하여 "해당 개발행위에 따른 기반시설의 설치나 그에 필요한 용지의 확보계획이 적절하지 않다"라는 사유로 2015. 01. 22. 개발행위 불허가처분을 하였고, 그 다음 날 甲은 그 사실을 알게 되었다.

　그런데 乙은 위 불허가처분을 하면서 甲에게 그 처분에 대하여 행정심판을 청구할 수 있는지 여부와 행정심판을 청구하는 경우의 심판청구 절차 및 심판청구기간을 알리지 아니하였다. 甲은 개발행위 불허가 처분에 불복하여 2015. 05. 07. 행정심판위원회에 취소심판을 청구하였다. 아울러 甲은 적법한 제소요건을 갖추어 취소소송도 제기하였다. (총 50점)

(1) 甲의 취소심판은 청구기간이 경과되었는가? (25점)

(2) 乙은 취소소송의 계속 중 "국토 및 자연의 유지와 환경보전 등 중대한 공익상의 필요가 있고 주변 환경이나 경관과 조화를 이루지 못 한다"라는 처분사유를 새로이 추가할 수 있는가? (25점)

❚ 解 說

> 취소심판의 청구기간 / 불고지 / 처분사유의 추가·변경

Ⅰ. 설문 (1) : 불고지와 행정심판의 청구기간

1. 논점의 정리

행정심판을 청구하는 경우의 심판청구 절차 및 심판청구기간을 고지받지 못한 상태에서 불허가처분을 받은 甲이 취소심판을 제기하려는 경우, 행정심판법 제27조 제1항에 따른 심판청구기간의 제한을 받는지 여부가 문제된다.

2. 취소심판의 청구기간

취소심판청구는 원칙적으로 처분이 있음을 알게 된 날로부터 90일 이내에 제기하여야 하고(행정심판법 제27조 제1항), 처분이 있었던 날로부터 180일을 경과하면 이를 제기하지 못한다(동법 제27조 제3항 본문). 이 중 90일은 불변기간으로서(동법 제27조 제4항), 두 기간 중 어느 하나라도 도과하면 행정심판을 제기하지 못한다.

여기서 "처분이 있음을 알게 된 날"이란 송달·공고 기타의 방법으로 해당 처분이 있었다는 사실을 현실적으로 안 날을 의미한다. 그에 반해 "처분이 있었던 날"이란 대외적으로 표시되어 효력이 발생한 날을 말한다.

3. 불고지의 효과

가. 고지제도의 의의

행정심판의 고지제도란 행정청이 처분을 할 때에 상대방 등에게 그 처분에 대하여 행정심판을 제기할 수 있는지 여부, 심판청구절차 및 심판청구기간 등을 미리 알려주는 제도를 말한다(행정심판법 제58조).

나. 불고지의 효과

고지제도의 취지는 행정심판을 제기함에 있어 편의를 제공하는데 있을 뿐, 행정처분의 성립과정을 규제하는 절차제도라거나 처분의 형식을 규제하는 제도가 아니다. 따라서 행정청이 고지의무를 이행하지 않았다 하더라도 해당 처분의 주체·절차·형식상에 어떤 흠결을 가져오는 것은 아니다. 판례 역시 같은 입장이다.[64]

다만 행정심판법은 처분청이 심판청구기간을 알리지 않은 경우에는 청구인이 처분이 있음을

---

64) 대판 1987. 11. 24, 87누529

알고 있는지 여부와 관계없이 '처분이 있었던 날부터 180일 이내'에 심판청구를 할 수 있다고 규정하고 있다(동법 제27조 제6항). 이와 관련하여 판례는 개별법률에서 정한 심판청구 기간이 행정심판법이 정한 심판청구 기간보다 짧은 경우에도 행정청이 그 개별법률상 심판청구 기간을 알려주지 아니하였다면 행정심판법이 정한 심판청구 기간 내에 심판청구가 가능하다는 입장이다.[65]

4. 사안의 해결

사안과 같은 불고지의 경우에는 처분이 있음을 안 날 90일의 제한을 받지 않고 처분이 있은 날로부터 180일의 제한만을 받게 되므로, 2015. 05. 07.에 제기한 甲의 취소심판은 청구기간을 경과하지 않은 적법한 청구이다.

Ⅱ. 설문 (2) : 처분사유의 추가·변경

1. 논점의 정리

처분청이 취소소송의 심리과정에서 당해 처분의 적법성을 유지하기 위하여 처분 당시에 제시된 처분사유 이외에 다른 사유를 추가하거나 변경하는 것이 허용되는지와 만약 허용된다면 어느 범위까지 허용되는지에 대하여 견해의 대립이 있다.

2. 허용여부

가. 문제점

행정소송법이나 행정절차법에는 처분사유의 추가·변경에 관한 규정이 없다. 따라서 이러한 행정청의 처분사유의 추가·변경이 허용되는지 여부에 대하여 견해의 대립이 있다.

나. 학 설

① 처분사유의 추가나 변경을 허용하면 처분의 상대방에게 예기치 못한 불이익을 가져올 수 있으므로 상대방의 권익보호차원에서 부정하는 견해, ② 처분사유의 추가나 변경을 부정하면 계쟁처분에 대한 취소판결 이후 처분청은 추가 또는 변경하고자 했던 처분사유를 근거로 동일한 내용의 처분을 다시 하게 되어 소송경제에 반하게 되므로 분쟁의 일회적 해결차원에서 긍정하는 견해, ③ 기본적 사실관계의 동일성이 유지되는 범위 내에서 허용하는 견해 등이 있다.

다. 판 례

판례는 처분시에 존재하였던 처분사유로서 당초의 처분사유와 기본적 사실관계의 동일성이 유지되는 범위 내에서 처분사유의 추가나 변경을 허용하는 입장이다(제한적 긍정설). 이에 따르면, 구체적 사실을 변경하지 않는 범위 내에서 단지 그 처분의 근거법령만을 추가 또는 변경하거나 불명확한 당초의 처분사유를 구체화하는 정도 내에서만 기본적 사실관계의 동일

---

[65] 대판 1990. 7. 10, 89누6839

성을 인정함으로써 처분사유의 추가나 변경을 엄격하게 제한하고 있다.

3. 허용범위

가. 객관적 범위

당초의 처분사유와 기본적 사실관계의 동일성이 유지되는 범위 내에서 처분사유의 추가나 변경이 허용된다(행정소송규칙 제9조). 판례는 기본적 사실관계의 동일성 유무는 처분사유를 법률적으로 평가하기 이전의 구체적인 사실에 착안하여 그 기초가 되는 사회적 사실관계가 기본적인 점에서 동일한 지의 여부에 따라 결정된다고 한다.

나. 시간적 범위

처분사유의 추가나 변경은 결국 처분의 위법성 판단과 관련된 논의이므로 위법판단의 기준시에 대한 판례의 입장인 처분시설에 따른다면, 처분 이후에 발생한 새로운 처분사유는 추가 또는 변경의 대상이 될 수 없다.

4. 허용시기

처분사유의 추가나 변경은 법률해석이나 적용의 영역이 아니라 사실관계에 관한 영역이므로 사실심 변론종결시까지만 허용된다(행정소송규칙 제9조). 따라서 법률심인 상고심에서는 처분사유의 추가나 변경을 주장할 수 없다.

5. 사안의 해결

처분청이 추가하려는 사유는 처분시에 존재하는 사유로서 처분청은 이를 소송계속 중 추가하려고 하고 있으므로 처분사유 추가변경의 시간적 범위와 허용시기를 충족하고 있다.

문제는 객관적 범위 충족 여부인데, 거부처분의 경우 판례는 장소적 동일여부와 거부사유의 취지의 동일여부를 바탕으로 기본적 사실관계의 동일여부를 판단하고 있다. 이에 비추어 살펴보면, "해당 개발행위에 따른 기반시설의 설치나 그에 필요한 용지의 확보계획이 적절하지 않다"는 처분사유와 "국토 및 자연의 유지와 환경보전 등 중대한 공익상의 필요가 있고 주변 환경이나 경관과 조화를 이루지 못한다"는 처분사유는 둘 다 처분시의 사유이지만 서로 취지가 상이하므로 기본적 사실관계의 동일성이 인정되지 않는다. 따라서 사안의 새로운 처분사유의 추가는 허용되지 않을 것이다.

事例　2021년 공인노무사

　국가공무원 甲은 업무시간 중 민원인으로부터 골프접대 등의 뇌물을 수수하였다는 이유로 징계권자로부터 해임의 징계처분을 받고, 그 징계처분에 대하여 소청심사를 거쳐 취소소송을 제기하였다. 피고 행정청은 취소소송의 계속 중 甲이 뇌물수수 뿐만 아니라 업무시간 중 골프접대를 받는 등 직무를 태만히 한 것도 징계사유의 하나라고 소송절차에서 주장하였다. 이러한 피고의 주장이 허용되는지 설명하시오. (25점)

> **참조조문**
>
> 국가공무원법
> 제78조(징계 사유) ① 공무원이 다음 각 호의 어느 하나에 해당하면 징계 의결을 요구하여야 하고 그 징계 의결의 결과에 따라 징계처분을 하여야 한다.
> 　1. 이 법 및 이 법에 따른 명령을 위반한 경우
> 　2. 직무상의 의무(다른 법령에서 공무원의 신분으로 인하여 부과된 의무를 포함한다)를 위반하거나 직무를 태만히 한 때
> 　3. 직무의 내외를 불문하고 그 체면 또는 위신을 손상하는 행위를 한 때

解 說

> 처분사유의 추가변경

1. 논점의 정리

처분청이 취소소송의 심리과정에서 해당 처분의 적법성을 유지하기 위하여 처분 당시에 제시된 처분사유 이외에 다른 사유를 추가하거나 변경하는 것이 허용되는지, 만약 허용된다면 어느 범위까지 허용되는지에 대하여 견해의 대립이 있다.

2. 처분사유의 추가변경의 허용여부

가. 학 설

① 처분사유의 추가나 변경을 허용하면 처분의 상대방에게 예기치 못한 불이익을 가져올 수 있으므로 상대방의 권익보호차원에서 부정하는 견해, ② 처분사유의 추가나 변경을 부정하면 계쟁처분에 대한 취소판결 이후 처분청은 추가 또는 변경하고자 했던 처분사유를 근거로 동일한 내용의 처분을 다시 하게 되어 소송경제에 반하게 되므로 분쟁의 일회적 해결차원에서 긍정하는 견해, ③ 기본적 사실관계의 동일성이 유지되는 범위 내에서 허용하는 견해 등이 있다.

나. 판 례

판례는 처분시에 존재하였던 처분사유로서 당초의 처분사유와 기본적 사실관계의 동일성이 유지되는 범위 내에서 처분사유의 추가나 변경을 허용하는 입장이다(제한적 긍정설). 이에 따르면, 구체적 사실을 변경하지 않는 범위 내에서 단지 그 처분의 근거법령만을 추가 또는 변경하거나 불명확한 당초의 처분사유를 구체화하는 정도 내에서만 기본적 사실관계의 동일성을 인정함으로써 처분사유의 추가나 변경을 엄격하게 제한하고 있다.

3. 허용범위

가. 객관적 범위

당초의 처분사유와 기본적 사실관계의 동일성이 유지되는 범위 내에서 처분사유의 추가나 변경이 허용된다(행정소송규칙 제9조). 판례는 기본적 사실관계의 동일성 유무는 처분사유를 법률적으로 평가하기 이전의 구체적인 사실에 착안하여 그 기초가 되는 사회적 사실관계가 기본적인 점에서 동일한 지의 여부에 따라 결정된다고 한다.

나. 시간적 범위

처분사유의 추가나 변경은 결국 처분의 위법성 판단과 관련된 논의이므로 위법판단의 기준시에 대한 판례의 입장인 처분시설에 따른다면, 처분 이후에 발생한 새로운 처분사유는 추가 또는 변경의 대상이 될 수 없다.

4. 허용시기

처분사유의 추가나 변경은 법률해석이나 적용의 영역이 아니라 사실관계에 관한 영역이므로 사실심 변론종결시까지만 허용된다(행정소송규칙 제9조). 따라서 법률심인 상고심에서는 처분사유의 추가나 변경을 주장할 수 없다.

5. 사안의 해결

피고 행정청이 추가하려는 사유는 처분시에 존재하는 사유로서, 피고는 이를 소송계속 중에 추가하려고 하고 있으므로 처분사유 추가변경의 시간적 범위와 허용시기를 충족하고 있다.

문제는 객관적 범위 충족 여부인데, 당초의 처분사유인 '업무시간 중 민원인으로부터 골프접대 등의 뇌물을 수수하였다'는 사실과 '甲이 업무시간 중 골프접대를 받는 등 직무를 태만히 하였다'는 사실은 골프접대라는 같은 사건에 대한 것으로서 기본적 사실관계의 동일성이 인정된다. 따라서 '甲이 업무시간 중 골프접대를 받는 등 직무를 태만히 하였다'는 피고의 주장은 허용된다.

事例 2013년 공인노무사

甲은 乙이 대표이사로 있는 A운수 주식회사에서 운전기사로 근무하고 있는데, A회사의 노사간에 체결된 임금협정에는 운전기사의 법령위반행위로 회사에 과징금이 부과되면 추후 해당 운전기사에 대한 상여금 지급시 그 과징금 상당액을 공제하기로 하는 내용이 포함되어 있다. 다음 물음에 답하시오. (총 50점)

(1) 甲의 법령위반행위로 인하여 A회사에 과징금이 부과된 경우, A회사에 갈음하여 대표이사인 乙이 스스로 해당 과징금부과 처분에 대한 취소소송을 제기한다면 이 소송은 적법한가? 또한 乙이 甲의 법령위반행위로 인한 과징금의 액수가 과다하지만 그 액수만큼 甲에 대한 상여금에서 공제할 수 있어 회사에 실질적인 손해가 없다고 생각하여 과징금부과처분에 대한 취소소송의 제기에 적극적인 태도를 보이지 않는 경우, 甲이 해당 과징금부과처분에 대한 취소소송을 제기한다면 이 소송은 적법한가? (30점)

(2) 과징금부과처분에 대한 취소소송에서 법원이 A회사에 대한 과징금의 금액이 지나치게 과다하다고 판단할 경우, 법원은 적정하다고 판단하는 한도 내에서 과징금부과처분의 일부를 취소할 수 있는가? (20점)

▮ 解 說

원고적격 / 일부취소판결

Ⅰ. 설문 (1) : 원고적격 인정여부

1. 논점의 정리

대표이사 甲에게 A회사에 대한 처분에 대한 취소를 구하는 소송을 제기할 당사자능력이 인정되는지 문제되며, 처분의 제3자에 불과한 甲에게 과징금부과처분의 취소를 구할 원고적격이 인정되는지 문제된다.

2. 당사자능력과 당사자적격의 관계

당사자능력이란 소송의 당사자인 원고 및 피고가 될 수 있는 소송법상의 권리능력을 말한다. 우리 행정소송법에는 당사자능력에 관한 명문의 규정이 없으므로 민사소송법 제51조[66]와 제52조[67]가 준용되어(행정소송법 제8조 제2항), 민법상 권리능력을 가진 자연인과 법인 그리고 법인 아닌 사단이나 재단도 대표자 또는 관리인이 있으면 그 이름으로 당사자가 될 수 있다. 그에 따라 자연인뿐만 아니라 법인도 당사자능력이 인정이 되나, 그 내부기관은 민법상 권리주체가 아니므로 원칙적으로 당사자능력이 없다.

한편 당사자적격이란 특정의 소송사건에서 당사자로서 소송을 수행하고 본안판결을 받기에 적합한 자격을 말하는바, 행정소송법 제12조는 권리능력이 있는 자 중에서 그 처분의 취소를 구할 법률상 이익이 있는 자만이 취소소송을 제기할 수 있도록 한정하고 있다.

사안의 경우, 직원은 자연인이므로 권리의무의 귀속주체로서 당사자능력이 인정되지만, 대표이사는 주식회사의 기관이므로 회사에 대한 처분에 대해 당사자능력이 인정되지 않는다.

3. 취소소송의 원고적격

가. 의 의

원고적격이란 구체적인 소송에서 원고로서 소송을 수행하여 본안판결을 받을 수 있는 자격을 말하는 것으로서, 행정소송법 제12조 1문은 "취소소송은 처분 등의 취소를 구할 법률상의 이익이 있는 자가 제기할 수 있다"라고 하여 취소소송의 원고적격을 규정하고 있다.

---

[66] 민사소송법 제51조 (당사자능력·소송능력 등에 대한 원칙) 당사자능력, 소송능력, 소송무능력자의 법정대리와 소송행위에 필요한 권한의 수여는 이 법에 특별한 규정이 없으면 민법, 그 밖의 법률에 따른다.

[67] 민사소송법 제52조 (법인이 아닌 사단 등의 당사자능력) 법인이 아닌 사단이나 재단은 대표자 또는 관리인이 있는 경우에는 그 사단이나 재단의 이름으로 당사자가 될 수 있다.

나. 법률상 이익의 의미

행정소송법 제12조 1문의 '법률상 이익'이 무엇을 의미하는지에 대하여 취소소송의 기능과 연결하여 ① 권리구제설, ② 법이 보호하는 이익구제설, ③ 소송상 보호할 가치 있는 이익구제설, ④ 적법성보장설 등의 견해가 있다.

생각건대, 오늘날 권리의 개념이 확대되어 '권리'와 '법이 보호하는 이익'을 같은 개념으로 볼 수 있으므로 권리구제설은 큰 의미가 없고, 적법성보장설에 따르게 되면 항고소송이 민중소송화 되어 법원의 재판부담이 가중될 우려가 있다는 문제점이 있다. 소송상 보호할 가치 있는 이익구제설은 비록 원고적격을 넓힐 수 있다는 장점이 있으나, 소송상 보호할 가치가 있는 이익의 존부여부에 대한 일반적인 기준을 마련하기 어려우며 이는 결과적으로 법관의 자의적인 판단에 맡기는 결과가 될 수 있다는 문제점이 있다.

결국 행정소송법 제12조의 법률상 이익은 문자의 표현 그대로 법이 보호하는 이익이라고 해석하는 것이 타당하며, 대법원도 법이 보호하는 이익구제설의 입장에서 법률상 이익이란 처분의 근거 법규 및 관련 법규에 의하여 보호되는 개별적·직접적·구체적 이익을 말하고, 공익보호의 결과로 국민 일반이 공통적으로 가지는 일반적·간접적·추상적 이익은 여기에 포함되지 않는다고 판시하고 있다.

다. 법률의 범위

법이 보호하는 이익구제설의 입장을 취할 경우, 그 법의 범위를 어디까지 넓힐 것인가에 따라 원고적격의 인정범위가 또 달라질 수 있다.

이에 대해 ① 처분의 근거법규에 한정하는 견해, ② 처분의 근거법규 및 관련법규까지 고려하는 견해, ③ 처분의 근거가 되는 법률 전체의 취지까지 고려하는 견해, ④ 처분의 근거법규 이외에 헌법규정까지 고려하는 견해 등이 대립하고 있고, 대법원은 법률상 이익이라 함은 당해 "처분의 근거법규 및 관련법규에 의하여 보호되는 개별적·직접적·구체적 이익"이라고 하여 ②설의 입장을 취하고 있다. 그에 따라 헌법 제35조에 정하고 있는 환경권에 관한 규정만으로는 항고소송의 원고적격을 인정할 수 없다고 판시하고 있다.

4. 사안의 해결

가. 대표이사 乙

대표이사는 주식회사의 기관이므로 회사에 대한 처분에 대해 당사자능력이 인정되지 않는다. 따라서 乙에게는 회사에 대한 처분을 다툴 원고적격이 인정되지 않는다.

다만 대표이사는 회사를 대표하여 회사의 명의로 회사에 대한 처분에 대한 취소소송을 대신 수행할 수는 있다.

나. 운전기사 甲

회사의 노사 간에 임금협정을 체결함에 있어 운전기사의 합승행위 등으로 회사에 대하여 과징금이 부과되면 해당 운전기사에 대한 상여금지급시 그 금액상당을 공제하기로 함으로써 과징금의 부담을 해당 운전기사에게 전가하도록 규정하고 있고 이에 따라 해당 운전기사의 합승행위를 이유로 회사에 대하여 한 과징금부과처분으로 말미암아 해당 운전기사의 상여금 지급이 제한되었다고 하더라도, 과징금부과처분의 직접 당사자 아닌 해당 운전기사로서는 그 처분의 취소를 구할 직접적이고 구체적인 이익이 있다고 볼 수 없다.[68] 따라서 운전기사 甲에게도 원고적격이 인정되지 않는다.

Ⅱ. 설문 (2) : 일부취소판결

1. 논점의 정리

원고의 청구 중 일부에 대해서만 이유가 있는 경우, 즉 처분의 일부만이 위법한 경우에 법원이 그 일부에 대해서만 취소판결을 내릴 수 있는지 여부가 문제되는바, 판례는 행정소송법 제4조 제1호의 '변경'을 소극적 변경, 즉 일부취소를 의미하는 것으로 보고[69], 일정한 요건 하에 일부취소판결을 인정하고 있다.

2. 일부취소판결의 요건

처분의 일부취소의 가능성은 일부취소의 대상이 되는 부분의 분리취소가능성에 따라 결정된다. 즉 외형상 하나의 처분이라 하더라도 가분성이 있거나 그 처분대상의 일부가 특정될 수 있다면 그 일부만의 취소가 가능하다.

다만, 과징금부과처분이나 영업정지처분과 같이 재량행위인 경우에는 처분청의 재량권을 존중하여야 하고, 법원이 직접 처분을 하는 것은 인정되지 않으므로 전부취소를 하여 처분청이 재량권을 행사하여 다시 적정한 처분을 하도록 하여야 한다는 것이 판례의 입장이다.[70] 또한 조세부과처분과 같은 금전부과처분이 기속행위라 하더라도 당사자가 법원에 제출한 자료에 의해 적법하게 부과될 부과금액을 산출할 수 없는 경우에는 법원이 처분청의 역할을 할 수는 없으므로 부과처분 전부를 취소할 수밖에 없다는 것이 판례의 입장이다.[71]

3. 사안의 해결

과징금부과처분은 그 성질상 가분성이 있으므로 처분대상의 일부가 특정될 수 있다. 다만 과징금 부과여부 및 부과금액에 대하여 부과관청에게 재량을 인정하는 것이 일반적인 입법형태이므로 과징금 부과처분은 재량행위이다.

따라서 법원은 처분청의 재량권을 존중하는 차원에서 일부취소를 할 수 없고, 전부취소를 한 다음 처분청이 재량권을 행사하여 다시 적정한 처분을 하도록 하여야 할 것이다. 판례도 과징금부과처분의 일부취소가능성을 부정한 바 있다.[72]

---

68) 대판 1994. 4. 12, 93누24247
69) 대판 1964. 5. 19, 63누177
70) 대판 1998. 4. 10, 98두2270
71) 대판 1992. 7. 24, 92누4840
72) 대판 1992. 7. 24, 92누4840

事例 창작문제

甲은 乙(서초세무서장)의 종합부동산세 부과처분의 취소를 구하는 소(이하 '전소'라 한다)를 제기하였으나, 기각하는 판결이 확정되었다. 그 후 甲은 그 사건 과세처분이 무효라 하여 그 무효확인을 구하면서 아울러 그 처분이 무효임을 전제로 납부한 세금의 반환을 구하는 소(이하 '후소'라 한다)를 제기하였다. 이때 전소 확정판결의 기판력이 후소에 미치는지를 검토하라. (25점)

참조조문

국세기본법
제2조(정의) 이 법에서 사용하는 용어의 뜻은 다음과 같다.
1. "국세"(國稅)란 국가가 부과하는 조세 중 다음 각 목의 것을 말한다.
가.-다. 생략
라. 종합부동산세

解 說

> 기판력[73]

Ⅰ. 논점의 정리

과세처분 무효확인소송과 관련하여, 과세처분 취소소송에서 청구가 기각된 확정판결의 기판력이 과세처분 무효확인소송에 미치는지 여부가 문제되며, 과세처분이 무효임을 전제로 납부한 세금의 반환을 구하는 소송과 관련하여, 처분청을 피고로 한 과세처분 취소소송의 기판력이 해당 처분이 귀속하는 국가 또는 지방자치단체에 미치는지 여부가 문제된다.

Ⅱ. 기판력

1. 의 의

기판력은 소송물에 관하여 법원이 행한 판단내용이 확정되면, 이후 동일사항이 문제되는 경우에 있어 당사자는 그에 반하는 주장을 하여 다투는 것이 허용되지 않으며, 법원도 그와 모순·저촉되는 판단을 하여서는 안되는 구속력을 말한다.

이러한 기판력은 소송절차의 반복과 모순된 재판의 방지라는 법적 안정성의 요청에 따라 본안판결이 확정된 경우 인정되는 효력으로써, 행정소송법은 기판력에 관하여 명시적으로 규정하지는 않았지만 행정소송법 제8조 제2항에 의하여 민사소송법상 기판력에 관한 규정은 당연히 행정소송에도 준용된다

2. 범 위

가. 주관적 범위

기판력은 소송의 당사자 및 그 승계인에게만 미친다(행정소송법 제8조 제2항, 민사소송법 제218조 제1항). 따라서 제3자에게는 미치지 않는 것이 원칙이나 처분청을 피고로 하는 취소소송의 기판력은 해당 처분이 귀속하는 국가 또는 공공단체에 미친다.

나. 객관적 범위

확정판결은 판결주문에 포함된 것에 한하여 기판력을 갖는다(민사소송법 제216조 제1항). 따라서 취소소송의 기판력도 판결주문에 표시된 소송물에 관한 판단에만 인정되고, 판결이유 중에 적시된 구체적인 위법사유에 관한 판단에는 미치지 않는다.

---

[73] 이 문제는 대법원 1998. 7. 24. 선고 98다10854 판결을 바탕으로 만들었습니다.

그에 따라 취소소송의 소송물을 처분의 위법성 일반으로 보는 판례의 입장에 따르면 인용판결의 경우에는 해당 처분이 위법하여 취소가 되었다는 점에 기판력이 발생하며 사정판결의 경우에는 해당 처분이 위법하지만 유효하다는 점에 기판력이 발생한다. 또한 기각판결의 경우에는 해당 처분이 적법하여 유효하다는 점에 기판력이 발생하므로 기각판결이 난 경우에는 원고는 다른 위법사유를 들어 해당 처분의 효력을 다툴 수 없다. 따라서 취소소송의 기각판결이 확정된 경우에는 그 처분의 적법·유효함이 확정되어 그 기판력이 무효확인소송은 물론 무효를 전제로 한 부당이득반환청구소송에까지 미치게 된다.

다. 시간적 범위

기판력은 사실심변론의 종결시를 표준으로 하여 발생한다. 즉, 당사자는 사실심변론의 종결시까지 소송자료를 제출할 수 있고 종국판결도 그때까지 제출한 자료를 기초로 한 결과이기 때문에, 이 시점에서 기판력이 생긴다.

따라서 당사자가 그때까지 제출하지 아니한 공격·방어방법을 그 뒤에 다시 소송을 제기하여 이를 주장할 수 없다. 이러한 경우 수소법원은 그와 같은 사유가 제출되어도 이를 배제하여야 하는바, 이와 같은 기판력의 작용을 실권효 또는 차단효라고 한다.

Ⅲ. 사안의 해결

1. 무효확인소송의 경우

과세처분 취소청구를 기각하는 판결이 확정되면 그 처분이 적법하여 유효하다는 점에 기판력이 발생하며, 이 기판력은 원고가 과세처분의 무효확인을 구하는 소송에도 미치게 되어 이 소송은 기각될 것이다.

2. 과세처분이 무효임을 전제로 납부한 세금의 반환을 구하는 소송의 경우

과세처분 취소소송의 피고는 '서초구청장'이고, 그 처분이 무효임을 전제로 납부한 세금의 반환을 구하는 소송의 피고는 '국가'이므로 각각 피고가 달라 기판력의 주관적 범위를 넘는지 여부가 문제되나, 앞서 살펴본 바와 같이 처분청을 피고로 하는 취소소송에 있어서의 기판력은 해당 처분이 귀속하는 국가 또는 공공단체에도 미친다.

한편 과세처분 취소청구를 기각하는 판결이 확정되면 그 처분이 적법하다는 점에 관하여 기판력이 발생하며, 이 기판력은 원고가 그 과세처분이 무효임을 전제로 납부한 세금의 반환을 구하는 소송에도 미치게 되어 이 소송은 기각될 것이다.

事例 2013년 5급공채시험

일반음식점을 운영하는 업주 甲은 2012. 12. 25. 2명의 청소년에게 주류를 제공한 사실이 경찰의 연말연시 일제 단속에 적발되어 2013. 2. 15. 관할 구청장 乙로부터 영업정지 2개월의 처분을 통지 받았다. 甲은 자신의 업소가 대학가에 소재하고 있어서 주된 고객이 대학생인데, 고등학생이 오는 경우도 있어 신분증으로 나이를 확인하고 출입을 시키도록 종업원 A에게 철저히 교육을 하였다. 그런데 종업원 A는 사건 당일은 성탄절이라 점포 내 많은 손님들로 북적거려서 신분증을 일일이 확인하는 것은 어렵겠다고 판단하여 간헐적으로 신분증 확인을 하였고, 경찰의 단속에서 청소년이 발견된 것이다.

1) 남편에 대한 간병과 영업정지처분의 충격으로 경황이 없던 甲은 2013. 4. 25. 위 영업정지 처분에 대한 취소소송을 제기하였다. 소 제기의 적법성을 판단하시오. (25점)

2) 만약, 위 1)의 소송에서 甲이 인용판결을 받아 확정되었고 이에 甲은 위법한 영업정지처분으로 인한 재산적·정신적 손해에 대한 국가배상청구소송을 제기한다면, 법원은 어떤 판결을 내려야 하는가? (15점)

3) 만약, 위 사례에서 영업정지 2개월의 처분에 대해 2013. 2. 20. 乙이 영업정지 1개월의 처분에 해당하는 과징금으로 변경하는 처분을 하였고 甲이 2013. 2. 23. 이 처분의 통지를 받았다면, 甲이 이에 대해 취소소송을 제기할 경우 취소소송의 기산점과 그 대상을 설명하시오. (10점)

참조조문

식품위생법

제44조(영업자 등의 준수사항) ② 식품접객영업자는 청소년 보호법 제2조에 따른 청소년(이하 이 항에서 "청소년"이라 한다)에게 다음 각 호의 어느 하나에 해당하는 행위를 하여서는 아니 된다.
 4. 청소년에게 주류(酒類)를 제공하는 행위

제75조(허가취소 등) ① 식품의약품안전처장 또는 특별자치도지사·시장·군수·구청장은 영업자가 다음 각호의 어느 하나에 해당하는 경우에는 대통령령으로 정하는 바에 따라 영업허가 또는 등록을 취소하거나 6개월 이내의 기간을 정하여 그 영업의 전부 또는 일부를 정지하거나 영업소 폐쇄(제37조제4항에 따라 신고한 영업만 해당한다. 이하 이 조에서 같다)를 명할 수 있다.
 13. 제44조제1항·제2항 및 제4항을 위반한 경우

제82조(영업정지 등의 처분에 갈음하여 부과하는 과징금 처분) ① 식품의약품안전처장, 시·도지사 또는 시장·군수·구청장은 영업자가 제75조제1항 각호 또는 제76조제1항 각 호의 어느 하나에 해당하는 경우에는 대통령령으로 정하는 바에 따라 영업정지, 품목 제조정지 또는 품목류 제조정지 처분을 갈음하여 2억원 이하의 과징금을 부과할 수 있다. 다만, 제6조를 위반하여 제75조제1항에 해당하는 경우와 제4조, 제5조, 제7조, 제10조, 제12조의2, 제13조, 제37조 및 제42조부터 제44조까지의 규정을 위반하여 제75조제1항 또는 제76조제1항에 해당하는 중대한 사항으로서 총리령으로 정하는 경우는 제외한다.

식품위생법 시행규칙

제89조(행정처분의 기준) 법 제71조, 법 제72조, 법 제74조부터 법 제76조까지 및 법 제80조에 따른 행정처분의 기준은 별표 23과 같다.

〈별표 23〉

Ⅰ. 일반기준
 15. 다음 각 목의 어느 하나에 해당하는 경우에는 행정처분의 기준이, 영업정지 또는 품목·품목류 제조정지인 경우에는 정지처분 기간의 2분의 1 이하의 범위에서, 영업허가 취소 또는 영업장 폐쇄인 경우에는 영업정지 3개월 이상의 범위에서 각각 그 처분을 경감할 수 있다.
  마. 위반사항 중 그 위반의 정도가 경미하거나 고의성이 없는 사소한 부주의로 인한 것인 경우

Ⅱ. 개별기준
 3. 식품접객업

위반사항	근거법령	행정처분기준		
		1차 위반	2차 위반	3차 위반
11. 법 제44조 제2항을 위반한 경우 라. 청소년에게 주류를 제공하는 행위 (출입하여 주류를 제공한 경우 포함)를 한 경우	법 제75조	영업정지 2개월	영업정지 3개월	영업허가등록 취소 또는 영업소 폐쇄

▌解 說

> 협의의 소의 이익 / 취소소송의 기판력과 국가배상청구소송과의 관계
> / 적극적 변경처분

Ⅰ. 설문 1)의 해결

1. 논점의 정리

취소소송의 제기가 적법하기 위해서는 처분 등을 대상으로(행정소송법 제19조), 처분의 취소를 구할 법률상 이익이 있는 자가(동법 제12조), 처분청을 상대로(동법 제13조), 처분이 있음을 안 날 또는 재결서 정본을 송달받은 날로부터 90일 이내에(동법 제20조), 전심절차를 요구하는 경우에는 이를 모두 거친 후(동법 제18조 제1항 단서), 처분청의 소재지를 담당하는 행정법원 또는 지방법원 본원에 소를 제기하여야 한다(동법 제9조).

설문의 경우에는 다른 소송요건은 딱히 문제될 것이 없으나, 이미 영업정지기간이 만료된 상태이므로 소의 이익이 인정될 수 있는지 문제된다.

2. 협의의 소의 이익

가. 의 의

협의의 소의 이익이란 원고의 청구가 소송을 통하여 분쟁을 해결할 만한 현실적인 필요성이 있는지에 대한 문제로서 권리보호의 필요라고 불리기도 한다.

취소소송의 경우에는 ① 처분의 효력이 소멸한 경우 ② 원상회복이 불가능한 경우 ③ 권리침해의 상태가 해소된 경우, ④ 취소소송보다 쉬운 방법으로 목적을 달성할 수 있는 경우, ⑤ 원고의 청구가 이론적 의미만 있을 뿐 실제적 효용이 없는 경우 등이 협의의 소의 이익이 문제가 되는 경우이다.

나. 근 거

우리 행정소송법은 협의의 소의 이익에 대한 일반규정을 두지 않고 있다. 다만 행정소송법 제12조 2문은 처분의 효력이 소멸된 뒤에도 처분의 취소로 인하여 회복되는 이익이 법률상 이익인 경우에는 취소소송을 제기할 수 있다고 규정하고 있는바, 이는 '원고적격'이라는 조문의 제목에도 불구하고 처분의 효력이 소멸된 경우에 대한 권리보호의 필요에 관한 규정으로 보아야 할 것이다.

그 밖의 경우에 대한 권리보호의 필요는 신의성실의 원칙에서 파생되는 소권남용금지의 원칙에서 그 이론적 근거를 찾을 수 있다.

다. 가중적 제재요건이 시행규칙으로 정해진 경우의 협의의 소의 이익 인정여부

종래 대법원은 제재처분의 기준이 규정된 시행규칙은 행정규칙이므로 구속력이 없고 따라서

가중적 제재처분을 받을 불이익을 직접적·구체적·현실적인 것이 아니라고 하여 소의 이익을 부정하였다.[74]

그러나 대법원은 입장을 변경하여 제재처분의 기준이 규정된 시행규칙을 행정규칙으로 보면서도 소의 이익을 인정하였다.[75] 이에 따르면 제재적 행정처분의 가중사유나 전제요건에 관한 규정이 시행규칙에 규정된 경우에도 관할 행정청이나 담당공무원은 이를 준수할 의무가 있으므로 이들은 시행규칙에 정해진 바에 따라 행정작용을 할 것이 당연히 예견되고, 그 결과 행정작용의 상대방인 국민으로서는 그 규칙의 영향을 받을 수밖에 없으므로 그러한 규칙이 정한 바에 따라 선행처분을 받은 상대방이 그 처분의 존재로 인하여 장래에 받을 불이익, 즉 후행처분의 위험은 구체적이고 현실적인 것이므로 상대방에게는 선행처분의 취소소송을 통하여 그 불이익을 제거할 필요가 있다고 한다. 또한 행정청으로서는 선행처분이 적법함을 전제로 후행처분을 할 것이 당연히 예견되므로 이러한 선행처분으로 인한 불이익을 선행처분 자체에 대한 소송에서 사전에 제거할 수 있도록 해 주는 것이 상대방의 법률상 지위에 대한 불안을 해소하는 데 가장 유효적절한 수단이 된다는 점에서 선행처분의 취소를 구할 법률상 이익이 있다고 판시하였다.

라. 사안의 경우

시행규칙 [별표 23] 개별기준에 따르면 1차 위반은 영업정지 2월이지만 2차 위반을 하면 영업정지 3월이고 3차 위반을 하면 영업허가취소 또는 영업장폐쇄를 하도록 가중요건으로 규정하고 있다.

따라서 甲에게는 시행규칙 [별표 23]이 정한 바에 따라 선행처분을 가중사유로 하는 후행처분을 받을 우려가 현실적으로 존재하므로, 영업정지기간이 경과하였다 하더라도 그 처분의 위법을 확인할 소의 이익이 인정된다.

3. 사안의 해결

甲이 제기한 취소소송은 적법요건을 모두 충족하였으므로 적법한 소 제기에 해당한다. 따라서 법원은 인용여부를 판단할 수 있다.

Ⅱ. 설문 2)의 해결

1. 논점의 정리

전소인 취소소송이 인용판결을 받아 확정된 경우에도 후소인 국가배상청구소송에서 처분의 위법을 주장할 수 있는가는 취소소송의 기판력이 후소인 국가배상청구소송에 미치는지의 문제로서, 취소소송의 소송물, 취소소송의 위법과 국가배상법상의 위법의 관계 등과 밀접한 관련성이 있다.

---

[74] 대판 1995. 10. 17, 94누14148
[75] 대판 2006. 6. 22, 2003두1684

2. 취소소송의 소송물

소송물이란 소송법상의 기초개념으로서 소송에서의 심판대상 또는 심판대상이 되는 단위이다. 소송물은 법원의 입장에서는 본안심판의 대상이고, 당사자의 입장에서는 소송상 분쟁의 대상물이다. 이러한 취소소송의 소송물에 대하여 처분의 위법성 일반으로 보는 견해, 처분의 개개의 위법사유라고 보는 견해 등이 주장되고 있으나 분쟁의 1회적 해결의 차원에서 처분의 위법성 일반으로 보는 견해가 타당하다 할 것이다.

판례[76]도 "취소판결의 기판력은 소송물로 된 행정처분의 위법성 존부에 관한 판단 그 자체에만 미치는 것이다"라고 판시하여, 처분의 위법성 일반을 소송물로 보고 있다.

3. 취소소송의 기판력

기판력은 소송물에 관하여 법원이 행한 판단내용이 확정되면, 이후 동일사항이 문제되는 경우에 있어 당사자는 그에 반하는 주장을 하여 다투는 것이 허용되지 않으며, 법원도 그와 모순·저촉되는 판단을 하여서는 안된다는 구속력을 말한다. 이러한 기판력은 판결주문에만 발생하므로(민사소송법 제216조 제1항) 취소소송의 소송물을 위법성 일반으로 보는 판례의 입장에 따르면 취소소송의 기판력도 주문에 표시된 소송물에 관한 판단에만 인정되고, 판결이유 중에 적시된 구체적인 위법사유에 관한 판단에는 미치지 않는다.

한편, 기판력은 원칙적으로 당사자 및 당사자와 동일시 할 수 있는 그 승계인에게만 미치므로(민사소송법 제218조) 항고소송과 민사소송의 경우처럼 피고가 다른 경우에도 기판력이 미치는지 문제되나, 행정청을 피고로 하는 취소소송의 기판력은 해당 처분이 귀속하는 국가 또는 공공단체에도 미친다고 보아야 한다. 왜냐하면 본래 소송의 당사자는 법주체이며 따라서 취소소송의 피고는 처분의 효과가 귀속되는 국가 또는 공공단체이어야 하나, 행정소송법은 소송편의상 처분청을 피고로 한 것이기 때문이다.

4. 취소소송의 기판력이 국가배상청구소송에 미치는지 여부

가. 문제점

취소소송의 확정판결이 난 후, 국가배상청구소송을 제기했을 때 취소소송의 기판력이 국가배상청구소송에 미치는지에 대하여 견해의 대립이 있다. 이는 국가배상에서의 법령위반(국가배상법 제2조 제1항 참조)을 취소소송에서의 위법, 즉 행위의 법령에의 불합치(이른바 협의의 행위위법)와 동일한 의미로 이해할 것인가 여부에 따라 결론이 달라지게 된다.

나. 학설

① 협의의 행위위법설에 기초하여 취소소송의 위법과 국가배상의 법령위반이 동일하다는 입장에서 전소인 취소소송의 기판력이 후소인 국가배상청구소송에 미친다는 전부 기판력 긍정설, ② 결과위법설 또는 상대적 위법성설에 기초하여 취소소송의 위법개념과 국가배상의 법령위반이 상이하기 때문에 전소인 취소소송의 기판력이 후소인 국가배상청구소송에 미치지

---

[76] 대판 1996. 4. 26, 95누5820

않는다는 전부 기판력 부정설, ③ 광의의 행위위법설에 기초하여 국가배상의 법령위반이 취소소송의 위법개념보다 넓기 때문에, 전소인 취소소송이 청구인용판결이라면 그 기판력이 후소인 국가배상청구소송에 미치게 되나, 청구기각판결이라면 기판력이 후소인 국가배상청구소송에 미치지 않는다는 제한적 기판력 긍정설이 대립하고 있다.

다. 판례

판례는 "어떠한 행정처분이 항고소송에서 취소되었다 할지라도 그 기판력에 의하여 해당 행정처분이 곧바로 공무원의 고의 또는 과실로 인한 것으로서 불법행위를 구성한다고 단정할 수는 없는 것이다"라고 판시하였는바, 판례가 국가배상의 위법과 관련하여 상대적 위법성설의 입장에서 전부 기판력 부정설의 입장을 취했다고 보는 견해도 있고 판례의 입장이 분명하지 않다고 보는 견해도 있다.

라. 검토

위법의 개념을 다양화 하는 것은 법질서의 일체성에 반할뿐 아니라 분쟁의 일회적 해결에도 도움이 되지 않으므로 전부 기판력 긍정설이 타당하다고 본다.

5. 사안의 해결

전부 기판력 긍정설에 의하면, 甲이 제기한 취소소송에서 인용판결이 확정되면 처분이 위법하다는 데에 기판력이 발생하고 후소인 국가배상청구소송에 미친다. 따라서 국가배상청구권의 성립요건 중 '법령위반' 요건은 충족된다.

다만, 관할 구청장 乙은 시행규칙상의 처분기준에 따라 처분을 하였으므로 乙에게 고의 또는 과실을 인정하기 어려울 것이다. 결국 甲이 제기한 국가배상청구소송은 기각될 것이다.

Ⅲ. 설문 3)의 해결

1. 논점의 정리

처분청이 직권으로 제재처분을 적극적으로 변경한 경우 소의 대상이 원처분인지 변경처분인지 문제되며, 그에 따라 제소기간의 기산점이 원처분이 있음을 안 날인지 아니면 변경처분이 있음을 안 날인지 문제된다.

2. 적극적 변경의 경우 취소소송의 대상

가. 판례의 태도

판례는 후속처분이 종전처분을 완전히 대체하는 것이거나 주요 부분을 실질적으로 변경하는 경우에는 종전처분은 효력을 상실하고 후속처분만이 항고소송의 대상이 된다고 한다. 즉 판례는 공정거래위원회가 과징금 부과처분을 한 뒤 다시 자진신고자에 대한 사건을 분리하여 과징금 감면처분을 한 사건에서, 후행처분은 자진신고 감면까지 포함하여 처분 상대방이 실제로 납부하여야 할 최종적인 과징금액을 결정하는 종국적 처분이고, 선행처분은 이러한 종국적 처분을 예정하고 있는 일종의 잠정적 처분으로서 후행처분이 있을 경우 선행처분은 후행처분에 흡수되어 소멸한다고 판시하였다.[77]

그러나 판례는 처분의 동일성이 유지되면서 양적으로 또는 질적으로 처분의 강도가 감경되는 경우에는 감액된 또는 변경된 당초처분이 취소소송의 대상이 된다고 한다. 즉 판례는 감액경정처분 사건에서 소송의 대상은 감액되고 남은 당초의 처분이라고 판시하였으며[78], 행정심판위원회의 변경명령재결 사건에서 소송의 대상은 변경된 원처분이라고 판시하였다.[79]

나. 사안의 경우

사안의 경우, 종전처분을 완전히 대체하는 것이 아니라 처분의 동일성을 유지하면서 처분의 강도가 감경되는 경우이므로 변경된 당초처분인 2013. 2. 15. 과징금 부과처분의 취소소송의 대상이 된다.

3. 제소기간의 기산점

변경된 원처분설에 따르면 당초처분을 안 날로부터 90일 이내에 취소소송을 제기하여야 하므로 당초처분을 통지받은 2013. 2. 15. 이 제소기간의 기산점이 된다. 한편 사안은 행정심판을 통해서 처분의 강도가 감경된 경우가 아니므로 행정심판을 거쳤을 때 제소기간의 특례규정인 행정소송법 제20조 제1항 단서는 적용되지 않는다.

4. 사안의 해결

2013. 2. 15. 과징금부과처분이 취소소송의 대상이 되며, 이때 제소기간의 기산점도 2013. 2. 15. 이 된다.

---

77) 대판 2015. 2. 12, 2013두987
78) 대판 1986. 7. 8, 84누50
79) 대판 2007. 4. 27, 2004두9302

▎事例   2011년 사법시험 변형

    X시장은 「개발제한구역의 지정 및 관리에 관한 특별조치법」 제12조 제1항 제1호 마목과 동법 시행령 및 동법 시행규칙의 관련 규정에 의거하여, 개발제한구역 내의 간선도로 중 특정 구간에 고시된 선정 기준에 따라 사업자 1인을 선정하여 자동차용 액화석유가스충전소(이하 '가스충전소'라고 한다) 건축을 허가하기로 하는 가스충전소의 배치 계획을 고시하였다. 이에 A와 B는 각자 자신이 고시된 선정 기준에 따른 우선순위자임을 주장하며 가스충전소의 건축을 허가해 줄 것을 신청하였다. 이에 X시장은 각 신청 서류를 검토한 결과 B가 고시된 선정 기준에 따른 우선순위자라고 인정하여 B에 대한 가스충전소 건축을 허가하였다.

1. A는 우선순위자 결정의 하자를 주장하면서 X시장의 B에 대한 건축허가 결정을 다투려고 한다. 이 경우 A는 행정소송법상 원고적격이 있는가? (15점)

2. 만약 A가 X시장의 B에 대한 건축허가처분 취소심판을 제기하여 취소재결이 나오고 이어서 B에게 취소통지가 이루어진 경우, B는 무엇을 대상으로 취소소송을 제기하여야 하는가? (15점)

3. A가 X시장의 처분에 불복하여 소송을 제기하였을 경우, B는 이에 대응하여 행정소송법상 어떤 방법(B가 아무런 조치를 취하지 못하는 사이 A가 제기한 위 소송에서 A가 승소하여 그 판결이 확정된 경우를 포함한다)을 강구할 수 있는가? (20점)

解說

> 경원자의 원고적격 / 취소재결의 경우 소의 대상
> / 취소판결의 제3자효

I. 설문 1 : 경원자의 원고적격

1. 논점의 정리

사안에서 X시장의 우선순위결정에 대한 제3자인 A가 우선순위자 결정의 하자를 주장하면서 X시장의 B에 대한 건축허가 결정을 다툴 법률상 이익이 있는지 여부가 문제된다.

2. 취소소송의 원고적격

가. 의 의

원고적격이란 구체적인 소송에서 원고로서 소송을 수행하여 본안판결을 받을 수 있는 자격을 말하는 것으로서, 행정소송법 제12조 1문은 "취소소송은 처분 등의 취소를 구할 법률상의 이익이 있는 자가 제기할 수 있다"라고 하여 취소소송의 원고적격을 규정하고 있다.

나. 법률상 이익의 의미

행정소송법 제12조 1문의 '법률상 이익'이 무엇을 의미하는지에 대하여 취소소송의 기능과 연결하여 ① 권리구제설, ② 법이 보호하는 이익구제설, ③ 소송상 보호할 가치 있는 이익구제설, ④ 적법성보장설 등의 견해가 있다.

생각건대, 오늘날 권리의 개념이 확대되어 '권리'와 '법이 보호하는 이익'을 같은 개념으로 볼 수 있으므로 권리구제설은 큰 의미가 없고, 적법성보장설에 따르게 되면 항고소송이 민중소송화 되어 법원의 재판부담이 가중될 우려가 있다는 문제점이 있다. 소송상 보호할 가치 있는 이익구제설은 비록 원고적격을 넓힐 수 있다는 장점이 있으나, 소송상 보호할 가치가 있는 이익의 존부여부에 대한 일반적인 기준을 마련하기 어려우며 이는 결과적으로 법관의 자의적인 판단에 맡기는 결과가 될 수 있다는 문제점이 있다.

결국 행정소송법 제12조의 법률상 이익은 문자의 표현 그대로 법이 보호하는 이익이라고 해석하는 것이 타당하며, 대법원도 법이 보호하는 이익구제설의 입장에서 법률상 이익이란 처분의 근거 법규 및 관련 법규에 의하여 보호되는 개별적·직접적·구체적 이익을 말하고, 공익보호의 결과로 국민 일반이 공통적으로 가지는 일반적·간접적·추상적 이익은 여기에 포함되지 않는다고 판시하고 있다.

다. 법률의 범위

법이 보호하는 이익구제설의 입장을 취할 경우, 그 법의 범위를 어디까지 넓힐 것인가에 따라 원고적격의 인정범위가 또 달라질 수 있다.

이에 대해 ① 처분의 근거법규에 한정하는 견해, ② 처분의 근거법규 및 관련법규까지 고려하는 견해, ③ 처분의 근거가 되는 법률 전체의 취지까지 고려하는 견해, ④ 처분의 근거법규 이외에 헌법규정까지 고려하는 견해 등이 대립하고 있고, 대법원은 법률상 이익이라 함은 당해 "처분의 근거법규 및 관련법규에 의하여 보호되는 개별적·직접적·구체적 이익"이라고 하여 ②설의 입장을 취하고 있다. 그에 따라 헌법 제35조에 정하고 있는 환경권에 관한 규정만으로는 항고소송의 원고적격을 인정할 수 없다고 판시하고 있다.

라. 경원자소송의 경우

경원자란 수익적 처분에 대한 신청이 경쟁하는 관계를 말하는 것으로서, 보통 수인의 신청을 받아 일부에 대하여만 인·허가 등의 수익적 행정처분을 할 수 있는 경우에 인·허가 등을 받지 못한 자가 인·허가처분에 대하여 취소를 구하는 소송을 제기하거나 자신의 신청에 대한 거부처분에 대하여 취소를 구하는 소송으로 제기된다. 이러한 경원자 관계에 있는 경우에는 각 경원자에 대한 인·허가 등이 배타적 관계에 있으므로 자신의 권익을 구제하기 위하여 타인에 대한 인·허가 등을 취소할 법률상 이익이 있다고 보아야 한다. 판례도 같은 입장이다.

3. 사안의 해결

설문의 경우, 고시된 선정기준에 따르면 사업자 1인만을 선정하여 건축을 허가하므로 건축허가를 신청한 A와 B는 경원자관계에 해당한다. 따라서 허가를 받지 못한 A는 비록 해당 허가처분의 상대방이 아니라도 이 사건 처분에 대하여 취소를 구할 법률상 이익이 인정된다.

Ⅱ. 설문 2 : 취소심판에 대한 인용재결이 나온 경우 소의 대상

1. 논점의 정리

제3자효 행정행위에 대한 인용재결의 경우, 취소소송의 대상이 원처분인지 재결인지 재결에 따른 후속행위인지가 문제된다.

2. 취소소송의 대상에 대한 입법주의

가. 행정소송법의 태도

취소소송의 대상에 대한 입법주의와 관련하여 원처분주의와 재결주의의 대립이 있으나, 우리 행정소송법 제19조는 취소소송의 대상을 원칙적으로 원처분으로 하고, 재결에 대하여는 그 재결 자체에 고유한 위법이 있음을 이유로 하는 경우에 한하여 제소를 허용하는 원처분주의를 취하고 있다.

나. 원처분주의에서 재결이 취소소송의 대상이 되는 경우

원처분주의에서 재결이 취소소송의 대상이 되는 경우는 재결 자체의 고유한 위법이 있는 경우에 한한다. 여기서 재결 자체의 고유한 위법이란 재결에만 존재하는 주체·절차·형식상의 위법을 의미한다는 점에 대해서는 이견이 없으나, 내용상의 위법이 포함되는지에 대해서는 견해의 대립이 있다. 이와 관련하여 판례는 재결 자체의 고유한 위법이란 원처분에는 없고 재결에만 있는 재결청의 권한 또는 구성의 위법, 재결의 절차나 형식의 위법, 내용의 위법 등을 뜻한다고 판시하여, 내용상의 위법도 포함된다는 입장이다.[80]

3. 위원회의 취소재결이 취소소송의 대상이 되는지 여부

해당 인용재결은 형식상으로는 재결이나 실질적으로는 제3자에게 최초처분의 성질을 갖는 것이라고 보아 제3자의 소송을 처분취소소송으로 보는 견해도 있으나, 제3자효를 수반하는 행정행위에 있어서 인용재결로 인하여 불이익을 입은 자는 그 인용재결에 대하여 다툴 필요가 있고, 그 인용재결은 원처분과 내용을 달리하는 것이므로, 인용재결의 취소를 주장하는 것은 원처분에는 없는 재결에 고유한 하자를 주장하는 셈이어서 당연히 항고소송의 대상이 된다 할 것이다. 판례[81]도 같은 입장이다.

4. 행정청의 취소통지가 취소소송의 대상이 되는지 여부

취소재결 이후 행정청의 취소통지가 취소소송의 대상이 되는지 문제되는바, 이러한 행정청의 취소통지는 행정심판의 당사자가 아니어서 그 취소재결이 있는지를 모르고 있는 제3자에게 위 허가처분이 취소·소멸되었음을 확인시켜주는 의미의 단순한 사실의 통지에 불과할 뿐, 위 허가처분을 취소·소멸시키는 새로운 형성적 행위가 아니므로 항고소송의 대상이 되는 처분이라고 할 수 없다. 판례[82]도 같은 입장이다.

5. 사안의 해결

A가 제기한 취소심판이 인용된 경우, B입장에서 원처분인 가스충전소 건축허가는 다툴 실익이 없고, 취소재결 이후의 취소통지는 처분성이 없다. 따라서 B는 자신에게 불이익을 주는 취소재결에 대하여 내용상 하자를 주장하면서 취소소송을 제기할 수 있다.

Ⅲ. 설문 3 : 취소판결의 제3자효 및 제3자의 보호방안

1. 논점의 정리

취소판결의 효력이 소송의 제3자인 B에게도 미치는지 살펴보고, 만약 판결의 효력이 미쳐 B에게 불이익이 발생하거나 발생할 것이 예상되는 경우 어떠한 행정소송법상 구제수단을 강구할 수 있는지 알아보도록 한다.

---

80) 대판 1997. 9. 12, 96누14661
81) 대판 2001. 5. 29, 99두10292
82) 대판 1998. 4. 24, 97누17131

2. 취소판결의 제3자효

가. 의의 및 입법취지

행정소송법 제29조 제1항은 확정된 취소판결의 효력은 제3자에게도 미친다고 규정하여 취소판결의 제3자효를 인정하고 있는바, 이는 소송당사자와 제3자와의 관계에 있어서 취소판결의 효력이 달라지는 것을 막고 그 법률관계를 획일적·통일적으로 규율하려는데 취지가 있다.

나. 제3자의 범위

(1) 문제점

취소판결이 확정되어 제3자에게도 형성력이 미친다고 할 때, 그 범위를 어디까지로 할 것인지에 대해 논란이 있다.

(2) 원고와 대립하는 이익을 가진 자의 경우

제3자효 행정행위에 대하여 제3자가 제기한 취소소송에서 처분의 직접 상대방이 이에 해당하는 바, 이는 취소판결의 효력을 부인(否認)하고 싶은 자이다.

만약 이 자가 소송에 참가하였다면 자신의 이익을 방어할 기회를 얻은 것이므로 판결의 효력이 미친다 하여도 부당하지 않으나, 실제로 소송에 참가하지 않은 경우에도 판결의 효력이 미치는지 문제된다. 생각건대, 행정소송법 제31조에서 자기에게 책임없는 사유로 소송에 참가하지 못한 제3자의 재심청구를 규정하고 있음에 비추어 판결의 효력이 미친다고 해석할 수 있다.

다. 사안의 경우

사안은 제3자가 취소판결의 효력을 부인할 수 없는 소극적 효력이 문제되는 국면으로서, B의 소송참가 여부와 상관없이 B에게도 행정소송법 제29조 제1항에 의해 취소판결의 효력이 미친다. 결국 B는 취소판결의 제3자효로 인하여 예측하지 못한 불이익을 받을 수도 있다.

3. 취소판결의 효력이 미치는 제3자의 보호방안

가. 제3자의 소송참가

제3자의 소송참가는 소송의 결과에 의하여 권리 또는 이익의 침해를 받을 제3자가 있는 경우에 당사자 또는 제3자의 신청 또는 직권에 의하여 그 제3자를 소송에 참가시키는 제도를 말한다(행정소송법 제16조 제1항).

여기서 소송의 결과에 의하여 권리 또는 이익을 침해를 받는다는 것은 판결의 형성력에 의해 권리 또는 이익을 박탈당하는 경우뿐만 아니라 판결의 기속력에 따른 행정청의 새로운 처분에 의해 권리 또는 이익의 침해를 받는 경우를 포함한다. 또한 여기서 권리 또는 이익이란 법률상 이익을 말하며 단순한 사실상의 이익이나 경제상의 이익은 포함되지 않는다.

참가인의 지위와 관련해서, 민사소송법 제67조의 규정이 준용되기 때문에 필수적 공동소송에 있어서의 공동소송인에 준하는 지위에 서게 되나, 당사자에 대하여 독자적인 청구를 하는 것이 아니므로 공동소송적 보조참가인의 지위에 있는 것으로 보는 것이 일반적인 견해이다.

나. 재심청구

제3자로서는 소송참가를 할 수도 있으나 자기에게 귀책사유 없이 소송에 참가할 수 없는 경우도 있을 수 있으므로 자기에게 책임 없는 사유로 소송에 참가하지 못함으로써 판결의 결과에 영향을 미칠 공격 또는 방어방법을 제출하지 못한 경우에 제3자의 불이익을 구제할 필요가 있어 규정된 것이 재심제도이다(행정소송법 제31조).

한편, 판례[83]는 '자기에게 책임 없는 사유'의 판단과 관련하여 ① 제3자가 종전 소송의 계속을 알지 못한 경우에는 그것이 통상인으로서 일반적 주의를 다하였어도 알기 어려웠다는 것과 ② 소송의 계속을 알고 있었던 경우에는 해당 소송에 참가를 할 수 없었던 특별한 사정이 있었을 것을 필요로 하며, 이에 대한 관한 입증책임은 그러한 사유를 주장하는 제3자에게 있다고 보고 있다.

다. 사안의 경우

B는 판결의 결과에 따라 불측의 손해를 입을 수도 있으므로 행정소송법 제16조에 의해 소송에 참가할 수 있으며, 혹시 책임 없는 사유로 인하여 소송에 참가하지 못한 경우에는 동법 제31조에 의해 재심을 청구할 수도 있다.

---

[83] 대판 1995. 9. 15, 95누6762

事例 2016년 공인노무사

甲회사는 대형할인점 건물을 신축하기 위한 건축허가 신청을 하였다가 행정청으로 거부처분을 받자 그 거부처분의 취소를 구하는 소송을 제기하여 승소하고 그 판결이 확정되었다. 그 이후 甲회사의 대형할인점 건물부지 인근에서 고등학교를 운영하는 학교법인 乙이 위 판결에 대하여 재심을 청구하였다. 이 청구는 적법한가? (25점)

解 說

제3자의 재심청구

1. 논점의 정리

취소판결이 확정되어 기판력이 발생했음에도 불구하고 제3자가 재심을 청구하여 판결에 대하여 불복할 수 있는지가 행정소송법 제31조와 관련하여 문제된다.

2. 제3자의 재심청구

가. 의 의

처분 등을 취소하는 판결에 의하여 권리 또는 이익의 침해를 받은 제3자는 자기에게 책임없는 사유로 소송에 참가하지 못함으로써 판결의 결과에 영향을 미칠 공격 또는 방어방법을 제출하지 못한 때에는 이를 이유로 확정된 종국판결에 대하여 재심을 청구할 수 있다(행정소송법 제31조).

수익적 처분의 상대방인 소송의 제3자가 자기의 귀책사유 없이 소송에 참가하지 못함으로써 취소판결의 결과에 영향을 미칠 공격 또는 방어방법을 제출하지 못한 경우에 이러한 제3자의 불이익을 구제할 필요가 있어 규정된 것이 재심제도이다.

나. 당사자

재심청구권자로서 재심의 원고는 취소판결에 의하여 권리 또는 이익의 침해를 받은 제3자로서 소송에 참가하지 않은 자이어야 한다. 여기서 제3자란 소송당사자 이외의 자를 말하는 것으로서 개인에 한하지 않고 법인도 포함된다.

재심청구의 상대방으로서 재심의 피고는 취소확정판결의 원고와 피고이다.

다. 요 건

① 취소판결이 확정되어야 한다. ② 취소판결에 의하여 권리 또는 이익의 침해를 받은 제3자가 재심을 청구할 수 있는데, 여기서 권리 또는 이익이 침해된 자란 법률상 이익이 침해된 자를 의미한다. ③ 행정소송법상 재심은 제3자가 자기에게 책임 없는 사유로 소송에 참가하지 못함으로써 판결의 결과에 영향을 미칠 공격 또는 방어방법을 제출하지 못한 경우에 청구를 할 수 있다. '자기에게 책임 없는 사유'의 판단과 관련하여 판례는 제3자가 종전 소송의 계속을 알지 못한 경우에는 그것이 통상인으로서 일반적 주의를 다하였어도 알기 어려웠다는 것과 소송의 계속을 알고 있었던 경우에는 해당 소송에 참가를 할 수 없었던 특별한 사정이 있었을 것을 필요로 하며, 이에 대한 관한 증명책임은 그러한 사유를 주장하는 제3자에게 있다고 보고 있다.[84]

라. 절 차

재심청구를 할 수 있는 기간은 해당 확정판결을 안 날로부터 30일, 판결이 확정된 날로부터 1년이며, 그 기간은 불변기간이다(동법 제31조 제2항·제3항).

마. 효 과

재심판결이 선고되면 재심의 대상이었던 취소확정판결은 기판력을 비롯한 모든 효력이 배제되고 기존 취소소송의 변론이 다시 진행되게 되며, 재심청구인은 이 취소소송에 참가하게 되어 판결에 영향을 미칠 공격 또는 방어방법을 법원에 제출할 수 있게 된다.

3. 사안의 해결

설문에서 학교법인 乙이 甲회사의 소송계속을 알고 있었는지 여부가 불투명하며, 만약 학교법인 乙이 소송계속을 알지 못하고 통상인으로서 일반적 주의를 다하였어도 알기 어려웠다는 것을 입증한다 하더라도 취소판결에 의하여 학교법인 乙이 법률상 이익의 침해를 받게 되는지 여부가 불분명하다. 따라서 학교법인 乙의 재심청구는 부적법하다고 보아야 할 것이다.

---

84) 대판 1995. 9. 15, 95누6762

事例 2007년 사법시험

 유흥주점 영업허가를 받아 주점을 경영하는 甲은 청소년인 乙을 유흥접객원으로 고용하여 유흥행위를 하게 하였다는 이유로 관할 행정청인 A로부터 위 유흥주점 영업허가를 취소하는 처분을 받았다. 甲은 이에 불복하여 행정소송을 제기하여 위 취소처분을 취소하는 판결을 선고받아 그 판결이 확정되었다. 다음의 경우 A의 처분의 위법 여부와 그 논거를 검토하시오. (50점)

(1) 위 확정판결은 A가 청문절차를 거치지 않았다는 점을 이유로 위 영업허가취소처분을 취소하는 것이었다. A는 위 판결 확정 후 청문절차를 거친 다음 다시 위 영업허가를 취소하는 처분을 하였다.

(2) 위 확정판결은 乙이 청소년임을 인정할 증거가 없다는 이유로 위 영업허가취소처분을 취소하는 것이었다. A는 위 판결 확정 후 乙이 청소년임을 인정할 만한 증거가 새로이 발견되었다는 이유로 다시 위 영업허가를 취소하는 처분을 하였다.

(3) 위 확정판결은 乙을 유흥접객원으로 고용하였다는 점을 인정할 증거가 없다는 이유로 위 영업허가취소처분을 취소하는 것이었다. A는 甲이 청소년 丙을 유흥접객원으로 고용하여 유흥행위를 하게 한 사실이 있었다는 이유로 다시 위 영업허가를 취소하는 처분을 하였다.

(4) 위 확정판결은 영업허가취소처분이 甲에게는 지나치게 가혹하여 재량권을 일탈·남용하였다는 이유로 취소하는 것이었다. A는 위 판결 확정 후 새로이 甲에게 영업정지 3개월의 처분을 하였다.

▌解 說

> 취소판결의 기속력 중 반복금지효

Ⅰ. 논점의 정리

설문 (1)부터 (4)는 모두 취소판결의 기속력, 특히 반복금지효에 반하는 처분인가에 대한 문제이다. 따라서 우선 기속력에 대하여 살펴본 후, 각 설문의 처분이 기속력에 반하여 위법한 처분인지 여부를 논하도록 한다.

Ⅱ. 취소판결의 기속력

1. 기속력의 의의

취소판결의 기속력이란 소송당사자인 행정청과 그 밖에 관계행정청에게 인용판결의 취지에 따라 행동하여야 할 의무를 지우는 효력을 말한다(행정소송법 제30조 제1항). 이러한 기속력은 인용판결의 취지에 따라 행동하도록 처분청을 구속하는 효력으로서 모순된 재판을 금지하는 기판력과는 그 본질을 달리한다.

2. 기속력의 범위

① 기속력은 당사자인 행정청과 그 밖에 관계행정청에게 미치며(주관적 범위). ② 기속력은 판결주문 및 그 전제가 되는 요건사실의 인정과 판단에 미치고 판결의 결론과 직접 관계 없는 방론이나 간접사실의 판단에는 미치지 않는다(객관적 범위). ③ 기속력은 처분 당시까지 존재하던 사유에 대해서만 미치고 그 이후에 생긴 사유에는 미치지 아니한다(시간적 범위).

3. 기속력의 내용

가. 문제점

기속력의 내용으로는 반복금지효, 재처분의무, 결과제거의무 등이 논의되는바, 설문은 모두 반복금지효에 위반되었는지 여부에 관한 것이다.

나. 반복금지효

(1) 의 의

취소판결이 확정되면 처분청 및 관계행정청은 판결의 취지에 저촉되는 처분을 하여서는 안 된다는 구속을 받는 바, 이를 반복금지효라 한다.

(2) 내용

(가) 동일한 처분을 하는 경우

동일한 처분을 하는 것은 취소판결의 기속력에 반한다. 그런데 여기서 말하는 '동일한 처분'이라 함은 동일한 사실관계 아래에서 동일 당사자에 대하여 동일한 내용을 갖는 행위를 의미한다. 따라서 기본적 사실관계의 동일성이 없는 다른 처분사유를 들어 동일한 내용의 처분을 하여도 이는 동일한 처분이 아니므로 기속력에 반하지 않는다.

또한 취소판결의 사유가 절차 또는 형식위법인 경우에 행정청이 적법한 절차 또는 형식을 갖추어 행한 동일한 내용의 처분은 취소된 처분과 동일한 처분이 아니므로 역시 기속력에 반하지 않는다.

(나) 동일한 처분이 아닌 경우

동일한 처분이 아닌 경우에도 기속력에 반하는 경우가 있다. 즉 기속력은 판결의 이유에 제시된 위법사유에 대하여 미치므로 판결의 이유에서 제시된 위법사유를 다시 반복하는 것은 동일한 처분이 아닌 경우라 하더라도 동일한 과오를 반복하는 것으로서 기속력에 반할 수 있다.

예를 들어 법규 위반을 이유로 내린 영업허가취소처분이 비례의 원칙 위반으로 취소가 된 경우에, 동일한 법규 위반을 이유로 영업정지처분을 내리는 것은 기속력에 반하지 않는다. 그러나 법규 위반사실이 없는 것을 이유로 영업허가취소처분이 취소가 된 경우에, 동일한 법규 위반을 이유로 영업정지처분을 내리는 것은 기속력에 반한다.

4. 기속력 위반의 효과

취소판결의 기속력에 위반하여 행한 행정청의 행위는 위법한 것으로 무효사유에 해당한다.

Ⅲ. 사안의 해결

1. 문제 (1)의 경우

취소판결의 사유가 절차 또는 형식위법인 경우에는 판결의 기속력은 취소사유로 된 절차나 형식의 위법에 한하여 미친다고 할 것이므로, 행정청이 적법한 절차나 형식을 갖추어 다시 동일한 내용의 처분을 하는 것은 기속력에 반하지 않는다. 이에 따라 청문절차를 거친 후 A가 행한 동일한 내용의 처분은 적법하다.

2. 문제 (2)의 경우

판결 확정 후 발견된 乙이 청소년임을 인정할 만한 증거는 처분시에 존재했던 사실에 대한 입증자료일 뿐 처분시 이후에 발생한 새로운 사실이라고 볼 수는 없다. 결국 증거만 새로이 발견되었을 뿐, 위 확정판결에서 판단한 처분사유와 현재 A가 제시하는 처분사유는 기본적 사실관계가 동일하므로 A의 허가취소처분은 기속력에 반하여 위법하다.

3. 문제 (3)의 경우

乙을 유흥접객원으로 고용했다는 사실과 丙을 유흥접객원으로 고용했다는 사실은 기본적 사실관계의 동일성을 인정할 수 없다. 따라서 A의 허가취소처분은 취소판결의 기속력에 반하지 않는다.

4. 문제 (4)의 경우

사안처럼 법규 위반을 이유로 내린 영업허가취소처분이 비례의 원칙 위반으로 취소가 된 경우에 동일한 법규 위반을 이유로 영업정지처분을 내리는 것은 동일한 과오를 반복하는 것이 아니므로 기속력에 반하지 않는다.

事例 2019년 공인노무사

사용자인 乙주식회사는 소속 근로자인 甲에 대해 유인물 배포 등 행위와 성명서 발표 및 기사 게재로 인한 乙주식회사에 대한 명예훼손행위를 근거로 감봉 3월의 징계처분을 하였다. 甲과 A노동조합은 2018. 9. 7. B지방노동위원회에 위 징계처분이 부당징계 및 부당노동행위에 해당한다고 주장하면서 구제신청을 하였다. 그러나 B지방노동위원회는 2018. 11. 6. 위 구제신청을 모두 기각하였다. 甲과 A노동조합은 B지방노동위원회의 기각결정에 불복하여 2018. 12. 20. 중앙노동위원회에 재심을 신청하였다. 중앙노동위원회는 2019. 3. 5. 유인물 배포 등 행위가 징계사유에 해당할 뿐만 아니라 징계 양정이 적정하고, 노동조합 및 노동관계조정법 제81조 제1호의 부당노동행위에 해당하지 않는다는 이유로 재심신청을 모두 기각하였다. 이에 甲은 중앙노동위원회의 재심에 불복하여 취소소송을 제기하려고 한다. 甲은 중앙노동위원회가 재심판정을 하면서 관계 법령상 개의 및 의결 정족수를 충족하지 않았다고 주장한다. 다음 물음에 답하시오. (단, 행정쟁송법과 무관한 노동법적인 쟁점에 대해서는 서술하지 말 것) (50점)

물음 1) 중앙노동위원회의 재심판정에 절차상 하자가 있음을 이유로 이를 취소하는 판결이 확정되었다. 중앙노동위원회가 이러한 확정판결에 기속되는 경우에 어떠한 의무를 부담하는지를 논하시오. (25점)

물음 2) 중앙노동위원회는 이 소송의 계속 중에 甲과 A노동조합의 유인물 배포행위가 정당하지 않은 노동조합행위에 해당하여 징계사유에 해당한다고 추가적으로 주장한다. 이러한 중앙노동위원회의 주장이 타당한지를 논하시오. (25점)

解 說

취소판결의 기속력 / 처분사유의 추가·변경

I. 설문 (1) : 취소판결의 기속력

1. 논점의 정리

중앙노동위원회의 재심판정에 절차상 하자가 있음을 이유로 이를 취소하는 판결이 확정된 경우, 피고인 중앙노동위원회가 확정판결에 기속되어 부담하는 의무는 행정소송법 제30조에 의한 취소판결의 기속력에 따른 의무이다. 이하에서는 취소판결의 기속력에 대해서 검토하며, 특히 기속력 중 어떠한 의무를 부담하는지에 대하여 살펴보기로 한다.

2. 기속력의 의의

취소판결의 기속력이란 소송당사자인 행정청과 그 밖에 관계행정청에게 인용판결의 취지에 따라 행동하여야 할 의무를 지우는 효력을 말한다(행정소송법 제30조 제1항). 이러한 기속력은 인용판결의 취지에 따라 행동하도록 처분청을 구속하는 효력으로서 모순된 재판을 금지하는 기판력과는 그 본질을 달리한다.

3. 기속력의 범위

가. 주관적 범위

기속력은 당사자인 행정청과 그 밖에 관계행정청을 기속한다(동법 제30조 제1항). 여기서 관계행정청은 취소된 처분 등을 기초로 하여 그와 관련되는 처분이나 부수된 행위를 할 수 있는 행정청을 총칭한다.

나. 객관적 범위

기속력은 취소판결의 취지에 따라 행정청을 구속하는 효력인 바, 취소판결의 취지는 처분이 위법이라는 것을 인정하는 판결주문과 판결이유 중에 설시된 개개의 위법사유를 포함한다. 즉 기속력은 판결주문 및 그 전제가 되는 요건사실의 인정과 판단에 미치고, 판결의 결론과 직접 관계없는 방론이나 간접사실의 판단에는 미치지 않는다는 것이 일반적인 견해이다.

한편 기속력은 '그 사건'에 한하여 발생하므로 사건이 다른 경우에는 기속력이 미치지 않는다. 그런데 사건의 동일성 여부는 결국 기본적 사실관계의 동일성 여부로 판단하는 것이므로 기본적 사실관계가 다른 경우에는 기속력이 미치지 않는다.

다. 시간적 범위

판례에 따르면 처분의 위법 여부의 판단시점은 처분시이므로 기속력은 처분 당시까지 존재하던 사유에 대해서만 미치고 그 이후에 생긴 사유에는 미치지 아니한다. 따라서 처분시 이후에 생긴 새로운 처분사유를 들어 동일한 내용의 처분을 다시 하는 것은 기속력에 반하지 않는다.

4. 기속력의 내용

가. 개 설

기속력은 소극적 효력으로서 반복금지효와 적극적 효력으로서 재처분의무 및 결과제거의무(원상회복의무)로 구별할 수 있다. 그 중 재처분의무와 관련하여 행정소송법은 거부처분이 취소된 경우(동법 제30조 제2항)와 제3자효행정행위가 절차상의 하자로 취소된 경우(동법 제30조 제3항)를 나누어 규정하고 있다.

나. 반복금지효

동일한 처분을 하는 것은 취소판결의 기속력에 반한다. 그런데 여기서 말하는 '동일한 처분'이라 함은 동일한 사실관계 아래에서 동일 당사자에 대하여 동일한 내용을 갖는 행위를 의미한다. 따라서 기본적 사실관계의 동일성이 없는 다른 처분사유를 들어 동일한 내용의 처분을 하여도 이는 동일한 처분이 아니므로 기속력에 반하지 않는다. 또한 취소판결의 사유가 절차 또는 형식위법인 경우에 행정청이 적법한 절차 또는 형식을 갖추어 행한 동일한 내용의 처분은 취소된 처분과 동일한 처분이 아니므로 역시 기속력에 반하지 않는다.

다. 행정소송법이 예정하지 않은 재처분의무

대법원은 노동행정구제 사건에서 중앙노동위원회의 재심판정과 결론은 같이 하지만 법적 판단을 달리할 경우, 중앙노동위원회의 재심판정을 취소하면서 동시에 중앙노동위원회에 재처분의무를 부과하고 있다.

5. 기속력 위반의 효과

취소판결의 기속력에 위반하여 행한 행정청의 행위는 위법한 것으로 무효사유에 해당한다.

6. 사안의 해결

중앙노동위원회의 재심판정에 절차상 하자가 있음을 이유로 이를 취소하는 판결이 확정된 경우, 중앙노동위원회는 이전과 동일하게 관계 법령상 개의 및 의결 정족수를 충족하지 않은 상태에서 재심판정을 내려서는 안되며, 관계 법령상 개의 및 의결 정족수를 충족한 상태에서 다시 재심판정을 하여야 한다.

Ⅱ. 설문 (2) : 처분사유의 추가 및 변경

1. 논점의 정리

처분청이 취소소송의 심리과정에서 당해 처분의 적법성을 유지하기 위하여 처분 당시에 제시된 처분사유 이외에 다른 사유를 추가하거나 변경하는 것이 허용되는지와 만약 허용된다면 어느 범위까지 허용되는지에 대하여 견해의 대립이 있다.

2. 허용여부

가. 학 설

① 처분사유의 추가나 변경을 허용하면 처분의 상대방에게 예기치 못한 불이익을 가져올 수 있으므로 상대방의 권익보호차원에서 부정하는 견해, ② 처분사유의 추가나 변경을 부정하면 계쟁처분에 대한 취소판결 이후 처분청은 추가 또는 변경하고자 했던 처분사유를 근거로 동일한 내용의 처분을 다시 하게 되어 소송경제에 반하게 되므로 분쟁의 일회적 해결차원에서 긍정하는 견해, ③ 기본적 사실관계의 동일성이 유지되는 범위 내에서 허용하는 견해 등이 있다.

나. 판 례

판례는 처분시에 존재하였던 처분사유로서 당초의 처분사유와 기본적 사실관계의 동일성이 유지되는 범위 내에서 처분사유의 추가나 변경을 허용하는 입장이다(제한적 긍정설). 이에 따르면, 구체적 사실을 변경하지 않는 범위 내에서 단지 그 처분의 근거법령만을 추가 또는 변경하거나 불명확한 당초의 처분사유를 구체화하는 정도 내에서만 기본적 사실관계의 동일성을 인정함으로써 처분사유의 추가나 변경을 엄격하게 제한하고 있다.

3. 허용범위

가. 객관적 범위

당초의 처분사유와 기본적 사실관계의 동일성이 유지되는 범위 내에서 처분사유의 추가나 변경이 허용된다(행정소송규칙 제9조). 판례는 기본적 사실관계의 동일성 유무는 처분사유를 법률적으로 평가하기 이전의 구체적인 사실에 착안하여 그 기초가 되는 사회적 사실관계가 기본적인 점에서 동일한 지의 여부에 따라 결정된다고 한다.

나. 시간적 범위

처분사유의 추가나 변경은 결국 처분의 위법성 판단과 관련된 논의이므로 위법판단의 기준시에 대한 판례의 입장인 처분시설에 따른다면, 처분 이후에 발생한 새로운 처분사유는 추가 또는 변경의 대상이 될 수 없다.

4. 허용시기

처분사유의 추가나 변경은 법률해석이나 적용의 영역이 아니라 사실관계에 관한 영역이므로 사실심 변론종결시까지만 허용된다(행정소송규칙 제9조). 따라서 법률심인 상고심에서는 처분사유의 추가나 변경을 주장할 수 없다.

5. 사안의 해결

중앙노동위원회가 추가하려는 사유는 처분시에 존재하는 사유로서 중앙노동위원회는 이를 소송계속 중 추가하려고 하고 있으므로 처분사유 추가변경의 시간적 범위와 허용시기를 충족하고 있다.

문제는 객관적 범위 충족 여부인데, 당초의 처분사유인 '甲에 대한 징계가 부당노동행위에 해당하지 않는다는 사실과 甲과 A노동조합의 유인물 배포행위가 정당하지 않은 노동조합행위에 해당하여 징계사유에 해당한다'는 사유와 '甲과 A노동조합의 유인물 배포행위가 정당하지 않은 노동조합행위에 해당하여 징계사유에 해당한다'는 사유는 감봉 3월의 징계처분이라는 같은 사건에 대한 것으로서 기본적 사실관계의 동일성이 인정된다. 따라서 甲과 A노동조합의 유인물 배포행위가 정당하지 않은 노동조합행위에 해당하여 징계사유에 해당한다고 추가하려는 중앙노동위원회의 주장은 타당하다.

事例 2010년 공인노무사

수익적 처분의 발령을 신청한 甲에 대하여 관할 행정청 A는 이를 거부하였다. 甲은 거부처분 취소소송을 제기하여 인용판결을 받았고, A의 항소 포기로 동 판결은 확정되었다. 위 확정판결에도 불구하고 A가 재차 거부처분을 할 수 있는 경우들을 논하시오. (25점)

解說

취소판결의 기속력

Ⅰ. 논점의 정리

먼저 취소판결의 기속력의 내용 및 범위에 대하여 살펴본 후, 거부처분에 대한 취소판결이 나온 경우 재차 거부처분이 가능한 경우를 논하기로 한다.

Ⅱ. 취소판결의 기속력

1. 의의

취소판결의 기속력이란 소송당사자인 행정청과 그 밖에 관계행정청에게 인용판결의 취지에 따라 행동하여야 할 의무를 지우는 효력을 말한다(행정소송법 제30조 제1항). 이러한 기속력은 인용판결의 취지에 따라 행동하도록 처분청을 구속하는 효력으로서 모순된 재판을 금지하는 기판력과는 그 본질을 달리한다.

2. 범위

가. 주관적 범위

기속력은 당사자인 행정청과 그 밖에 관계행정청을 기속한다(동법 제30조 제1항). 여기서 관계행정청은 취소된 처분 등을 기초로 하여 그와 관련되는 처분이나 부수된 행위를 할 수 있는 행정청을 총칭한다.

나. 객관적 범위

기속력은 취소판결의 취지에 따라 행정청을 구속하는 효력인 바, 취소판결의 취지는 처분이 위법이라는 것을 인정하는 판결주문과 판결이유 중에 설시된 개개의 위법사유를 포함한다. 즉 기속력은 판결주문 및 그 전제가 되는 요건사실의 인정과 판단에 미치고, 판결의 결론과 직접 관계없는 방론이나 간접사실의 판단에는 미치지 않는다는 것이 일반적인 견해이다.

한편 기속력은 '그 사건'에 한하여 발생하므로 사건이 다른 경우에는 기속력이 미치지 않는다. 그런데 사건의 동일성 여부는 결국 기본적 사실관계의 동일성 여부로 판단하는 것이므로 기본적 사실관계가 다른 경우에는 기속력이 미치지 않는다.

다. 시간적 범위

판례에 따르면 처분의 위법 여부의 판단시점은 처분시이므로 기속력은 처분 당시까지 존재하던 사유에 대해서만 미치고 그 이후에 생긴 사유에는 미치지 아니한다. 따라서 처분시 이후에 생긴 새로운 처분사유를 들어 동일한 내용의 처분을 다시 하는 것은 기속력에 반하지 않는다.

3. 내 용

가. 개 설

기속력의 내용으로는 반복금지효, 재처분의무, 결과제거의무 등이 논의되는바, 설문과 같은 거부처분의 경우에는 반복금지효와 재처분의무가 문제된다.

나. 거부처분취소판결의 경우

행정소송법 제30조 제2항에 따라 행정청은 판결의 취지에 따라 다시 이전의 신청에 대한 처분을 하여야 하는바, 이때 행정청은 판결의 취지를 존중하면 되는 것이지 반드시 신청한 내용대로 처분을 하여야 하는 것은 아니다.

따라서 ① 행정청은 기본적 사실관계의 동일성이 없는 다른 이유를 들어 다시 거부처분을 할 수 있으며, 이 경우 반복금지의무 위반이 아님은 물론 오히려 재처분의무를 성실히 이행한 것이 된다. 또한 ② 거부처분 후에 법령이 개정되어 시행된 경우에 행정청은 개정된 법령의 허가기준을 새로운 사유로 들어 다시 이전의 신청에 대한 거부처분을 할 수 있으며, 그러한 거부처분도 행정소송법 제30조 제2항에 규정된 재처분에 해당된다. 다만, 개정법령에서 이미 허가를 신청 중인 경우에는 종전 규정에 따른다는 취지의 경과규정을 둔 경우에는 종전 규정에 따른 재처분이 이루어져야 할 것이므로, 개정된 법령의 허가기준을 새로운 사유로 들어 거부처분을 할 수는 없다.

한편 ③ 취소판결의 사유가 절차 또는 형식위법인 경우에 행정청이 적법한 절차 또는 형식을 갖추어 행한 동일한 내용의 처분은 취소된 처분과 동일한 처분이 아니므로 역시 기속력에 반하지 않는다.

4. 기속력 위반의 효과

취소판결의 기속력에 위반하여 행한 행정청의 행위는 위법한 것으로 무효사유에 해당한다.

Ⅲ. 사안의 해결

거부처분취소판결이 확정된 이후 처분청이 다시 거부할 수 있는 경우로는 ① 거부처분이후 법률의 변경이 있어 개정된 법령의 허가기준을 새로운 거부사유로 들어 다시 거부하는 경우, ② 거부처분 이후 법률의 변경이 없는 경우에도 기본적 사실관계의 동일성이 없는 다른 사유를 들어 다시 거부하는 경우, ③ 거부처분이 절차상의 하자로 취소된 경우 그 절차상의 하자를 보완한 후 다시 거부하는 경우 등이 있을 수 있다.

事例 2012년 공인노무사

다음 질문에 답하시오. (총 50점)
(단, 행정쟁송법과 무관한 노동법적인 쟁점에 대해서는 서술하지 말 것)

(1) 근로자 A는 甲노동조합을 조직해서 그 설립신고를 하였으나 乙 시장은 "설립신고서에서 근로자가 아닌 구직 중에 있는 자의 가입을 허용하고 있다."(「노동조합 및 노동관계조정법」 제2조 제4호 라목)는 사유로 설립신고서를 반려하였다. 이에 甲 노동조합은 취소소송을 제기하고자 하는바, 乙 시장의 설립신고서 반려는 취소소송의 대상이 될 수 있는가? (25점)

(2) 위 취소소송의 관할법원은 "구직 중에 있는 자도 「노동조합 및 노동관계조정법」상 근로자의 지위를 가지고 노동조합에 가입할 수 있다."는 이유로 乙 시장의 설립신고서 반려를 취소하였고 그 판결을 확정되었다. 그러나 乙 시장은 또다시 설립신고서를 반려하면서, 甲 노동조합이 "주로 정치운동을 목적으로 하는 경우"(「노동조합 및 노동관계조정법」 제2조 제4호 마목)에 해당함을 그 사유로 제시하였다. 이에 甲 노동조합은 다시 취소소송을 제기하고자 하는바, 그 청구는 본안에서 인용될 수 있는가? (25점)

解說

> 신고반려 / 취소판결의 기속력

I. 설문 (1) : 신고반려의 처분성 여부

1. 논점의 정리

노동조합설립신고반려가 취소소송의 대상으로서 처분인지 여부는 노동조합설립신고의 성격을 어떻게 보느냐에 따라 좌우될 수 있으므로 먼저 노동조합설립신고의 법적 성격을 살펴본 후, 그에 따라 설립신고반려의 처분성 여부를 논하기로 한다.

2. 노동조합설립신고의 법적 성격

가. 신고의 의의 및 종류

사인의 공법행위로서 신고란 사인이 공법적 효과의 발생을 목적으로 행정주체에 대하여 일정한 사실을 알리는 행위를 말한다.

이러한 신고는 행정청에 대하여 일정한 사항을 통지함으로써 의무가 끝나는 신고로서 수리를 요하지 않으며 신고 그 자체로서 법적 효과를 발생시키는 자체완성적 신고와 행정청에 대하여 일정한 사항을 통지하고 행정청이 이를 수리함으로써 법적 효과가 발생하는 행정요건적 신고가 있다.

나. 신고의 구별기준

신고요건으로 형식적 요건만을 요구하는 경우에는 자체완성적 신고로 볼 수 있고, 신고요건으로 형식적 요건 이외에 실질적 요건도 함께 요구하는 경우에는 행정요건적 신고로 보아야 할 것이다.

다. 노동조합설립신고의 경우

노동조합설립신고를 받은 관할 행정청은 해당 신고가 노동조합 및 노동관계조정법 제2조 제4호의 각 목에 해당하는지 여부를 심사하도록 되어 있는바, 이는 노동조합으로서의 실질적 요건을 갖추지 못한 노동조합의 난립을 방지함으로써 근로자의 자주적이고 민주적인 단결권 행사를 보장하려는 데 있다. 따라서 노동조합설립신고는 행정요건적 신고로 보아야 할 것이다.[85]

---

[85] 대판 2014. 4. 10. 2011두6998

3. 노동조합설립신고반려의 처분성 여부

가. 처분의 개념징표

행정청의 어떤 행위가 항고소송의 대상이 되는 처분이 되기 위해서는 행정청이 공권력의 주체로서 행하는 구체적 사실에 관한 법집행으로서 국민의 권리의무에 직접적으로 영향을 미치는 행위이어야 한다.

나. 행정요건적 신고에 대한 반려의 처분성 여부

행정요건적 신고의 경우에는 행정청의 '수리'라는 단독적인 의사표시에 의하여 법적 효과가 발생하므로, 적법 요건을 갖춘 신고가 있다하더라도 행정청에 의해 수리되지 않으면 법적 효과가 발생하지 않는다. 따라서 행정요건적 신고에서 수리의 거부는 거부처분에 해당하여 행정소송의 대상이 된다.

판례도 주민등록전입신고나 인·허가가 의제되는 건축신고를 수리를 요하는 신고로 보고, 그 수리거부의 처분성을 긍정하는 전제에서 본안판결을 하였다.

다. 사안의 경우

노동조합설립신고는 행정요건적 신고에 해당하므로 그 수리는 단순한 접수행위가 아니라 행정청의 의사표시로서 금지해제의 효과를 부여하는 공권력의 행사에 해당한다. 따라서 수리거부도 공권력의 행사에 대한 거부로서 취소소송의 대상인 거부처분에 해당한다(행정소송법 제2조 제1항 제1호). 결국 乙시장의 노동조합 설립신고서 반려는 취소소송의 대상이 될 수 있다.

II. 설문 (2) : 취소판결의 기속력

1. 논점의 정리

취소판결이 확정된 이후 乙시장이 처분일시가 다른 새로운 반려처분을 하였으므로 이는 기판력에 반하지는 않는다. 다만 취소판결의 취지 즉 기속력에 반하여 위법한 것은 아닌지 문제된다.

2. 기속력의 의의

취소판결의 기속력이란 소송당사자인 행정청과 그 밖에 관계행정청에게 인용판결의 취지에 따라 행동하여야 할 의무를 지우는 효력을 말한다(행정소송법 제30조 제1항). 이러한 기속력은 인용판결의 취지에 따라 행동하도록 처분청을 구속하는 효력으로서 모순된 재판을 금지하는 기판력과는 그 본질을 달리한다.

3. 기속력의 범위

① 기속력은 당사자인 행정청과 그 밖에 관계행정청에게 미치며(주관적 범위). ② 기속력은 판결주문 및 그 전제가 되는 요건사실의 인정과 판단에 미치고 판결의 결론과 직접 관계 없는 방론이나 간접사실의 판단에는 미치지 않는다(객관적 범위). ③ 기속력은 처분 당시까지 존재

하던 사유에 대해서만 미치고 그 이후에 생긴 사유에는 미치지 아니한다(시간적 범위).

4. 기속력의 내용

기속력의 내용으로는 반복금지효, 재처분의무, 결과제거의무 등이 논의되는바, 설문과 같은 거부처분의 경우에는 반복금지효와 재처분의무가 문제된다.

거부처분취소판결의 경우, 행정소송법 제30조 제2항에 따라 행정청은 판결의 취지에 따라 다시 이전의 신청에 대한 처분을 하여야 하는바, 이 때 행정청은 판결의 취지를 존중하면 되는 것이지 반드시 신청한 내용대로 처분을 하여야 하는 것은 아니다. 따라서 ① 행정청은 기본적 사실관계의 동일성이 없는 다른 이유를 들어 다시 거부처분을 할 수 있으며, 이 경우 반복금지의무 위반이 아님은 물론 오히려 재처분의무를 성실히 이행한 것이 된다. 또한 ② 거부처분 후에 법령이 개정되어 시행된 경우에 행정청은 개정된 법령의 허가기준을 새로운 사유로 들어 다시 이전의 신청에 대한 거부처분을 할 수 있으며, 그러한 거부처분도 행정소송법 제30조 제2항에 규정된 재처분에 해당된다. 다만, 개정법령에서 이미 허가를 신청 중인 경우에는 종전 규정에 따른다는 취지의 경과규정을 둔 경우에는 종전 규정에 따른 재처분이 이루어져야 할 것이므로, 개정된 법령의 허가기준을 새로운 사유로 들어 거부처분을 할 수는 없다.

한편 ③ 취소판결의 사유가 절차 또는 형식위법인 경우에 행정청이 적법한 절차 또는 형식을 갖추어 행한 동일한 내용의 처분은 취소된 처분과 동일한 처분이 아니므로 역시 기속력에 반하지 않는다.

5. 기속력 위반의 효과

취소판결의 기속력에 위반하여 행한 행정청의 행위는 위법한 것으로 무효사유에 해당한다.

6. 사안의 해결

"설립신고서에서 근로자가 아닌 구직 중에 있는 자의 가입을 허용하고 있다"는 거부사유와 "甲 노동조합이 정치운동을 목적으로 하는 경우"라는 거부사유는 서로 취지가 달라 기본적 사실관계의 동일성을 인정할 수 없다. 따라서 乙 시장이 甲 노동조합이 주로 정치운동을 목적으로 하는 경우에 해당한다는 이유로 재차 노동조합 설립신고서를 반려하더라도 이는 취소판결의 기속력에 반하지 않는다. 결국 별다른 위법사유가 존재하지 않는 한 甲 노동조합의 청구는 본안에서 인용되기 어려울 것이다.

事例   2018년 공인노무사

　甲은 A국 국적으로 대한민국에서 취업하고자 관련법령에 따라 2009년 4월경 취업비자를 받아 대한민국에 입국하였고, 2010년 4월 체류기간이 만료되었다. 乙은 같은 A국 출신으로, 대한민국 국적 남성과 혼인하고 2015년 12월 귀화하였으나, 2016년 10월 협의이혼 하였다. 이후 甲은 2017년 7월 乙과 혼인신고를 하고 2017년 8월 관할행정청인 X에게 대한민국 국민의 배우자(F-6-1)자격으로 체류자격 변경허가 신청을 하였다. 그러나 甲은 당시 7년여의 '불법체류'를 하고 있음이 적발되었고, 이는 관련법령 및 사무처리지침(이하 '지침 등'이라 함)상 허가요건 중 하나인 '국내 합법체류자' 요건을 결여하게 되어 X는 2017년 8월 甲의 신청을 반려하는 처분을 하였다. 한편 甲과 乙은 최근 자녀를 출산하였다. 甲은 위 허가를 받지 못하면 당장 A국으로 출국하여야 하고, 자녀 양육에 어려움을 겪는 등 가정이 파탄될 위험이 생기므로 위 반려처분은 위법하다고 주장한다. (50점)

물음 1) 만일, 甲이 X의 반려처분에 불복하여 행정심판을 제기함과 동시에 임시처분을 신청하는 경우, 임시처분의 인용가능성에 관하여 논하시오. (20점)

물음 2) 위 반려처분에 대하여 甲이 취소소송을 제기하여 승소판결이 확정되었다. 그러나 X는 위 '지침 등'에 따른 체류자격 변경허가를 위한 또 다른 요건 중의 하나인 '배우자가 국적을 취득한 후 3년 이상일 것'을 충족하지 못한다는 것을 이유로 다시 체류자격 변경허가를 거부하고자 한다. 이 거부처분이 적법한지에 관하여 논하시오. (30점)

解 說

> 임시처분 / 취소판결의 기속력

I. 설문 1) : 임시처분의 인용가능성

1. 논점의 정리

甲이 X의 반려처분에 대한 행정심판을 제기하면서 임시체류허가를 받을 수 있는 임시처분을 신청하였는바, 행정심판법 제31조의 규정에 비추어 甲의 임시처분신청이 인용될 수 있는지 살펴보기로 한다.

2. 임시처분의 의의 및 취지

임시처분이란 행정청의 처분이나 부작위 때문에 발생할 수 있는 당사자의 불이익이나 급박한 위험을 막기 위해 당사자에게 임시지위를 부여하는 행정심판위원회의 결정으로서(행정심판법 제31조), 적극적 처분에 대한 소극적 가구제 수단인 집행정지(법 30조)와 달리, 거부처분 또는 부작위와 같은 소극적 작용에 대한 적극적 가구제 수단이다.

3. 적용범위

임시처분은 적극적인 가구제 수단이므로 역시 적극적 쟁송수단인 의무이행심판에서 적용되는 것은 당연하다. 문제는 소극적 쟁송수단인 거부처분취소심판(또는 무효확인심판)의 경우에도 임시처분이 허용되는지 여부이다.

이에 대해서는 가구제는 본안쟁송을 통한 권리구제의 범위를 초과할 수 없으므로 거부처분취소심판(또는 무효확인심판)의 경우에는 임시처분이 허용되지 않는다는 견해가 있으나, 행정심판법에 임시처분의 본안청구에 대하여 별도의 규정을 두고 있지 않고 있다는 점을 고려할 때(동법 제31조 참조), 거부처분취소심판(또는 무효확인심판)의 경우에도 임시처분이 허용된다고 보는 것이 타당할 것이다.

4. 임시처분의 요건

가. 적극적 요건

위원회가 임시처분결정을 하기 위하여는 ① 처분 또는 부작위가 위법·부당하다고 상당히 의심될 것, ② 행정심판청구의 계속, ③ 처분 또는 부작위 때문에 당사자가 받을 우려가 있는 중대한 불이익이나 당사자에게 생길 급박한 위험이 존재할 것, ④ 이를 막기 위하여 임시지위를 정하여야 할 필요가 있어야 한다(행정심판법 제31조 제1항).

나. 소극적 요건

임시처분은 ① 공공복리에 중대한 영향을 미칠 우려가 있거나(동법 제31조 제2항, 동법 제30조 제3항), ② 집행정지로 목적을 달성할 수 있는 경우에는 허용되지 않는다(동법 제31조 제3항).

5. 사안의 해결

임시처분의 적극적 요건과 관련하여, ① 물음 2)에서 반려처분취소소송에 대한 승소판결이 나온 점을 고려할 때, 이 사건 반려처분이 위법하다고 상당히 의심이 가며, ② 甲은 행정심판을 제기하여 계속 중이며, ③ 임시처분을 받지 못하면 甲은 당장 추방당할 위험이 있고, 또한 자녀 양육에 어려움을 겪는 등 가정이 파탄될 위험이 있으며, ④ 이런 위험을 막기 위해서는 임시체류허가를 받을 필요성이 존재한다.

임시처분의 소극적 요건과 관련하여, ① 甲이 한국에 체류해도 공공복리에 중대한 영향을 미칠 우려는 없으며, ② 이 사건 처분은 반려처분이므로 집행정지로는 목적 달성이 불가능하다.

따라서 甲이 신청한 임시처분은 인용될 것이다.

Ⅱ. 설문 2) : 거부처분이 취소판결의 기속력에 반하는지 여부

1. 논점의 정리

반려처분이 판결에 의하여 취소가 된 이후, 다시 처분청이 반려처분을 하는 것이 취소판결의 기속력에 반하여 위법한 것은 아닌지 문제된다.

2. 취소판결의 기속력

가. 기속력의 의의

취소판결의 기속력이란 소송당사자인 행정청과 그 밖에 관계행정청에게 인용판결의 취지에 따라 행동하여야 할 의무를 지우는 효력을 말한다(행정소송법 제30조 제1항). 이러한 기속력은 인용판결의 취지에 따라 행동하도록 처분청을 구속하는 효력으로서 모순된 재판을 금지하는 기판력과는 그 본질을 달리한다.

나. 기속력의 범위

(1) 주관적 범위

기속력은 당사자인 행정청과 그 밖에 관계행정청을 기속한다(동법 제30조 제1항). 여기서 관계행정청은 취소된 처분 등을 기초로 하여 그와 관련되는 처분이나 부수된 행위를 할 수 있는 행정청을 총칭한다.

(2) 객관적 범위

기속력은 취소판결의 취지에 따라 행정청을 구속하는 효력인 바, 취소판결의 취지는 처분이 위법이라는 것을 인정하는 판결주문과 판결이유 중에 설시된 개개의 위법사유를 포함한다. 즉 기속력은 판결주문 및 그 전제가 되는 요건사실의 인정과 판단에 미치고, 판결의 결론과 직접 관계없는 방론이나 간접사실의 판단에는 미치지 않는다는 것이 일반적인 견해이다.

한편 기속력은 '그 사건'에 한하여 발생하므로 사건이 다른 경우에는 기속력이 미치지 않는다. 그런데 사건의 동일성 여부는 결국 기본적 사실관계의 동일성 여부로 판단하는 것이므로 기본적 사실관계가 다른 경우에는 기속력이 미치지 않는다.

(3) 시간적 범위

판례에 따르면 처분의 위법 여부의 판단시점은 처분시이므로 기속력은 처분 당시까지 존재하던 사유에 대해서만 미치고 그 이후에 생긴 사유에는 미치지 아니한다. 따라서 처분시 이후에 생긴 새로운 처분사유를 들어 동일한 내용의 처분을 다시 하는 것은 기속력에 반하지 않는다.

다. 기속력의 내용

기속력의 내용으로는 반복금지효, 재처분의무, 결과제거의무 등이 논의되는바, 설문과 같은 거부처분의 경우에는 반복금지효와 재처분의무가 문제된다.

거부처분취소판결의 경우, 행정소송법 제30조 제2항에 따라 행정청은 판결의 취지에 따라 다시 이전의 신청에 대한 처분을 하여야 하는바, 이 때 행정청은 판결의 취지를 존중하면 되는 것이지 반드시 신청한 내용대로 처분을 하여야 하는 것은 아니다. 따라서 ① 행정청은 기본적 사실관계의 동일성이 없는 다른 이유를 들어 다시 거부처분을 할 수 있으며, 이 경우 반복금지의무 위반이 아님은 물론 오히려 재처분의무를 성실히 이행한 것이 된다. 또한 ② 거부처분 후에 법령이 개정되어 시행된 경우에 행정청은 개정된 법령의 허가기준을 새로운 사유로 들어 다시 이전의 신청에 대한 거부처분을 할 수 있으며, 그러한 거부처분도 행정소송법 제30조 제2항에 규정된 재처분에 해당된다. 다만, 개정법령에서 이미 허가를 신청 중인 경우에는 종전 규정에 따른다는 취지의 경과규정을 둔 경우에는 종전 규정에 따른 재처분이 이루어져야 할 것이므로, 개정된 법령의 허가기준을 새로운 사유로 들어 거부처분을 할 수는 없다.

한편 ③ 취소판결의 사유가 절차 또는 형식위법인 경우에 행정청이 적법한 절차 또는 형식을 갖추어 행한 동일한 내용의 처분은 취소된 처분과 동일한 처분이 아니므로 역시 기속력에 반하지 않는다.

라. 기속력 위반의 효과

취소판결의 기속력에 위반하여 행한 행정청의 행위는 위법한 것으로 무효사유에 해당한다.

3. 사안의 해결

사안의 경우, 당사자가 변경이 된 사정이나, 처분 이후 법령 변경과 같은 사정이 보이지 아니하므로 기속력의 주관적 범위나 시간적 범위는 충족된다. 다만 객관적 범위와 관련하여, 종전의 처분사유인 '국내합법체류자' 요건을 결여했다는 사실과 '배우자가 국적을 취득한 후 3년 이상일 것'을 충족하지 못한다는 사실은 기본적 사실관계의 동일성이 인정되지 아니하므로 결국 재거부처분은 기속력에 반하지 않는다. 따라서 특별한 위법사유가 없는 한 재거부처분은 적법하다.

事例　2012년 사법시험 변형

甲은 주택을 소유하고 있었는데 그 지역이 한국토지주택공사가 사업자가 되어 시행하는 주택건설사업의 사업시행지구로 편입되면서 甲의 주택도 수용되었다. 사업시행자인 한국토지주택공사는 「공익사업을 위한 토지 등의 취득 및 보상에 관한 법률」 제78조에 따라 이주대책의 일환으로 주택특별공급을 실시하기로 하였다. 그 후 甲은 「주택공급에 관한 규칙」 제19조 제1항 제3호 규정에 따라 A아파트입주권을 특별분양하여 줄 것을 신청하였다. 그런데 한국토지주택공사는 甲이 A아파트의 입주자모집공고일을 기준으로 무주택세대주가 아니어서 특별분양 대상자에 해당되지 않는다는 이유로 특별분양신청을 거부하였다. 이에 甲은 취소소송을 제기하였다.

취소소송의 계속 중에 입주자모집공고일 당시 무주택세대주였다는 甲의 주장이 사실로 인정될 상황에 처하자 한국토지주택공사는 甲의 주택이 무허가주택이었기 때문에 甲은 특별분양대상자에 해당되지 않는다고 처분사유를 변경하였고, 심리결과 甲의 주택이 무허가주택이었음이 인정되었다. 이 경우 법원은 변경된 처분사유를 근거로 甲의 청구를 기각할 수 있는가? 법원의 판결 확정 후 한국토지주택공사가 甲의 주택이 무허가주택임을 이유로 특별분양신청을 재차 거부할 수 있는지 여부도 함께 검토하시오. (25점)

I 解說

처분사유의 추가·변경 / 취소판결의 기속력

1. 논점의 정리

법원이 변경된 처분사유를 근거로 甲의 청구를 기각할 수 있는지 여부는 피고의 처분사유의 추가 및 변경을 법원이 허용할 것이냐의 문제이며, 피고인 한국토지주택공사가 甲의 주택이 무허가주택임을 이유로 특별분양신청을 재차 거부할 수 있는지 여부는 취소판결의 기속력과 관련된 문제이다. 이하 이에 대하여 검토하기로 한다.

2. 처분사유의 추가·변경

가. 문제점

처분청이 취소소송의 심리과정에서 해당 처분의 적법성을 유지하기 위하여 처분 당시에 제시된 처분사유 이외에 다른 사유를 추가하거나 변경할 수 있는지가 문제된다.

나. 허용여부

(1) 학설

① 처분사유의 추가나 변경을 허용하면 처분의 상대방에게 예기치 못한 불이익을 가져올 수 있으므로 상대방의 권익보호차원에서 부정하는 견해, ② 처분사유의 추가나 변경을 부정하면 계쟁처분에 대한 취소판결 이후 처분청은 추가 또는 변경하고자 했던 처분사유를 근거로 동일한 내용의 처분을 다시 하게 되어 소송경제에 반하게 되므로 분쟁의 일회적 해결차원에서 긍정하는 견해, ③ 기본적 사실관계의 동일성이 유지되는 범위 내에서 허용하는 견해 등이 있다.

(2) 판례

판례는 처분시에 존재하였던 처분사유로서 당초의 처분사유와 기본적 사실관계의 동일성이 유지되는 범위 내에서 처분사유의 추가나 변경을 허용하는 입장이다(제한적 긍정설). 이에 따르면, 구체적 사실을 변경하지 않는 범위 내에서 단지 그 처분의 근거법령만을 추가 또는 변경하거나 불명확한 당초의 처분사유를 구체화하는 정도 내에서만 기본적 사실관계의 동일성을 인정함으로써 처분사유의 추가나 변경을 엄격하게 제한하고 있다.

다. 허용범위

(1) 객관적 범위

당초의 처분사유와 기본적 사실관계의 동일성이 유지되는 범위 내에서 처분사유의 추가나 변경이 허용된다(행정소송규칙 제9조). 판례는 기본적 사실관계의 동일성 유무는 처분사유를 법률적으로 평가하기 이전의 구체적인 사실에 착안하여 그 기초가 되는 사회적 사실관계가 기본적인 점에서 동일한 지의 여부에 따라 결정된다고 한다.

(2) 시간적 범위

처분사유의 추가나 변경은 결국 처분의 위법성 판단과 관련된 논의이므로 위법판단의 기준시에 대한 판례의 입장인 처분시설에 따른다면, 처분 이후에 발생한 새로운 처분사유는 추가 또는 변경의 대상이 될 수 없다.

라. 허용시기

처분사유의 추가나 변경은 법률해석이나 적용의 영역이 아니라 사실관계에 관한 영역이므로 사실심 변론종결시까지만 허용된다(행정소송규칙 제9조). 따라서 법률심인 상고심에서는 처분사유의 추가나 변경을 주장할 수 없다.

마. 사안의 경우

처분청이 추가하려는 사유는 처분시에 존재하는 사유로서 처분청은 이를 소송계속 중 추가하려고 하고 있으므로 처분사유 추가변경의 시간적 범위와 허용시기를 충족하고 있다.

문제는 객관적 범위 충족 여부인데, 거부처분의 경우 판례는 장소적 동일여부와 거부사유의 취지의 동일여부를 바탕으로 기본적 사실관계의 동일여부를 판단하고 있다. 이에 비추어 살펴보면, 사안에서 주택공급에 관한 규칙 제19조 제1항의 무주택세대라는 거부사유와 동조 제3호의 무허가주택이라는 거부사유의 취지가 다르므로 기본적 사실관계의 동일성이 부정된다. 따라서 법원은 무허가주택이라는 변경된 처분사유를 근거로 甲의 청구를 기각할 수 없다.

3. 취소판결의 기속력

가. 문제점

취소판결의 기속력이란 소송당사자인 행정청과 관계행정청에게 확정판결의 취지에 따라 행동하여야 할 의무를 지우는 효력을 말하는 바(행정소송법 30조), 취소판결 확정 후 무허가주택임을 이유로 다시 거부한 경우 이 거부처분이 취소판결의 기속력에 반하는 것은 아닌지 문제된다.

나. 기속력의 범위

① 기속력은 당사자인 행정청과 그 밖에 관계행정청에게 미치며(주관적 범위). ② 기속력은 판결주문 및 그 전제가 되는 요건사실의 인정과 판단에 미치고 판결의 결론과 직접 관계 없는 방론이나 간접사실의 판단에는 미치지 않는다(객관적 범위). ③ 기속력은 처분 당시까지 존재하던 사유에 대해서만 미치고 그 이후에 생긴 사유에는 미치지 아니한다(시간적 범위).

다. 기속력의 내용

기속력의 내용으로는 반복금지효, 재처분의무, 결과제거의무 등이 논의되는바, 설문과 같은 거부처분의 경우에는 반복금지효와 재처분의무가 문제된다.

거부처분취소판결의 경우, 행정소송법 제30조 제2항에 따라 행정청은 판결의 취지에 따라 다시 이전의 신청에 대한 처분을 하여야 하는바, 이 때 행정청은 판결의 취지를 존중하면 되는 것이지 반드시 신청한 내용대로 처분을 하여야 하는 것은 아니다. 따라서 ① 행정청은 기본적 사실관계의 동일성이 없는 다른 이유를 들어 다시 거부처분을 할 수 있으며, 이 경우 반복금지의무 위반이 아님은 물론 오히려 재처분의무를 성실히 이행한 것이 된다. 또한 ② 거부처분 후에 법령이 개정되어 시행된 경우에 행정청은 개정된 법령의 허가기준을 새로운 사유로 들어 다시 이전의 신청에 대한 거부처분을 할 수 있으며, 그러한 거부처분도 행정소송법 제30조 제2항에 규정된 재처분에 해당된다. 다만, 개정법령에서 이미 허가를 신청 중인 경우에는 종전 규정에 따른다는 취지의 경과규정을 둔 경우에는 종전 규정에 따른 재처분이 이루어져야 할 것이므로, 개정된 법령의 허가기준을 새로운 사유로 들어 거부처분을 할 수는 없다.

한편 ③ 취소판결의 사유가 절차 또는 형식위법인 경우에 행정청이 적법한 절차 또는 형식을 갖추어 행한 동일한 내용의 처분은 취소된 처분과 동일한 처분이 아니므로 역시 기속력에 반하지 않는다.

라. 기속력 위반의 효과

취소판결의 기속력에 위반하여 행한 행정청의 행위는 위법한 것으로 무효사유에 해당한다.

마. 사안의 경우

사안의 경우 처분청은 한국토지주택공사로 동일하고, 무허가주택이라는 사유는 처분시에 존재하였던 사정이므로 기속력의 주관적 범위나 시간적 범위는 문제가 되지 않는다. 다만 객관적 범위와 관련하여 주택공급에 관한 규칙 제19조 제1항의 무주택세대라는 거부사유와 동조 제3호의 무허가주택이라는 거부사유는 기본적 사실관계의 동일성을 인정할 수 없으므로, 법원의 판결 확정 후 무허가주택임을 이유로 특별분양신청을 재차 거부하더라도 기속력에 반하지 않는다.

따라서 한국토지주택공사는 甲의 주택이 무허가 주택임을 이유로 특별분양신청을 재차 거부할 수 있다.

4. 사안의 해결

법원은 무허가주택이라는 변경된 처분사유를 근거로 甲의 청구를 기각할 수 없으며, 취소판결 확정후 한국토지주택공사는 甲의 주택이 무허가 주택임을 이유로 특별분양신청을 재차 거부할 수 있다.

▮事例　2003년 사법시험 변형

甲은 여관을 건축하기 위하여 관할 군수 乙에게 건축허가 신청을 하였으나 乙은 관계법령에 근거가 없는 사유를 들어 거부처분을 하였다. 이에 甲은 乙을 상대로 거부처분취소소송을 제기하여 승소하였고 이 판결은 확정되었다. 다음의 물음에 대하여 논하시오.

(1) 위 승소판결 확정 후 관계법령이 개정되어 위 건축허가를 거부할 수 있는 근거가 마련되자 乙은 이에 의거하여 다시 거부처분을 하였다. 乙이 한 새로운 거부처분은 적법한가? 만일 이 개정법령에서 해당 개정법령의 시행 당시 이미 건축허가를 신청중인 경우에는 종전 규정에 따른다는 경과규정을 두었다면, 乙이 한 새로운 거부처분의 효력은? (30점)

(2) (1)의 각각의 경우에 甲이 행정소송법 제34조에 따른 간접강제를 관할법원에 신청하였다면, 법원의 판단은? (20점)

❙ 解 說

취소판결의 기속력 / 법원의 간접강제

I. 설문 (1) : 기속력 위반여부

1. 논점의 정리

거부처분취소판결이 확정된 후 행정청이 다시 거부처분을 한 경우, 이러한 거부처분이 적법한지 여부를 경과규정이 있는 경우와 없는 경우로 나누어서 살펴보기로 하며, 만약 기속력에 반하여 위법한 거부처분이라면 그 처분의 효력이 어떻게 되는지도 살펴보기로 한다.

2. 기속력의 의의

취소판결의 기속력이란 소송당사자인 행정청과 그 밖에 관계행정청에게 인용판결의 취지에 따라 행동하여야 할 의무를 지우는 효력을 말한다(행정소송법 제30조 제1항). 이러한 기속력은 인용판결의 취지에 따라 행동하도록 처분청을 구속하는 효력으로서 모순된 재판을 금지하는 기판력과는 그 본질을 달리한다.

3. 기속력의 범위

① 기속력은 당사자인 행정청과 그 밖에 관계행정청에게 미치며(주관적 범위). ② 기속력은 판결주문 및 그 전제가 되는 요건사실의 인정과 판단에 미치고 판결의 결론과 직접 관계 없는 방론이나 간접사실의 판단에는 미치지 않는다(객관적 범위). ③ 기속력은 처분 당시까지 존재하던 사유에 대해서만 미치고 그 이후에 생긴 사유에는 미치지 아니한다(시간적 범위).

4. 기속력의 내용

기속력의 내용으로는 반복금지효, 재처분의무, 결과제거의무 등이 논의되는바, 설문과 같은 거부처분의 경우에는 반복금지효와 재처분의무가 문제된다.

거부처분취소판결의 경우, 행정소송법 제30조 제2항에 따라 행정청은 판결의 취지에 따라 다시 이전의 신청에 대한 처분을 하여야 하는바, 이 때 행정청은 판결의 취지를 존중하면 되는 것이지 반드시 신청한 내용대로 처분을 하여야 하는 것은 아니다. 따라서 ① 행정청은 기본적 사실관계의 동일성이 없는 다른 이유를 들어 다시 거부처분을 할 수 있으며, 이 경우 반복금지의무 위반이 아님은 물론 오히려 재처분의무를 성실히 이행한 것이 된다. 또한 ② 거부처분 후에 법령이 개정되어 시행된 경우에 행정청은 개정된 법령의 허가기준을 새로운 사유로 들어 다시 이전의 신청에 대한 거부처분을 할 수 있으며, 그러한 거부처분도 행정소송법 제30조 제2항에 규정된 재처분에 해당된다. 다만, 개정법령에서 이미 허가를 신청 중인 경우에는 종전 규정에 따른다는 취지의 경과규정을 둔 경우에는 종전 규정에 따른 재처분이 이루어져야 할 것이므로, 개정된 법령의 허가기준을 새로운 사유로 들어 거부처분을 할 수는 없다.
한편 ③ 취소판결의 사유가 절차 또는 형식위법인 경우에 행정청이 적법한 절차 또는 형식을 갖추어 행한 동일한 내용의 처분은 취소된 처분과 동일한 처분이 아니므로 역시 기속력에 반하지 않는다.

5. 사안의 해결

가. 경과규정이 없는 경우

취소판결의 기속력은 처분 당시까지 존재하던 사유에 대해서만 미치고 그 이후에 생긴 사유에는 미치지 아니한다. 따라서 사안처럼 승소판결 확정 '후'에 관계법령이 개정되어 개정법령에 근거한 새로운 거부사유 따라 거부처분을 하는 경우라면, 거부처분은 기속력에 반하지 않는 적법한 처분이다.

판례도 "확정판결의 당사자인 처분 행정청은 그 행정소송의 사실심 변론종결 이후 발생한 새로운 사유를 내세워 다시 이전의 신청에 대하여 거부처분을 할 수 있으며, 그러한 처분도 이 조항에 규정된 재처분에 해당한다"고 하여 사안처럼 판결 확정 후에 관계법령이 개정되어 재차 거부처분을 한 경우 적법하다고 판시한 바가 있다.[86]

나. 경과규정이 있는 경우

개정법령에서 경과규정을 두어 이미 건축허가를 신청 중인 경우에는 종전 규정에 따른다고 한 경우에는 관할 군수 乙은 법령의 변경이라는 새로운 처분사유를 내세워 거부처분을 할 수 없다. 따라서 乙의 새로운 거부처분은 기속력에 반하는 위법한 처분으로서 당연무효인 처분으로 보아야 한다.

판례도 "개정된 도시계획법령에 그 시행 당시 이미 개발행위허가를 신청 중인 경우에는 종전 규정에 따른다는 경과규정을 두었음에도 불구하고 개정 법령을 적용하여 새로운 거부처분을 한 것은 확정된 종전 거부처분 취소판결의 기속력에 저촉되어 당연무효이다"이라고 판시한 바 있다.[87]

---

86) 대판 1999. 12. 28, 98두1895
87) 대판 2002. 12. 11, 2002무22

Ⅱ. 설문 (2) : 법원의 간접강제

1. 논점의 정리

甲이 법원에 간접강제를 신청한 경우 각각 인용되기 위해서는 행정소송법 제34조에서 정한 요건을 충족해야 하는바, 이를 살펴보기로 한다.

2. 법원의 간접강제

가. 의 의

거부처분에 대한 취소판결이 확정되면 판결의 기속력에 의하여 행정청은 해당 판결의 취지에 따르는 처분을 행할 의무가 있다(동법 제30조 제2항). 그럼에도 불구하고 행정청이 재처분의무를 이행하지 않는 경우 그 의무이행을 강제해야 하는데, 이 재처분의무가 처분청만이 이행할 수 있는 비대체적 작위의무라는 점을 고려하여 행정소송법은 원고가 법원에 간접강제를 신청할 수 있도록 규정하고 있다(동법 제34조).

나. 요 건

거부처분에 대한 취소판결이 확정되어야 하며, 처분청이 거부처분취소판결의 취지에 따른 재처분을 하지 않았어야 한다. 이때 재처분을 하지 않았다는 것은 아무런 재처분을 하지 않은 것뿐만 아니라 재처분이 기속력에 반하여 당연무효가 된 것을 포함한다.[88]

다. 절 차

행정청이 거부처분취소판결의 취지에 따른 처분을 하지 않은 경우에 당사자는 '제1심 수소법원'에 간접강제를 신청할 수 있다(동법 제34조 제1항). 따라서 당사자는 취소판결이 항소심이나 상고심에서 확정되는 경우에도 행정소송의 제1심 수소법원인 행정법원에 가서 간접강제를 신청하여야 한다.

라. 결 정

법원의 심리 결과 당사자의 신청이 이유 있다고 인정되면 법원은 인용결정을 하는데, 이때 법원은 재처분을 하여야 할 상당한 기간을 정하게 되고 만약 행정청이 그 기간 내에 재처분을 하지 않을 때에는 그 지연기간에 따라 일정한 배상을 할 것을 명하거나 즉시 손해배상을 할 것을 명하게 된다(동법 제34조 제1항).

만약 법원의 심리 결과 간접강제의 요건이 충족되지 않아 신청인의 신청이 이유 없다고 인정되면 법원은 기각결정을 한다.

마. 배상금의 성질

판례는 간접강제결정에 기한 배상금은 확정판결의 취지에 따른 재처분의 지연에 대한 제재나 손해배상이 아니고 재처분의 이행에 관한 '심리적 강제수단(즉 이행강제금)'에 해당한다고

---

[88] 대판 2002. 12. 11, 2002무22

본다. 따라서 간접강제결정에서 정한 의무이행기한이 경과한 후에라도 확정판결의 취지에 따른 재처분의 이행이 있으면 더 이상 배상금을 추심할 수 없다고 한다.[89]

3. 사안의 해결

가. 경과규정이 없는 경우

거부처분취소판결이 확정된 이후, 개정된 관계법령에 근거하여 재차 거부처분을 하여도 이는 적법한 처분이다. 따라서 甲이 간접강제를 신청하면 법원은 간접강제의 요건이 충족되지 않아 신청인의 신청이 이유 없다는 취지에서 기각결정을 할 것이다.

나. 경과규정이 있는 경우

경과규정에 따라 종전 법령이 적용되어야 하는 경우에는 법령의 변경이라는 새로운 처분사유를 내세워 다시 거부처분을 한다면 이는 기속력에 반하는 위법한 처분으로서 당연무효이다. 따라서 甲이 간접강제를 신청하면 법원은 당사자의 신청이 이유 있다는 취지에서 인용결정을 할 것이다. 이때 법원은 재처분을 하여야 할 상당한 기간을 정하게 되고 만약 행정청이 그 기간 내에 재처분을 하지 않을 때에는 그 지연기간에 따라 일정한 배상을 할 것을 명하거나 즉시 손해배상을 할 것을 명하게 된다.

---

[89] 대판 2003. 1. 15, 2002두2444

I 事例 2014년 5급공채시험 변형

A하천 유역에서 농기계공장을 경영하는 甲은 「수질 및 수생태계 보전에 관한 법률」 제4조의5에 의한 오염부하량을 할당받은 자이다. 甲의 공장 인근에서 대규모 민물어류양식장을 운영하는 乙의 양식어류 절반가량이 갑자기 폐사하였고, 乙은 그 원인을 추적한 결과 甲의 공장에서 유출된 할당오염부하량을 초과하는 오염물질에 의한 것이라는 강한 의심을 가지게 되었다. 甲의 공장으로부터 오염물질의 배출이 계속되어 나머지 어류의 폐사도 우려되는 상황에서 乙은 동법 제4조의6을 근거로 甲에 대한 수질오염방지시설의 개선 등 필요한 조치를 명할 것을 관할 행정청 丙에게 요구하였다. 그러나 丙은 甲의 공장으로부터의 배출량이 할당오염부하량을 초과하는지 여부가 명백하지 않다는 이유로 이를 거부하였고, 乙은 동 거부처분에 대한 취소소송을 제소기간 내에 관할법원에 제기하였다. 다음 물음에 답하시오.

1) 乙의 거부처분취소소송은 적법한가? (20점)

2) 乙의 거부처분취소소송에 대하여 인용판결이 내려지고 동 판결은 확정되었다. 그럼에도 불구하고 丙은 개선명령 등의 조치가 재량행위임을 이유로 상당한 기간이 지났음에도 아무런 조치를 취하지 않고 있는바 이러한 丙의 태도는 적법한가? 만약 적법하지 않다면 이에 대한 현행 행정소송법상 乙의 대응수단은? (30점)

참조조문

수질 및 수생태계 보전에 관한 법률

제1조(목적) 이 법은 수질오염으로 인한 국민건강 및 환경상의 위해(危害)를 예방하고 하천·호소(湖沼) 등 공공수역의 수질 및 수생태계(水生態系)를 적정하게 관리·보전함으로써 국민이 그 혜택을 널리 향유할 수 있도록 함과 동시에 미래의 세대에게 물려줄 수 있도록 함을 목적으로 한다.

제4조의5(시설별 오염부하량의 할당 등) ① 환경부장관은 오염총량목표수질을 달성·유지하기 위하여 필요하다고 인정되는 경우에는 다음 각 호의 어느 하나의 기준을 적용받는 시설 중 대통령령으로 정하는 시설에 대하여 환경부령으로 정하는 바에 따라 최종방류구별·단위기간별로 오염부하량을 할당하거나 배출량을 지정할 수 있다. 이 경우 환경부장관은 관할 오염총량관리시행 지방자치단체장과 미리 협의하여야 한다.

(각호 생략)

③ 환경부장관 또는 오염총량관리시행 지방자치단체장은 제1항 또는 제2항에 따라 오염부하량을 할당하거나 배출량을 지정하는 경우에는 미리 이해관계자의 의견을 들어야 하고, 이해관계자가 그 내용을 알 수 있도록 필요한 조치를 하여야 한다.

제4조의6(초과배출자에 대한 조치명령 등) ① 환경부장관 또는 오염총량관리시행 지방자치단체장은 제4조의5제1항 또는 제2항에 따라 할당된 오염부하량 또는 지정된 배출량(이하 "할당오염부하량등"이라 한다)을 초과하여 배출하는 자에게 수질오염방지시설의 개선 등 필요한 조치를 명할 수 있다.

제4조의7(오염총량초과부과금) ① 환경부장관 또는 오염총량관리시행 지방자치단체장은 할당오염부하량등을 초과하여 배출한 자로부터 총량초과부과금(이하 "오염총량초과부과금"이라 한다)을 부과·징수한다.

▌解說

> 행정개입청구권 / 취소판결의 기속력 / 법원의 간접강제

Ⅰ. 설문 (1) : 거부처분취소소송의 적법성 여부

1. 논점의 정리

취소소송의 제기가 적법하기 위해서는 처분 등을 대상으로(행정소송법 제19조), 처분의 취소를 구할 법률상 이익이 있는 자가(동법 제12조), 처분청을 상대로(동법 제13조), 처분이 있음을 안 날 또는 재결서 정본을 송달받은 날로부터 90일 이내에(동법 제20조), 전심절차를 요구하는 경우에는 이를 모두 거친 후(동법 제18조 제1항 단서), 처분청의 소재지를 담당하는 행정법원 또는 지방법원 본원에 소를 제기하여야 한다(동법 제9조).

사안의 경우, 거부처분의 상대방인 乙이 소송을 제기하므로 원고적격은 당연히 인정되고 기타 다른 소송요건은 특별히 문제될 것이 없다. 다만 이 사건 거부처분이 취소소송의 대상으로서 처분에 해당하는지 여부가 문제되는바, 이 거부처분의 성립요소로서 신청권을 판단함에 있어서 행정개입청구권의 인정여부에 따라 거부처분의 처분성 여부가 좌우되므로 먼저 행정개입청구권의 성립여부를 살펴보기로 한다.

2. 행정개입청구권의 인정여부

가. 의의 및 성질

행정개입청구권이란 자기를 위하여 행정청으로 하여금 자기 또는 제3자에게 행정권을 발동할 것을 요구하는 것을 내용으로 하는 주관적 공권으로서, 형식적 권리에 불과한 무하자재량행사청구권과 달리 특정한 행위의 발급을 요구하는 실체적 권리에 해당한다.

나. 성립요건

행정개입청구권이 성립하기 위해서는 첫째, 행정개입의 의무를 부과하는 강행법규의 존재가 필요하다. 따라서 기속법규의 경우에는 행정개입청구권을 인정함에 있어서 어려움이 없지만 재량법규의 경우에 행정개입청구권이 발생하기 위해서는 재량이 0으로 수축하여야 한다. 재량이 0으로 수축하여 행정개입의무가 존재하기 위하여는 ① 생명·신체 등 중대한 개인적 법익에 대한 위해가 존재하여야 하며, ② 그러한 위험이 행정권의 발동에 의해 제거될 수 있는 것이어야 하며, ③ 피해자의 개인적인 노력으로는 권익침해의 방지가 충분하게 이루어질 수 없다고 인정되어야 한다. 둘째, 해당 법규가 공익뿐만 아니라 최소한 사익보호를 의도하고 있어야 한다.

다. 사안의 경우

수질 및 수생태계 보전에 관한 법률 제4조의6는 관할 행정청에게 조치명령에 대한 권한을 부여한 것에 불과할 뿐 관할 행정청에게 그러한 의무가 있음을 규정한 것이 아니므로 이 조문에 근거하여 행정개입의무를 인정할 수는 없다고 볼 수도 있다.

그러나 甲의 공장으로부터 할당오염부하량을 초과하여 수질환경을 오염시키는 물질이 방출되어 이로인해 주민 乙의 재산에 중대한 위해가 존재하고, 이러한 위해가 관할 행정청 丙의 조치에 의해 제거될 수 있고 乙의 개인적인 노력으로는 권익침해의 방지가 충분하게 이루어질 수 없는 경우에는 국민의 생명, 신체, 재산 등을 보호하는 것을 본래적 사명으로 하는 국가에게 그 위험배제에 나서야 할 의무가 인정된다고 할 것이므로 행정개입의무가 존재한다고 보아야 할 것이다. 그리고 수질 및 수생태계 보전에 관한 법률 제4조의6은 할당오염부하량을 넘는 경우에 조치명령을 발할 수 있게 규정하고 있는데, 이는 환경오염방지라는 공익뿐만 아니라 사업장 인근 주민들에 대한 보호취지도 있다고 해석된다.

따라서 주민 乙은 수질 및 수생태계 보전에 관한 법률 제4조의6에 따른 조치명령을 관할 행정청에게 신청할 수 있다.

3. 거부처분의 성립여부

가. 판례에 의할 때 거부처분의 성립요소

판례는 거부행위가 항고소송의 대상인 행정처분이 되기 위해서는, "① 그 신청한 행위가 공권력의 행사 또는 이에 준하는 행정작용이어야 하고, ② 그 거부행위가 신청인의 법률관계에 어떤 변동을 일으키는 것이어야 하며, ③ 그 국민에게 그 행위발동을 요구할 법규상 또는 조리상의 신청권이 있어야만 한다"고 판시하여 신청권을 요구하는 입장이다.

나. 사안의 경우

대법원은 건축허가취소신청거부처분취소소송 사건에서 "건축법 등 관계 법령에 국민이 행정청에 대하여 제3자에 대한 건축허가의 취소나 준공검사의 취소 또는 제3자 소유의 건축물에 대한 철거 등의 조치를 요구할 수 있다는 취지의 규정이 없고, 그 밖에 조리상으로도 이러한 권리가 인정될 수 없다"고 하여 처분성을 부정한 경우가 있는 반면,[90] 새만금 사건에서 환경영향평가 대상지역 내에 거주하는 자에게는 공유수면매립면허의 취소를 요청할 권리가 있다고 하여 공유수면매립면허취소신청거부의 처분성을 긍정한 적도 있다.[91]

생각건대, 신청권을 부정하여 소 제기의 적법성 단계에서 원고의 청구를 배척하는 것 보다는 행정개입청구권을 긍정하여 본안까지 나아가 원고의 청구의 이유유무를 판단하는 것이 개인의 권리구제를 본질로 하는 사법국가 원리에 부합하는 점을 고려할 때, 오염물질에 의한 영향을 받는 것으로 추정되는 양식장을 운영하는 주민 乙에게는 조치명령의 발급을 요구할 조리상의 신청권이 있다고 보아야 할 것이다. 따라서 사안의 거부처분은 취소소송의 대상이 되므로 乙의 소제기는 적법하다.

---

90) 대판 1999. 12. 7, 97누17568
91) 대판[전] 2006. 3. 16, 2006두330; 서울고법 2005. 12. 21, 2005누4412(대판 2006두330의 원심판결)

Ⅱ. 설문 (2) : 丙의 부작위의 위법여부 및 이에 대한 행정소송법상 대응수단

1. 논점의 정리

丙이 아무런 조치를 취하지 않고 있는 부작위가 취소판결의 기속력에 반하는지 여부가 문제되고, 만약 기속력에 반한다면 이에 대한 행정소송법상 구제수단으로서 간접강제를 신청할 수 있는지가 문제된다.

2. 丙의 부작위가 취소판결의 기속력에 반하여 위법한지 여부

가. 기속력의 의의

취소판결의 기속력이란 소송당사자인 행정청과 그 밖에 관계행정청에게 인용판결의 취지에 따라 행동하여야 할 의무를 지우는 효력을 말한다(행정소송법 제30조 제1항). 이러한 기속력은 인용판결의 취지에 따라 행동하도록 처분청을 구속하는 효력으로서 모순된 재판을 금지하는 기판력과는 그 본질을 달리한다.

나. 기속력의 범위

① 기속력은 당사자인 행정청과 그 밖에 관계행정청에게 미치며(주관적 범위). ② 기속력은 판결주문 및 그 전제가 되는 요건사실의 인정과 판단에 미치고 판결의 결론과 직접 관계 없는 방론이나 간접사실의 판단에는 미치지 않는다(객관적 범위). ③ 기속력은 처분 당시까지 존재하던 사유에 대해서만 미치고 그 이후에 생긴 사유에는 미치지 아니한다(시간적 범위).

다. 내 용

기속력의 내용으로는 반복금지효, 재처분의무, 결과제거의무 등이 논의되는바, 설문과 같은 거부처분의 경우에는 반복금지효와 재처분의무가 문제된다.

거부처분취소판결의 경우, 행정소송법 제30조 제2항에 따라 행정청은 판결의 취지에 따라 다시 이전의 신청에 대한 처분을 하여야 하는바, 이 때 행정청은 판결의 취지를 존중하면 되는 것이지 반드시 신청한 내용대로 처분을 하여야 하는 것은 아니다. 따라서 ① 행정청은 기본적 사실관계의 동일성이 없는 다른 이유를 들어 다시 거부처분을 할 수 있으며, 이 경우 반복금지의무 위반이 아님은 물론 오히려 재처분의무를 성실히 이행한 것이 된다. 또한 ② 거부처분 후에 법령이 개정되어 시행된 경우에 행정청은 개정된 법령의 허가기준을 새로운 사유로 들어 다시 이전의 신청에 대한 거부처분을 할 수 있으며, 그러한 거부처분도 행정소송법 제30조 제2항에 규정된 재처분에 해당된다. 다만, 개정법령에서 이미 허가를 신청 중인 경우에는 종전 규정에 따른다는 취지의 경과규정을 둔 경우에는 종전 규정에 따른 재처분이 이루어져야 할 것이므로, 개정된 법령의 허가기준을 새로운 사유로 들어 거부처분을 할 수는 없다.

한편 ③ 취소판결의 사유가 절차 또는 형식위법인 경우에 행정청이 적법한 절차 또는 형식을 갖추어 행한 동일한 내용의 처분은 취소된 처분과 동일한 처분이 아니므로 역시 기속력에 반하지 않는다.

라. 사안의 경우

개선명령 등의 조치가 재량행위라 할지라도 관할 행정청 丙은 취소판결의 취지에 따라 신청에 대한 처분을 하여야 하는데 이를 하지 않고 있으므로 丙의 부작위는 취소판결의 기속력에 반하여 위법하다.

3. 기속력에 위반되는 부작위에 대한 행정소송법상 대응수단

가. 문제점

丙은 취소판결의 취지에 따른 처분을 해야 함에도 불구하고 이를 이행하지 않고 있는바, 이러한 경우에는 의무이행소송이나 부작위위법확인소송의 제기를 생각해 볼 수 있다. 다만 의무이행소송은 현행법상 인정되는 제도가 아니라는 점에서 그리고 부작위위법확인소송은 권리구제가 우회적이라는 점에서 한계가 존재한다. 따라서 우리 행정소송법은 이러한 재처분의무 불이행시 실효성 확보수단으로서 간접강제제도를 두고 있는바, 이를 살펴보기로 한다.

나. 간접강제제도

(1) 의 의

거부처분취소확정판결에 따른 재처분의무를 행정청이 이행하지 않은 경우, 이러한 재처분의무가 처분청만이 이행할 수 있는 비대체적 작위의무라는 점을 고려하여 행정소송법은 원고가 법원에 간접강제를 신청할 수 있도록 별도로 규정하고 있다(행정소송법 제34조).

(2) 요 건

거부처분에 대한 취소판결이 확정되어야 하며, 처분청이 거부처분취소판결의 취지에 따른 재처분을 하지 않았어야 한다. 이때 재처분을 하지 않았다는 것은 아무런 재처분을 하지 않은 것뿐만 아니라 재처분이 기속력에 반하여 당연무효가 된 것을 포함한다.

(3) 절 차

행정청이 거부처분취소판결의 취지에 따른 처분을 하지 않은 경우에 당사자는 '제1심 수소법원'에 간접강제를 신청할 수 있다(동법 제34조 제1항). 따라서 당사자는 취소판결이 항소심이나 상고심에서 확정되는 경우에도 행정소송의 제1심 수소법원인 행정법원에 가서 간접강제를 신청하여야 한다.

(4) 결 정

법원의 심리 결과 당사자의 신청이 이유 있다고 인정되면 법원은 인용결정을 하는데, 이때 법원은 재처분을 하여야 할 상당한 기간을 정하게 되고 만약 행정청이 그 기간 내에 재처분을 하지 않을 때에는 그 지연기간에 따라 일정한 배상을 할 것을 명하거나 즉시 손해배상을 할 것을 명하게 된다(동법 제34조 제1항).

만약 법원의 심리 결과 간접강제의 요건이 충족되지 않아 신청인의 신청이 이유 없다고 인정되면 법원은 기각결정을 한다.

(5) 배상금의 성질

판례는 간접강제결정에 기한 배상금은 확정판결의 취지에 따른 재처분의 지연에 대한 제재나 손해배상이 아니고 재처분의 이행에 관한 '심리적 강제수단(즉 이행강제금)'에 해당한다고 본다. 따라서 간접강제결정에서 정한 의무이행기한이 경과한 후에라도 확정판결의 취지에 따른 재처분의 이행이 있으면 더 이상 배상금을 추심할 수 없다고 한다.

다. 사안의 경우

관할 행정청 丙이 취소판결의 취지에 따른 재처분의무를 이행하지 않고 있기 때문에 乙은 행정소송법 제34조 제1항에 따라 관할법원에 간접강제를 신청할 수 있다.

事例 2022년 5급공채시험 변형

　甲은 X시의 시장 乙에게 X시에 소재한 자신의 토지에 공동주택의 건설사업을 위한 개발행위허가 신청을 하였다. 乙은 "甲의 신청지는 X시 도시기본계획상 도시의 자연환경 및 경관을 보호하기 위하여 도시자연공원구역으로 지정이 예정되어 있어 전체적인 개발계획이 수립되지 않은 상태에서 개별적인 공동주택 입지를 위한 개발행위허가는 불합리하다."라는 이유로, 2020. 10. 9. 甲의 신청을 거부하였다(이하 '제1차 거부처분'). 이에 甲은 乙을 상대로 제1차 거부처분의 취소를 구하는 소를 제기하였고, 법원은 제1차 거부처분이 구체적이고 합리적인 근거 없이 甲의 신청을 불허한 것으로 재량권의 일탈·남용이라고 보아 甲의 청구를 인용하는 판결을 하였다. 이 취소판결은 확정되었고, 사실심 변론종결일은 2021. 11. 16.이다. 甲은 위 판결 확정 이후인 2021. 12. 17. 乙에게 위 확정판결에 따른 후속조치의 이행을 촉구하는 내용의 민원을 제기하였는데, 당시 X시의 담당과장은 민원을 접수하면서 甲에게 "법적으로 가능하다면 개발행위를 허가해 주겠다."라고 구두로 답변하였다. 그러나 乙은 2021. 12. 28. 甲에게 "甲이 신청한 토지는 국토교통부에서 확정 발표한 도시자연공원 확대사업이 반영된 대상지로서 우리 시에서는 체계적인 도시개발 및 난개발 방지를 위해「국토의 계획 및 이용에 관한 법률」에 따라 2021. 10. 26. 개발행위허가 제한지역으로 고시하여 현재 신규 개발행위허가는 불가능하다."라는 사유로 甲의 개발행위를 불허하는 통지를 하였다(이하 '제2차 거부처분'). 다음 물음에 답하시오.

1. 甲은 제2차 거부처분이 확정된 취소판결의 취지에 따르지 아니한 것으로 보아「행정소송법」상 간접강제를 신청하였다. 그 신청의 인용 가능성을 검토하시오. (30점)

2. 乙은 제2차 거부처분을 하면서 행정심판 및 행정소송의 제기 여부 등 불복절차에 대하여 아무런 고지를 하지 않았다. 甲은 이를 이유로 제2차 거부처분은 절차적 하자가 있는 위법한 처분이라고 주장한다. 甲의 주장이 타당한지 검토하시오. (10점)

▮ 解 說

취소판결의 기속력 / 법원의 간접강제 / 불고지

Ⅰ. 설문 1 : 취소판결의 기속력과 법원의 간접강제

1. 논점의 정리

설문에서 도시자연공원 확대사업에 따라 甲이 신청한 토지가 개발행위허가 제한지역으로 고시되었는바, 이렇듯 제1차 거부처분 이후 변경된 사실상태를 반영하여 제2차 거부처분이 이루어진 경우, 이것이 취소판결의 기속력에 위반되는지 여부에 따라 간접강제 신청의 인용여부가 좌우될 것이다.

2. 위법판단의 기준시

처분이 이루어진 뒤에 해당 처분의 근거가 된 법령이 개정되거나 사실상태가 변경된 경우, 법원은 어느 때를 위법판단의 기준시점으로 할 것인지가 문제된다. 특히 거부처분취소소송의 경우 위법판단의 기준시점을 처분시로 보게 되면 인용판결이 확정되어도 처분청이 개정된 법령에 따라 새로운 사유를 들어 다시 이전의 허가신청에 대해 거부처분을 하여도 재처분의무를 다한 것이 되기 때문에, 인용판결이 권리구제에 기여하지 못하고 결국 판결에 대한 국민의 불신을 야기한다는 문제가 발생한다.

그럼에도 불구하고, 우리 판례는 처분시설의 입장을 취하고 있으며, 행정기본법 제14조 제2항도 처분시설의 입장을 반영하여 신청에 따른 처분은 처분 당시의 법령을 따른다고 규정하고 있다. 생각건대 취소소송은 행정청이 내린 처분을 다투어서 그 취소를 구하는 소송이므로 처분의 위법판단의 기준시는 처분시로 보는 것이 타당하다.

3. 취소판결의 기속력

가. 기속력의 의의

취소판결의 기속력이란 소송당사자인 행정청과 그 밖에 관계행정청에게 확정판결의 취지에 따라 행동하여야 할 의무를 지우는 효력을 말한다(행정소송법 제30조 제1항). 이러한 기속력은 인용판결의 취지에 따라 행동하도록 처분청을 구속하는 효력으로서 모순된 재판을 금지하는 기판력과는 그 본질을 달리한다.

나. 기속력의 범위

① 기속력은 당사자인 행정청과 그 밖에 관계행정청에게 미치며(주관적 범위). ② 기속력은 판결주문 및 그 전제가 되는 요건사실의 인정과 판단에 미치고 판결의 결론과 직접 관계 없는 방론이나 간접사실의 판단에는 미치지 않는다(객관적 범위). ③ 기속력은 처분 당시까지 존재하던 사유에 대해서만 미치고 그 이후에 생긴 사유에는 미치지 아니한다(시간적 범위).

다. 기속력의 내용

기속력의 내용으로는 반복금지효, 재처분의무, 결과제거의무 등이 논의되는바, 설문과 같은 거부처분의 경우에는 반복금지효와 재처분의무가 문제된다.

거부처분취소판결의 경우, 행정소송법 제30조 제2항에 따라 행정청은 판결의 취지에 따라 다시 이전의 신청에 대한 처분을 하여야 하는바, 이 때 행정청은 판결의 취지를 존중하면 되는 것이지 반드시 신청한 내용대로 처분을 하여야 하는 것은 아니다. 따라서 행정청은 기본적 사실관계의 동일성이 없는 다른 이유를 들어 다시 거부처분을 할 수 있으며, 이 경우 반복금지의무 위반이 아님은 물론 오히려 재처분의무를 성실히 이행한 것이 된다.

라. 사안의 경우

설문의 개발행위허가 제한지역고시는 제1차 거부처분 이후의 사정이므로 이에 따른 제2차 거부처분은 기속력의 시간적 범위를 초과하며, 제1차 거부처분의 사유인 도시자연공원구역지정의 예정과 제2차 거부처분의 사유인 개발행위허가 제한지역고시 기본적 사실관계의 동일성이 인정되지 않아 기속력의 객관적 범위도 벗어난 상태이다. 따라서 제2차 거부처분은 취소판결의 기속력에 위반되지 않는다.

4. 법원의 간접강제

가. 의 의

거부처분취소확정판결에 따른 재처분의무를 행정청이 이행하지 않은 경우, 이러한 재처분의무가 처분청만이 이행할 수 있는 비대체적 작위의무라는 점을 고려하여 행정소송법은 원고가 법원에 간접강제를 신청할 수 있도록 별도로 규정하고 있다(행정소송법 제34조).

나. 요 건

거부처분에 대한 취소판결이 확정되어야 하며, 처분청이 거부처분취소판결의 취지에 따른 재처분을 하지 않았어야 한다. 이때 재처분을 하지 않았다는 것은 아무런 재처분을 하지 않은 것뿐만 아니라 재처분이 기속력에 반하여 당연무효가 된 경우를 포함한다.

다. 절 차

행정청이 거부처분취소판결의 취지에 따른 처분을 하지 않은 경우에 당사자는 '제1심 수소법원'에 간접강제를 신청할 수 있다(법 제34조 제1항). 따라서 당사자는 취소판결이 항소심이나 상고심에서 확정되는 경우에도 행정소송의 제1심 수소법원인 행정법원에 가서 간접강제를 신청하여야 한다.

라. 결 정

법원의 심리 결과 당사자의 신청이 이유 있다고 인정되면 법원은 인용결정을 하는데, 이때 법원은 재처분을 하여야 할 상당한 기간을 정하게 되고 만약 행정청이 그 기간 내에 재처분을 하지 않을 때에는 그 지연기간에 따라 일정한 배상을 할 것을 명하거나 즉시 손해배상을 할 것을 명하게 된다(행정소송법 제34조 제1항).

만약 법원의 심리 결과 간접강제의 요건이 충족되지 않아 신청인의 신청이 이유 없다고 인정되면 법원은 기각결정을 한다.

마. 사안의 경우

제2차 거부처분은 취소확정판결의 취지에 따른 재처분에 해당하므로 취소판결의 기속력에 반하지 않는다. 따라서 甲이 신청한 간접강제는 행정소송법 제34조의 요건을 충족하지 못하고 있다.

5. 사안의 해결

제2차 거부처분이 취소판결의 기속력에 위반되지 않으므로 甲의 간접강제 신청은 기각된다.

Ⅱ. 설문 2 : 고지제도

1. 논점의 정리

처분에 대한 불복절차를 고지 않은 제2차 거부처분에 절차적 하자가 존재하는지 여부가 문제된다.

2. 고지제도

고지제도란 행정청이 처분을 할 때에 상대방 등에게 그 처분에 대하여 행정심판이나 행정소송을 제기할 수 있는지 여부, 청구절차 및 청구기간 등을 미리 알려주도록 제도이다(행정심판법 제58조, 행정절차법 제26조).

3. 불고지시 처분의 위법여부

행정청이 불복방법에 대한 고지의무를 위반한 경우 처분의 적법성에 영향을 미치는지 여부가 문제된다. 이와 관련하여 판례는 행정심판법상 고지절차에 관한 규정은 행정처분의 상대방이 그 처분에 대한 행정심판의 절차를 밟는데 있어 편의를 제공하려는데 있으므로 처분청이 위 규정에 따른 고지의무를 이행하지 아니하였다고 하더라도 경우에 따라서는 행정심판의 제기기간이 연장될 수 있는 것에 그치고 이로 인하여 심판의 대상이 되는 행정처분에 어떤 하자가 수반된다고 할 수 없다는 입장이다.

생각건대, 고지제도의 취지는 행정심판이나 행정소송을 제기함에 있어 편의를 제공하는데 있을 뿐, 행정처분의 성립과정을 규제하는 절차제도이거나 처분의 형식을 규제하는 제도가 아니므로 행정청이 고지의무를 이행하지 않거나 잘못된 고지를 하였다 하더라도 해당 처분의 주체·절차·형식상에 어떤 흠결을 가져오는 것은 아니다. 따라서 판례의 입장이 타당하다.

4. 불고지의 효과

행정청이 행정심판법 제58조에 따른 고지를 하지 아니하여 청구인이 심판청구서를 다른 행정기관에 제출한 경우에는 그 행정기관은 그 심판청구서를 지체 없이 정당한 권한이 있는 피청구인에게 보내야 한다(행정심판법 제23조 제2항). 이 경우 심판청구기간을 계산함에 있어서는 심판권한 없는 행정기관에 심판청구서가 제출되었을 때에 행정심판이 청구된 것으로 본다(동법 제23조 제4항).

또한 행정청이 심판청구기간을 알리지 아니한 경우에는 청구인이 처분이 있음을 알고 있는지 여부와 관계없이 '처분이 있었던 날부터 180일 이내'에 심판청구를 할 수 있다(동법 제27조 제6항).

5. 사안의 해결

행정심판 및 행정소송의 제기 여부 등 불복절차에 대하여 아무런 고지를 하지 않더라도 그것 때문에 처분이 위법해지지는 않으므로 제2차 거부처분이 절차적 하자가 있는 위법한 처분이라는 甲의 주장은 타당하지 않다.

事例　2008년 사법시험 변형

甲은 교육공무원법 제11조의3 및 교육공무원임용령 제5조의2 제1항에 의하여 국립 A대학교 소속 단과대학 조교수로 4년의 기간을 정하여 임용되었다. 甲은 임용기간이 만료되기 4개월 전 임용기간의 만료 사실과 재임용 심사를 신청할 수 있음을 임용권자로부터 서면으로 통지받았다. 이에 따라 甲은 재임용 심사를 신청하였으나 임용권자는 국립 대학교 본부인사위원회의 심의를 거쳐 "첫째, 피심사자 甲의 연구 실적이 '국립 A대학교 교원인사규정'상의 재임용 최소요건은 충족하지만 지도학생에 대한 면담을 실시하지 않는 등 학생지도실적이 미흡하다. 둘째, 甲이 국립 A대학교 총장의 비리와 관련된 기사를 신문에 게재하여 교원으로서의 품위 및 학교의 명예를 크게 손상시켰다."라는 이유로 甲에게 임용기간 만료 2개월 전에 재임용 탈락의 통지를 하였다.

1. 甲에 대한 재임용 탈락 통지가 취소소송의 대상으로서 처분에 해당하는가? (10점)

2. 재임용 탈락 통지에 대한 甲의 행정소송상 권리구제 수단은? (단, 가구제 수단도 함께 검토한다) (15점)

解說

> 재임용 탈락통지의 처분성 여부 / 거부처분에 대한 권리구제수단[92]

I. 설문 1 : 甲에 대한 재임용 탈락 통지의 처분성 여부

1. 논점의 정리

재임용 탈락 통지의 법적 성질이 재임용 신청에 대한 거부처분으로서 항고소송의 대상이 되는 처분성을 가지는지가 문제된다. 당사자에게 재임용 신청권이 있다고 본다면 처분성도 긍정될 것이나 신청권이 없다고 보면 재임용 탈락 통지는 단순히 임용기간의 만료로 교원의 지위가 소멸하였음을 통고하는 사실행위에 불과하게 될 것이다.

2. 거부행위가 취소소송의 대상이 되기 위한 요건

판례는 거부행위가 항고소송의 대상인 행정처분이 되기 위해서는 "① 그 신청한 행위가 공권력의 행사 또는 이에 준하는 행정작용이어야 하고, ② 그 거부행위가 신청인의 법률관계에 어떤 변동을 일으키는 것이어야 하며, ③ 그 국민에게 그 행위발동을 요구할 법규상 또는 조리상의 신청권이 있어야만 한다"고 판시하여 신청권을 요구하는 입장이다.

3. 사안의 해결

가. 신청한 행위가 공권력의 행사에 해당하는지 여부

국립대학교 교원의 임용은 국가의 일방적 의사표시로서 공무원의 지위를 발생시키는 행정행위에 해당한다. 따라서 甲이 신청한 행위는 공권력의 행사에 해당한다.

나. 거부행위가 신청인의 권리·의무에 영향을 미치는지 여부

재임용이 거부됨으로서 甲은 교육공무원으로서의 법적 지위를 더 이상 누릴 수 없게 되었으므로 거부행위는 甲의 권익을 직접적으로 침해하고 있다고 볼 수 있다.

다. 법규상 또는 조리상 신청권이 인정되는지 여부

과거 판례는 기간제로 임용된 국·공립대학교의 조교수는 재임용 심사를 요구할 법규상·조리상 신청권이 없다고 보았으나, 최근 전원합의체 판결을 통하여 "기간제로 임용되어 임용기간이 만료된 국·공립대학의 조교수는 교원으로서의 능력과 자질에 관하여 합리적인 기준에 의한 공정한 심사를 받아 위 기준에 부합되면 특별한 사정이 없는 한 재임용되리라는 기대를 가지고 재임용 여부에 관하여 합리적인 기준에 의한 공정한 심사를 요구할 법규상 또는

---

[92] 이 문제는 대법원 2004. 4. 22. 선고 2000두7735 판결을 바탕으로 만들어진 문제입니다.

조리상 신청권을 가진다"고 판시하였다. 따라서 甲에 대한 재임용 탈락의 통지는 거부처분으로서 취소소송의 대상에 해당한다.

II. 설문 2 : 재임용 탈락 통지에 대한 행정쟁송상 권리구제수단

1. 논점의 정리

위에서 살펴본 것처럼 사안의 재임용 탈락 통지는 거부처분에 해당하므로 거부처분에 대한 행정소송 수단과 그에 적합한 가구제 수단을 검토해보기로 한다.

2. 행정소송

가. 의무이행소송 인정여부

의무이행소송은 행정청에 대하여 일정한 행정처분을 신청하였는데 거부된 경우나 아무런 응답이 없는 경우에 그 이행을 청구하는 것을 내용으로 하는 행정소송이다.

이러한 의무이행소송이 현행법상 인정될 수 있는지에 대하여 견해의 대립이 있으나, 판례는 "행정청에 대하여 행정상 처분의 이행을 구하는 청구는 특별한 규정이 없는 한 행정소송의 대상이 될 수 없다"고 판시하여 이를 부정하고 있다.

나. 취소소송

앞에서 살펴본바와 같이 재임용탈락통지는 거부처분이므로 甲은 취소소송을 제기할 수 있다. 법원이 거부처분의 위법성을 인정하여 거부처분을 취소하는 판결을 하고 이 판결이 확정되면 행정청에게 재처분의무가 인정되며(행정소송법 제30조 제2항), 이러한 재처분의무를 행정청이 이행하지 않으면 甲은 간접강제를 신청할 수 있다(동법 제34조).

3. 가구제

가. 거부처분에 대한 집행정지 인정 여부

거부처분에 대한 집행정지를 인정할 실익이 있는지에 대하여 견해가 대립하고 있다. 이에 대해 대법원은 거부처분에 대한 집행정지를 인정한다 하더라도 그 거부처분이 없었던 것과 같은 상태를 만드는 것에 지나지 않는 것이고, 그 이상으로 행정청에 대하여 어떠한 처분을 명하는 등 적극적인 상태를 만들어낼 수 없다는 이유로 거부처분에 대한 집행정지신청을 이익흠결로 각하하고 있다.

나. 민사집행법상 가처분 준용여부

민사집행법 제300조 제2항의 가처분에 관한 규정을 행정소송에도 준용하여 잠정적인 허가 등을 명하는 조치를 할 수 있는지 여부가 문제되는바, 판례는 "항고소송에 대하여는 민사집행법상 가처분에 관한 규정이 적용되지 않는다"고 판시하여 부정하는 입장이다.

事例   2018년 공인노무사

건축사업자 甲은 X시장으로부터 건축허가를 받아 건물의 신축공사를 진행하던 중 건축법령상의 의무위반을 이유로 X시장으로부터 공사중지명령을 받았다. 甲은 해당 법령의무위반을 하지 않았다고 판단하고, 공사중지명령처분은 위법하다고 주장하며 공사중지명령처분의 무효확인소송을 제기하였다. 법원은 사건의 심리결과 해당 처분에 '중대한' 위법이 있음이 인정되지만, '명백한' 위법은 아닌 것으로 판단하였다. 법원은 어떠한 판결을 내려야 하는지 설명하시오. (25점)

解說

무효확인소송과 취소소송의 관계

1. 논점의 정리

공사중지명령처분에 이른바 취소사유에 해당하는 위법이 존재하는 경우에 무효확인소송을 제기받은 법원이 이를 인용할 수 있는지 여부가 문제되며, 만약 인용할 수 없다면 취소판결이라도 할 수 있는지가 문제된다.

2. 무효확인소송의 의의 및 필요성

무효확인소송은 "행정청의 처분 등의 효력유무를 확인하는 소송"으로서(행정소송법 제4조 제2호), 처분이 무효인 경우에도 처분으로서의 외관이 존재하며, 또한 처분의 무효원인과 취소원인의 구별은 상대적이기 때문에 무효인 처분도 행정청에 의하여 집행될 우려가 있으므로 무효인 처분의 상대방이나 이해관계인은 그 무효임을 공적으로 확인받을 필요가 있다.

3. 무효확인소송의 인용요건

처분이 위법한 경우 바로 인용판결을 할 수 있는 취소소송과는 달리, 무효확인소송에서는 처분이 위법하다고 하여 바로 인용판결을 할 수 있는 것이 아니라 위법의 정도가 중대하고 명백한 경우에 한해서 인용판결을 할 수 있다. 판례는 어떠한 처분이 무효가 되기 위해서는 그 처분에 존재하는 위법이 중대하고 명백하여야 하며, 만약 위법이 중대하지 않거나 명백하지 않는 경우에는 취소사유에 불과하다고 보기 때문이다.

따라서 이 사건 공사중지명령처분의 무효확인소송을 제기받은 법원은 인용판결을 할 수 없다.

4. 취소사유에 대하여 무효확인소송을 제기한 경우

가. 문제점

무효확인소송을 제기하였는데 본안에서 취소사유로 판단된 경우, 해당 무효확인소송이 취소소송의 제기요건을 갖추지 못했다면 법원은 기각판결을 하여야 한다. 다만 무효확인소송이 취소소송의 제기요건을 갖춘 경우에 법원이 어떠한 판결을 내려야 할 것인가에 관하여 견해의 대립이 있다.

나. 학 설

소변경필요설은 법원은 석명권을 행사하여 무효확인소송을 취소소송으로 변경하도록 한 후, 취소판결을 하여야 한다는 견해이다. 그에 반해 취소판결설은 무효확인청구는 취소청구를 포함한다고 보고, 법원은 바로 취소판결을 하여야 한다는 견해이다.

다. 판 례

판례는 "행정처분의 무효확인을 구하는 소에는 원고가 그 처분의 취소를 구하지 아니한다고 밝히지 아니한 이상 그 처분이 만약 당연무효가 아니라면 그 취소를 구하는 취지도 포함되어 있는 것으로 보아야 한다"고 판시하여 바로 취소판결이 가능하다는 입장을 취하고 있다.

5. 사안의 해결

만약 이 사건 공사중지명령처분의 무효확인소송이 취소소송의 제기기간을 충족한 경우라면, 법원은 원고의 반대의사가 없는 한, 취소판결을 할 수 있다.

만약 이 사건 공사중지명령처분의 무효확인소송이 취소소송의 제기기간을 충족하지 못한 경우에는 법원은 이 소송을 기각하는 판결을 선고해야 한다.

事例 2015년 사법시험 변형

행정청 A는 미성년자에게 주류를 판매한 업주 甲에게 영업정지처분에 갈음하여 과징금부과처분을 하였고, 甲은 부과된 과징금을 납부하였다. 그러나 甲은 이후 과징금부과처분에 하자가 있음을 알게 되었다(아래 각 문제는 독립된 것임).

1. A의 과징금부과처분이 당연무효인 경우, 甲이 이미 납부한 과징금을 반환 받기 위해 제기할 수 있는 소송을 검토하시오. (35점)

2. A의 과징금부과처분이 취소사유인 경우, 甲은 이미 납부한 과징금을 반환 받기 위해 제기할 수 있는 소송을 검토하시오. (15점)

I. 解說

> 무효확인소송의 보충성 / 구성요건적 효력과 선결문제 / 관련청구소송의 병합

I. 설문 (1)의 해결

1. 논점의 정리

A의 과징금부과처분이 당연무효인 경우, 甲이 이미 납부한 과징금을 반환받기 위하여 항고소송으로서 무효확인소송을 제기할 수 있는지 여부 및 부당이득반환청구소송의 제기가능성 그 밖에 무효확인소송과 부당이득반환청구소송의 병합제기 가능성 등을 살펴보기로 한다.

2. 납부한 과징금을 반환 받기 위해 甲이 제기할 수 있는 소송

가. 무효확인소송의 제기

(1) 문제점

무효인 행정처분이 집행되지 않은 경우에는 집행의무를 면하기 위하여 처분의 무효확인을 받을 소의 이익이 있지만, 설문과 같이 甲이 과징금을 납부하여 무효인 행정처분이 이미 집행된 경우에는 그에 의해 형성된 위법상태의 제거를 위한 직접적인 소송방법이 있다면 무효확인소송은 소의 이익이 없어 각하되어야 하는 것이 아닌가에 대하여 견해의 대립이 있다.

(2) 무효확인소송의 보충성 인정여부에 대한 견해의 대립

(가) 학 설

민사소송의 일반원칙인 확인소송의 보충성의 원칙에 따라, 행정처분의 무효를 전제로 한 이행소송 등과 같은 다른 구제수단이 있는 경우에는 무효확인소송의 소의 이익을 부정하고, 다른 구제수단에 의하여 분쟁이 해결되지 않는 경우에 한하여 무효확인소송을 보충적으로 인정하는 입장(보충성 긍정설)과 행정소송법은 취소판결의 기속력을 무효확인소송에도 준용하고 있으므로 무효확인판결 자체만으로도 원상회복 등 실효성을 확보할 수 있으며, 우리 행정소송법은 외국의 입법례와 달리 무효확인소송의 보충성을 규정하고 있지 않으므로, 행정처분의 무효를 전제로 한 이행소송과 같은 직접적인 구제수단이 있는지 여부를 따질 필요 없이 근거법률에 의해 보호되는 직접적이고 구체적인 이익이 있는 경우에는 무효확인소송을 제기할 수 있다는 입장(보충설 부정설)이 대립하고 있다.

(나) 판 례

판례는 종래 보충성 긍정설을 취하였으나, 최근 전원합의체 판결을 통해서 보충성 부정설로 입장을 변경하였다.

(다) 검토 및 사안의 경우

생각건대, 무효확인판결에는 기속력으로 원상회복의무가 인정되므로(행정소송법 제30조, 제38조 제1항) 무효확인소송은 단순한 확인소송이 아니라 행정청에게 원상회복의무라는 이행의무를 부과하는 이행소송적 기능을 수행하는 권리구제수단으로 볼 수 있다. 따라서 처분의 무효를 전제로 한 부당이득반환청구소송과 같은 직접적인 구제수단이 있는지 여부를 따질 필요 없이 무효확인소송을 제기할 이익이 인정된다.

다만 행정청 A가 원상회복의무를 이행하지 않는 경우 행정소송법상 별도의 구제수단이 존재하지 않는다는 점에서 권리구제의 한계가 있다.[93]

나. 부당이득반환청구소송의 제기

(1) 부당이득의 의의 및 관할법원의 문제

부당이득이란 법률상 원인 없이 타인의 재산 또는 노무로 인하여 이익을 얻고 이로 인하여 타인에게 손해를 가한 자는 그 이익을 반환하여야 하는 제도를 의미하는바(민법 제741조), 특히 행정법관계에서 성립하는 부당이득반환청구권을 공법상의 부당이득반환청구권이라고 부르고 있다.

관할법원과 관련하여, 학설은 공법상의 부당이득반환청구권은 공법적 원인에 의하여 발생되기 때문에 공권의 성격을 가지며 이에 대한 분쟁은 행정소송법 제3조 제2호의 당사자소송에 의하여야 한다는 공권설의 입장이나, 판례는 사권설의 입장에서 부당이득반환청구소송의 일종인 조세과오납금반환청구소송을 민사소송으로 다루고 있다.[94]

(2) 공법상 부당이득의 성립요건

부당이득이 발생하려면 하나의 동일한 사실관계에 의하여 한편에는 이익이 발생하고 다른 한편에는 손해가 발생하여야 하며 법률상 원인이 없어야 한다. 여기서 법률상 원인이라 함은 수익자의 수익의 보유를 정당화하는 권원을 의미하는 바, 행정처분에 의하여 이익이 발생한 경우 법률상 원인이 없는 것으로 인정되기 위해서는 처분이 무효이거나 취소가 된 상태이어야 한다.[95]

(3) 부당이득반환청구소송을 제기받은 민사법원이 과징금부과처분의 효력 유무를 심리할 수 있는지 여부

행정처분의 무효를 이유로 납부한 금원에 대한 부당이득반환청구소송을 제기한 경우에 관할 민사법원은 선결문제로서 행정처분의 효력 유무를 심사할 수 있다(행정소송법 제11조). 따라서 부과처분이 당연무효라면 관할 민사법원은 부과처분이 무효임을 확인하여 부당이득을 인정한 다음 부당이득반환청구소송에 대하여 인용판결을 내릴 수 있다. 그러나 부과처분이 취소사유에 불과한 경우, 그 처분이 권한 있는 기관에 의하여 취소되지 않는 한 민사법원은 그 효력을 부인할 권한이 없으므로 부과처분이 유효임을 확인하여 부당이득이 발생하지 않았음을 이유로 기각판결을 하여야 한다.[96][97]

---

93) 행정소송법 제34조의 간접강제는 무효등확인소송에 준용되지 않으며, 혹 준용된다고 해석한다 할지라도 간접강제는 행정소송법 제30조 제2항의 재처분의무 불이행시에만 가능한 수단이므로 사안과는 관계가 없습니다.
94) 대판 1994. 11. 11, 94다28000
95) 대판 1994. 11. 11, 94다28000

(4) 사안의 경우

甲은 부당이득반환청구소송만을 바로 민사법원에 제기할 수 있다. 사안과 같이 부과처분이 당연무효인 경우에는 구성요건적 효력이 인정되지 아니하므로 부당이득반환청구소송을 제기받은 민사법원은 당연히 부과처분의 무효를 확인할 수 있기 때문이다.

다만 공법상 원인에 의한 부당이득의 문제를 전문법원인 행정법원이 아니라 민사법원에서 처리한다는 점에서 전문성의 결여라는 문제가 있다.

다. 무효확인소송과 부당이득반환청구소송의 병합 제기

甲은 무효확인소송과 부당이득반환청구소송을 병합하여 행정법원에 제기할 수도 있다(행정소송법 제10조, 제38조 제1항). 종래 무효확인소송의 보충성을 긍정하던 시기에는 사안과 같이 무효인 처분이 이미 집행된 경우에는 무효확인의 이익을 부정하였으므로 소송계속이 이루어지지 아니하여 부당이득반환청구소송을 무효확인소송에 병합하여 제기할 수 없었다. 그러나 지금처럼 무효확인소송의 보충성을 부정한다면 사안의 경우 무효확인의 이익이 인정되어 소송계속이 허용되므로 부당이득반환청구소송을 무효확인소송에 병합하여 제기할 수 있게 된다.

이렇게 무효확인소송과 부당이득반환청구소송을 병합하여 제기한 경우, 수소법원은 계쟁처분이 무효임을 무효확인소송에 의해 확인하면서 동시에 부당이득을 원고에게 반환하라는 취지의 이행명령을 할 것이며, 만약 행정측이 이러한 이행명령을 이행하지 않을 경우 원고는 이행판결의 집행력에 근거하여 강제집행을 신청할 수 있으므로 매우 효과적인 권리구제수단이 된다고 할 것이다.

라. 기타 수단

甲은 위법한 과세처분으로 인하여 손해가 발생하였음을 주장하면서 국가배상청구소송을 제기할 수도 있으나 과세관청의 과실을 입증하기가 곤란하다는 점에서 인용판결을 받기는 곤란할 것이다.

3. 사안의 해결

甲은 과징금부과처분무효확인소송을 행정법원에 제기할 수도 있고, 부당이득반환청구소송을 민사법원에 제기할 수도 있으나 그다지 효과적인 구제수단은 아니다. 따라서 두 소송을 병합하여 행정법원에 제기하는 것이 가장 효과적인 구제수단이다.

---

96) 대판 1994. 11. 11, 94다28000
97) 대판 1999. 8. 20, 99다20179

Ⅱ. 설문 (2)의 해결

1. 논점의 정리

A의 과징금부과처분이 취소사유인 경우, 甲이 이미 납부한 과징금을 반환받기 위하여 과징금부과처분취소소송의 제기가능성 및 부당이득반환청구소송의 제기가능성을 검토하고 그 밖에 취소소송과 부당이득반환청구소송의 병합제기 가능성을 살펴보기로 한다.

2. 납부한 과징금을 반환 받기 위해 甲이 제기할 수 있는 소송

가. 취소소송의 제기

과징금부과처분취소소송을 제기하여 취소판결을 받게 되면 취소판결의 기속력 중 원상회복의무에 의해 행정청 A는 납부받았던 과징금을 甲에게 돌려주어야 한다. 다만 행정청 A가 원상회복의무를 이행하지 않는 경우 행정소송법상 별도의 구제수단이 존재하지 않는다는 점에서 권리구제의 한계가 있다.[98]

나. 부당이득반환청구소송의 제기

앞에서 살펴본 것처럼 부당이득반환청구소송을 제기받은 관할 민사법원은 선결문제로서 행정처분의 효력 유무를 심사할 수 있다(행정소송법 제11조). 따라서 설문처럼 부과처분이 취소사유에 불과한 경우, 그 처분이 권한 있는 기관에 의하여 취소되지 않는 한 민사법원은 그 효력을 부인할 권한이 없으므로 부과처분이 유효임을 확인하여 부당이득이 발생하지 않았음을 이유로 기각판결을 하여야 한다.

다. 취소소송과 부당이득반환청구소송의 병합제기

행정소송법 제10조에 따라 취소소송과 부당이득반환청구소송을 병합하여 행정법원에 제기할 수 있다. 이 경우 과세처분이 취소사유에 해당하므로 취소판결에 의하여 과징금부과처분의 효력이 제거되면 부당이득반환청구소송도 인용될 것이다.

한편, 판례는 이렇게 취소소송에 부당이득반환청구가 병합되어 제기된 경우 부당이득반환청구가 인용되기 위해서는 그 소송절차에서 해당 처분이 취소되면 충분하고 그 처분의 취소가 확정되어야 하는 것은 아니라고 보고 있다.[99]

3. 사안의 해결

甲은 과징금부과처분취소소송을 행정법원에 제기할 수 있으나 그다지 효과적인 구제수단이라 할 수 없으며, 부당이득반환청구소송을 민사법원에 제기한다면 기각될 것이다. 따라서 두 소송을 병합하여 행정법원에 제기하는 것이 가장 효과적인 구제수단이다.

---

[98] 행정소송법 제34조의 간접강제는 행정소송법 제30조 제2항의 재처분의무 불이행시에만 가능한 수단이므로 사안과는 관계가 없습니다.
[99] 대판 2009. 4. 9, 2008두23153

事例   2017년 공인노무사

국민건강보험공단은 甲에게 보험료부과처분을 하였고, 甲은 별도의 검토 없이 이를 납부하였다. 그러나 甲은 이후 해당 보험료부과처분이 무효임을 알게 되었다. 甲이 이미 납부한 보험료를 돌려받기 위하여 제기할 수 있는 소송의 종류에 대하여 설명하시오. (25점)

▮ 解說

> 무효확인소송의 보충성 / 구성요건적 효력과 선결문제 / 관련청구소송의 병합

Ⅰ. 논점의 정리

당연무효인 보험료부과처분에 의하여 이미 보험료를 납부한 甲이 이 보험료를 반환받기 위하여 항고소송으로서 무효확인소송을 제기할 수 있는지 여부 및 부당이득반환청구소송의 제기가능성 그 밖에 무효확인소송과 부당이득반환청구소송의 병합제기 가능성 등을 살펴보기로 한다.

Ⅱ. 무효확인소송의 제기

1. 문제점

무효인 행정처분이 집행되지 않은 경우에는 집행의무를 면하기 위하여 처분의 무효확인을 받을 소의 이익이 있지만, 설문과 같이 甲이 보험료를 납부하여 무효인 행정처분이 이미 집행된 경우에는 그에 의해 형성된 위법상태의 제거를 위한 직접적인 소송방법이 있다면 무효확인소송은 소의 이익이 없어 각하되어야 하는 것이 아닌가에 대하여 견해의 대립이 있다.

2. 무효확인소송의 보충성 인정여부에 대한 견해의 대립

가. 학 설

민사소송의 일반원칙인 확인소송의 보충성의 원칙에 따라, 행정처분의 무효를 전제로 한 이행소송 등과 같은 다른 구제수단이 있는 경우에는 무효확인소송의 소의 이익을 부정하고, 다른 구제수단에 의하여 분쟁이 해결되지 않는 경우에 한하여 무효확인소송을 보충적으로 인정하는 입장(보충성 긍정설)과 행정소송법은 취소판결의 기속력을 무효확인소송에도 준용하고 있으므로 무효확인판결 자체만으로도 원상회복 등 실효성을 확보할 수 있으며, 우리 행정소송법은 외국의 입법례와 달리 무효확인소송의 보충성을 규정하고 있지 않으므로, 행정처분의 무효를 전제로 한 이행소송과 같은 직접적인 구제수단이 있는지 여부를 따질 필요 없이 근거법률에 의해 보호되는 직접적이고 구체적인 이익이 있는 경우에는 무효확인소송을 제기할 수 있다는 입장(보충설 부정설)이 대립하고 있다.

나. 판 례

판례는 종래 보충성 긍정설을 취하였으나, 최근 전원합의체 판결을 통해서 보충성 부정설로 입장을 변경하였다.

3. 검토 및 사안의 경우

생각건대, 무효확인판결에는 기속력으로 원상회복의무가 인정되므로(행정소송법 제30조, 제38조 제1항) 무효확인소송은 단순한 확인소송이 아니라 행정청에게 원상회복의무라는 이행의무를 부과하는 이행소송적 기능을 수행하는 권리구제수단으로 볼 수 있다. 따라서 처분의 무효를 전제로 한 부당이득반환청구소송과 같은 직접적인 구제수단이 있는지 여부를 따질 필요 없이 무효확인소송을 제기할 이익이 인정된다.

다만 국민건강보험공단이 원상회복의무를 이행하지 않는 경우 행정소송법상 별도의 구제수단이 존재하지 않는다는 점에서 권리구제의 한계가 있다.[100]

III. 부당이득반환청구소송의 제기

1. 부당이득의 의의 및 관할법원의 문제

부당이득이란 법률상 원인 없이 타인의 재산 또는 노무로 인하여 이익을 얻고 이로 인하여 타인에게 손해를 가한 자는 그 이익을 반환하여야 하는 제도를 의미하는바(민법 제741조), 특히 행정법관계에서 성립하는 부당이득반환청구권을 공법상의 부당이득반환청구권이라고 부르고 있다. 관할법원과 관련하여, 학설은 공법상의 부당이득반환청구권은 공법적 원인에 의하여 발생되기 때문에 공권의 성격을 가지며 이에 대한 분쟁은 행정소송법 제3조 제2호의 당사자소송에 의하여야 한다는 공권설의 입장이나, 판례는 사권설의 입장에서 부당이득반환청구소송의 일종인 조세과오납금반환청구소송을 민사소송으로 다루고 있다.[101]

2. 공법상 부당이득의 성립요건

부당이득이 발생하려면 하나의 동일한 사실관계에 의하여 한편에는 이익이 발생하고 다른 한편에는 손해가 발생하여야 하며 법률상 원인이 없어야 한다. 여기서 법률상 원인이라 함은 수익자의 수익의 보유를 정당화하는 권원을 의미하는 바, 행정처분에 의하여 이익이 발생한 경우 법률상 원인이 없는 것으로 인정되기 위해서는 처분이 무효이거나 취소가 된 상태이어야 한다.[102]

3. 부당이득반환청구소송을 제기받은 민사법원이 과징금부과처분의 효력 유무를 심리할 수 있는지 여부

행정처분의 무효를 이유로 납부한 금원에 대한 부당이득반환청구소송을 제기한 경우에 관할 민사법원은 선결문제로서 행정처분의 효력 유무를 심사할 수 있다(행정소송법 제11조). 따라서 부과처분이 당연무효라면 관할 민사법원은 부과처분이 무효임을 확인하여 부당이득을 인정한 다

---

100) 행정소송법 제34조의 간접강제는 무효등확인소송에 준용되지 않으며, 만약 무효확인소송에서도 간접강제가 허용된다고 가정하여도 간접강제는 행정소송법 제30조 제2항의 재처분의무 불이행시에만 가능한 수단이므로 사안과 같이 원상회복의무의 불이행의 경우와는 관계가 없습니다.
101) 대판 1994. 11. 11, 94다28000
102) 대판 1994. 11. 11, 94다28000

음 부당이득반환청구소송에 대하여 인용판결을 내릴 수 있다. 그러나 부과처분이 취소사유에 불과한 경우, 그 처분이 권한 있는 기관에 의하여 취소되지 않는 한 민사법원은 그 효력을 부인할 권한이 없으므로 부과처분이 유효임을 확인하여 부당이득이 발생하지 않았음을 이유로 기각판결을 하여야 한다.[103][104]

4. 사안의 경우

甲은 부당이득반환청구소송만을 바로 민사법원에 제기할 수 있다. 사안과 같이 부과처분이 당연무효인 경우에는 공정력(혹은 구성요건적 효력)이 인정되지 아니하므로 부당이득반환청구소송을 제기받은 민사법원은 당연히 부과처분의 무효를 확인할 수 있기 때문이다.

다만 공법상 원인에 의한 부당이득의 문제를 전문법원인 행정법원이 아니라 민사법원에서 처리한다는 점에서 전문성의 결여라는 문제가 있다.

IV. 무효확인소송과 부당이득반환청구소송의 병합 제기

甲은 무효확인소송과 부당이득반환청구소송을 병합하여 행정법원에 제기할 수도 있다(행정소송법 제10조, 제38조 제1항). 종래 무효확인소송의 보충성을 긍정하던 시기에는 사안과 같이 무효인 처분이 이미 집행된 경우에는 무효확인의 이익을 부정하였으므로 소송계속이 이루어지지 아니하여 부당이득반환청구소송을 무효확인소송에 병합하여 제기할 수 없었다. 그러나 지금처럼 무효확인소송의 보충성을 부정한다면 사안의 경우 무효확인의 이익이 인정되어 소송계속이 허용되므로 부당이득반환청구소송을 무효확인소송에 병합하여 제기할 수 있게 된다.

이렇게 무효확인소송과 부당이득반환청구소송을 병합하여 제기한 경우, 수소법원은 계쟁처분이 무효임을 무효확인소송에 의해 확인하면서 동시에 부당이득을 원고에게 반환하라는 취지의 이행명령을 할 것이며, 만약 행정측이 이러한 이행명령을 이행하지 않을 경우 원고는 이행판결의 집행력에 근거하여 강제집행을 신청할 수 있으므로 매우 효과적인 권리구제수단이 된다고 할 것이다.

V. 사안의 해결[105]

甲은 보험료부과처분무효확인소송을 행정법원에 제기할 수도 있고, 부당이득반환청구소송을 민사법원에 제기할 수도 있으나 그다지 효과적인 구제수단은 아니다. 따라서 두 소송을 병합하여 행정법원에 제기하는 것이 가장 효과적인 구제수단이다.

---

103) 대판 1994. 11. 11, 94다28000
104) 대판 1999. 8. 20, 99다20179
105) 국가배상청구소송도 생각해볼 수는 있으나 출제의도에 부합하는 논점은 아니므로 쓸 필요 없습니다.

事例 2021년 공인노무사

　중기계를 생산하는 제조회사에 근무하는 甲은 골절 등의 업무상 사고로 인하여 상해를 입었음을 이유로 근로복지공단으로부터 휴업급여와 장해급여 등의 지급결정을 받았다. 그 후 근로복지공단은 甲이 실제 상해를 입지 않았음에도 허위로 지급신청서를 작성하여 급여지급결정을 받은 사실을 들어 甲에 대한 급여지급결정을 취소하였고, 甲은 급여지급결정의 취소처분서를 2021. 1. 7. 직접 수령하였다. 이와 함께 근로복지공단은 이미 甲에게 지급된 급여액에 해당하는 금액을 부당이득으로 징수하였다. 한편, 甲은 위 급여지급결정 취소처분이 위법함을 이유로 2021. 5. 7. 급여지급결정 취소처분에 대한 무효확인소송을 제기하였다. 다음 물음에 답하시오. (단, 각 물음은 상호 관련성이 없는 별개의 문항임) (50점)

물음 1) 위 무효확인소송에서 급여지급결정 취소처분이 무효라는 점에 대한 입증책임은 누가 부담하는가? (10점)

물음 2) 위 무효확인소송의 계속 중 甲은 추가적으로 급여지급결정 취소처분의 취소를 구하는 소를 병합하여 제기할 수 있는가? (20점)

물음 3) 위 무효확인소송에서 기각판결이 확정된 후 甲이 급여지급결정 취소처분의 '법령 위반'을 이유로 국가배상청구소송을 제기한 경우, 무효확인소송의 기각판결의 효력과 관련하여 국가배상청구소송의 수소법원은 급여지급결정 취소처분의 '법령 위반'을 인정할 수 있는가? (20점)

참조조문

국가배상법

제2조(배상책임) ① 국가나 지방자치단체는 공무원 또는 공무를 위탁받은 사인(이하 "공무원"이라 한다)이 직무를 집행하면서 고의 또는 과실로 법령을 위반하여 타인에게 손해를 입히거나, 「자동차손해배상 보장법」에 따라 손해배상의 책임이 있을 때에는 이 법에 따라 그 손해를 배상하여야 한다. 다만 군인·군무원·경찰공무원 또는 예비군대원이 전투·훈련 등 직무 집행과 관련하여 전사(戰死)·순직(殉職)하거나 공상(公傷)을 입은 경우에 본인이나 그 유족이 다른 법령에 따라 재해보상금·유족연금·상이연금 등의 보상을 지급받을 수 있을 때에는 이 법 및 「민법」에 따른 손해배상을 청구할 수 없다.

❙ 解 說

> 무효확인소송의 입증책임 / 무효확인소송과 취소소송의 병합
> / 무효확인소송의 기판력과 국가배상청구소송

Ⅰ. 물음 1)의 해결

1. 논점의 정리

무효확인소송과 마찬가지로 행정처분을 대상으로 하는 취소소송의 경우, 처분의 적법사유에 대해서는 피고 행정청에게 입증책임이 인정된다는 것이 판례의 입장인바, 무효확인소송에서 대상이 되는 처분이 무효라는 점에 대한 입증책임도 피고 행정청이 지는 것인지 아니면 원고가 지는 것인지가 문제된다.

2. 입증책임의 의의

입증책임(증명책임)이란 소송상 일정한 사실의 존부가 확정되지 아니한 경우에, 이러한 사실이 존재하지 않는 것으로 간주되어 불리한 법적 판단을 받게 되는 일방의 당사자의 불이익 내지는 위험을 말한다.

3. 무효확인소송에서의 입증책임의 분배

가. 문제점

무효등확인소송에 있어서 무효원인사실에 대한 입증책임을 당사자간에 어떻게 분배할 것인가에 대하여 견해가 갈리고 있다.

나. 학 설

무효등확인소송은 항고소송으로서 취소소송과 마찬가지로 처분의 적법여부가 분쟁의 대상이 되고 있으며, 위법의 중대·명백성은 법해석 내지 경험칙에 의하여 판단될 사항으로 입증책임의 문제와는 직접 관계가 없다는 견해(일반원칙설)와 하자의 중대·명백성은 특별한 예외적인 사유라는 점, 무효등확인소송은 제소기간의 제한없이 언제든지 제기할 수 있어 증거가 언제든지 없어질 수 있다는 점 등을 고려하여 원고가 무효원인사실에 대한 입증책임을 져야 한다는 견해(원고책임설)가 대립하고 있다.

다. 판 례

판례는 "행정처분의 당연무효를 구하는 소송에 있어서 그 무효를 구하는 사람에게 그 행정처분에 존재하는 하자가 중대하고 명백하다는 것을 주장 입증할 책임이 있다"고 판시하여 원고책임설의 입장이다.[106]

4. 사안의 해결

판례에 따를 때, 급여지급결정 취소처분이 무효라는 점에 대한 입증책임은 원고인 甲이 부담한다.

Ⅱ. 물음 2)의 해결

1. 논점의 정리

무효확인소송에 추가적으로 취소소송을 병합하는 경우, 그 병합의 모습과 특징에 대해 살펴본다. 특히 무효확인소송이 취소소송의 제소기간을 충족하고 있는지를 살펴 위와 같은 병합이 허용될 수 있는지 여부를 판단하기로 한다.

2. 청구의 병합

가. 의 의

수개의 청구를 병합하여 하나의 소송절차에서 통일적으로 심판하게 되면 심리의 중복이나 재판의 모순·저촉을 피하고 당사자나 법원의 부담을 경감할 수 있는바, 이러한 취지에서 행정소송법은 관련청구소송의 병합(행정소송법 제10조)과 공동소송(동법 제15조)을 규정하고 있다. 그 밖에 민사소송법에 의한 병합도 가능하다(동법 제8조 제2항).

나. 종 류

청구의 병합은 당사자의 동일 여부에 따라 객관적 병합과 주관적 병합으로 나눌 수 있고, 병합의 시기에 따라 원시적 병합과 후발적 병합으로 나눌 수 있다.

또한 심리의 순서에 따라 수개의 청구에 대해 병렬적으로 심판을 구하는 단순병합, 양립가능한 수개의 청구 가운데 어느 하나의 청구가 인용되면 원고로서는 소의 목적을 달성할 수 있으므로 다른 청구에 대해서는 심판을 구하지 않는 형태의 병합인 선택적 병합, 양립되지 않는 수개의 청구를 하면서 제1차적 청구(주위적 청구)가 배척(기각 또는 각하)될 때를 대비하여 제2차적 청구(예비적 청구)에 대하여 심판을 구하는 형태의 병합인 예비적 병합으로 나눌 수 있다.

다. 무효확인소송과 취소소송의 병합의 경우

동일한 처분에 대한 무효확인소송과 취소소송은 서로 양립할 수 없는 청구이므로 선택적 병합이나 단순 병합은 허용되지 않고, 오로지 예비적 병합만이 가능하다. 즉 원고는 취소청구가 제소기간의 경과 등의 이유로 각하될 것을 대비하여 무효확인청구를 예비적으로 병합하거나, 설문과 같이 무효확인청구가 기각될 것을 대비하여 취소청구를 예비적으로 병합할 수 있다.

또한 설문은 무효확인소송의 계속 중 취소처분의 취소를 구하는 소를 병합하였으므로 후발적 병합에 해당하며, 원고와 피고가 동일하므로 객관적 병합에 해당한다.

---

106) 대판 1984. 2. 28, 82누154

3. 무효확인소송의 제소기간 충족여부

원래 무효확인소송은 제소기간의 제한을 받지 않는다(행정소송법 제20조, 동법 제38조 제1항). 그러나 설문과 같이 무효확인소송이 기각될 것을 대비하여 예비적으로 취소소송을 병합하는 경우에는 제소기간의 제한을 받는다. 즉 위와 같은 예비적 병합은 무효확인소송을 취소소송으로 변경하는 것과 마찬가지이므로 구소 제기시에 신소가 제기된 것으로 보는데(행정소송법 제37조, 제21조 제4항, 제14조 제4항), 신소인 취소소송이 구소인 무효확인소송 제기시에 제기된 것으로 보고 있으므로 구소인 무효확인소송이 취소소송의 제소기간을 충족하고 있어야 신소인 취소소송도 제소기간을 충족하기 때문이다. 판례도 주된 청구인 무효확인의 소가 적법한 제소기간 내에 제기되었다면 추가로 병합된 취소청구의 소도 적법하게 제기된 것으로 보고 있다.[107]

4. 사안의 해결

이 사건 급여지급결정 취소처분은 2021. 1. 7. 甲이 직접 수령하였으므로 甲은 그때부터 90일 이내에 취소소송을 제기할 수 있다. 한편 甲은 2021. 5. 7. 급여지급결정 취소처분에 대한 무효확인소송을 제기하였으므로 만약 무효확인소송의 계속 중 甲이 추가적으로 급여지급결정 취소처분의 취소를 구하는 소를 병합한다면, 이 취소소송은 2021. 5. 7. 에 제기된 것으로 보게 되어 제소기간을 경과하게 된다. 따라서 甲은 급여지급결정 취소처분의 취소를 구하는 소를 병합할 수 없다.

III. 물음 3)의 해결

1. 논점의 정리

무효확인소송의 기각판결이 확정되어 기판력이 발생한 경우, 그 기판력이 국가배상청구소송에 미치는지가 문제된다. 이를 위하여 무효확인소송의 소송물, 항고소송의 위법과 국가배상청구소송의 법령위반과의 관계 등을 검토하기로 한다.

2. 무효확인소송의 소송물

소송물이란 소송법상의 기초개념으로서 소송에서의 심판대상 또는 심판대상이 되는 단위인데, 무효확인소송의 소송물은 행정처분이 무효라는 확인을 구하는 원고의 주장이다.
따라서 법원은 행정처분이 위법하고 위법성의 정도가 중대하고 명백하여 무효에 해당하는 경우에는 원고의 청구를 인용하는 판결을 해야 하고, 처분이 적법하거나 또는 처분이 위법하더라도 취소사유에 그치는 경우에는 원고의 청구를 기각하는 판결을 하여야 한다.

---

107) 대판 2005. 12. 23, 2005두3554

3. 무효확인소송의 기판력

가. 기판력의 의의

기판력은 소송물에 관하여 법원이 행한 판단내용이 확정되면, 이후 동일사항이 문제되는 경우에 있어 당사자는 그에 반하는 주장을 하여 다투는 것이 허용되지 않으며, 법원도 그와 모순·저촉되는 판단을 하여서는 안되는 구속력을 말한다.

행정소송법은 기판력에 관하여 명시적으로 규정하지는 않고 있지만, 행정소송법 제8조 제2항에 의하여 민사소송법상 기판력에 관한 규정은 당연히 행정소송에도 준용된다.

나. 범위

(1) 주관적 범위

기판력은 원칙적으로 당사자 및 당사자와 동일시 할 수 있는 그 승계인에게만 미친다(민사소송법 제218조). 이와 관련하여 행정청을 피고로 하는 항고소송의 기판력이 국가 또는 공공단체에도 미치는지 여부가 문제되나, 본래 소송의 당사자는 법주체이며 따라서 항고소송의 피고도 그 처분의 효과가 귀속되는 국가 또는 공공단체이어야 하나 소송편의를 위해 행정소송법이 처분청을 피고로 하고 있음을 고려할 때, 행정청을 피고로 하는 항고소송의 기판력은 그 처분의 효과가 귀속되는 국가 또는 공공단체에 미친다고 보아야 한다. 판례도 같은 입장이다.[108]

(2) 객관적 범위

확정판결은 판결주문에 포함된 것에 한하여 기판력을 갖는다(민사소송법 제216조 제1항). 따라서 무효확인소송의 기판력도 판결주문에 표시된 소송물에 관한 판단에만 인정되고, 판결이유에 관한 판단에는 미치지 않는다.

한편 무효확인소송의 소송물은 행정처분이 무효라는 확인을 구하는 원고의 주장이므로 인용판결의 경우에는 행정처분이 위법하다는 부분에 대해서도 기판력이 발생하지만, 기각판결의 경우에는 행정처분이 유효하다는 부분에만 기판력이 발생할 뿐, 행정처분의 위법여부에 대해서는 기판력이 발생하지 않는다.

(3) 시간적 범위

기판력은 사실심변론의 종결시를 표준으로 하여 발생한다. 즉, 당사자는 사실심변론의 종결시까지 소송자료를 제출할 수 있고 종국판결도 그때까지 제출한 자료를 기초로 한 결과이기 때문에, 이 시점에서 기판력이 생긴다.

4. 무효확인소송의 기판력이 국가배상청구소송에 미치는지 여부

가. 무효확인소송이 인용이 된 경우

무효확인소송이 인용이 되어 확정된 경우에는 처분이 위법하다는 부분에 대하여도 기판력이 발생하게 된다. 한편 국가배상법은 국가배상청구권의 성립요건 중 하나로 '법령위반'을 들고

---

[108] 대판 1998. 7. 24, 98다10854

있는바, 항고소송에서 말하는 위법과 국가배상법에서 말하는 법령위반이 동일한 의미인지에 따라 기판력이 미치는지 여부가 좌우되게 된다.

만약 항고소송의 위법과 국가배상의 법령위반이 동일하다면 무효확인소송이 인용된 경우 그 기판력이 국가배상청구소송에 미치게 되어 국가배상청구소송에서도 법령위반이 인정될 수 있으나, 항고소송의 위법과 국가배상의 법령위반이 동일하지 않다면 무효확인소송이 인용되어도 그 기판력이 국가배상청구소송에 미치지 않게 된다.

나. 무효확인소송이 기각된 경우

무효확인소송이 기각이 되어 확정된 경우에는 처분이 유효하다는 부분에 대해서만 기판력이 발생할 뿐 처분의 위법여부에 대해서는 기판력이 발생하지 않는다. 따라서 항고소송의 위법과 국가배상의 법령위반이 동일한 것인지 아닌지에 대한 논의와 상관없이, 무효확인소송의 기판력은 국가배상청구소송에 미치지 않게 된다.

5. 사안의 해결

무효확인소송에서 기각판결이 확정된 후, 甲이 급여지급결정 취소처분의 '법령 위반'을 이유로 국가배상청구소송을 제기하였다면 그 무효확인소송의 기판력은 국가배상청구소송에 미치지 않게 되므로 국가배상청구소송의 수소법원은 무효확인소송의 결과와 상관없이 독자적으로 급여지급결정 취소처분의 '법령 위반'을 인정하여 국가배상청구소송의 인용여부를 판단할 수 있게 된다.

事例 2023년 공인노무사

[문제 1]

A시는 택지개발예정지구 지정 공람공고가 이루어진 P사업지구에서 택지개발사업을 시행하고 있으며, 甲은 P사업지구에 주택을 소유하고 있는 자이다. A시는 택지개발사업과 관련한 이주대책을 수립·공고하였는데, 이에 의하면 이주대책 대상자 요건을 '택지개발예정지구 지정 공람공고일 1년 이전부터 보상계약체결일 또는 수용재결일까지 계속하여 P사업지구 내 주택을 소유하고 계속 거주한 자로, A시로부터 그 주택에 대한 보상을 받고 이주하는 자'로 정하고 있다. 甲은 A시에 이주대책 대상자 선정 신청을 하였으나, A시는 '기준일 이후 주택 취득'을 이유로 甲을 이주대책 대상에서 제외하는 결정을 하였고, 이 결정은 2023. 6. 28. 甲에게 통보되었다(이하 '1차 결정'이라 함). 이에 甲은 A시에 이의신청을 하면서, 이의신청서에 이주대책 대상자 선정요건을 충족함을 증명할 수 있는 마을주민확인서, 수도개설 사용, 전력 개통사용자 확인 등 증빙서류를 새롭게 추가로 첨부하여 제출하였다. 그러나 A시는 추가된 증빙자료만으로 법적 소유관계를 확인할 수 없다는 이유로 甲의 이의신청을 기각하고 甲을 이주대책 대상에서 제외한다는 결정을 하였으며, 이 결정은 2023. 8. 31. 甲에게 통보되었다(이하 '2차 결정'이라 함). 다음 각 물음에 답하시오. (각 물음은 상호관련성이 없는 별개의 상황임) (50점)

물음 1) 甲이 자신을 이주대책 대상에서 제외한 A시의 결정에 대해 취소소송으로 다투려는 경우, 소의 대상 및 제소기간의 기산점에 대해 설명하시오. (25점)

물음 2) 甲이 1차 결정에 대해 무효확인소송을 제기하였고, 甲이 기준일 이전에 주택을 취득한 것이 인정되어 청구를 인용하는 법원의 판결이 확정되었다. A시는 甲을 이주대책 대상자로 선정하여야 하는지 여부 및 A시가 아무런 조치를 하지 않는 경우 「행정소송법」상 강제수단에 대하여 설명하시오. (25점)

解說

이의신청과 취소소송의 대상 / 제소기간 / 무효확인소송과 간접강제

Ⅰ. 물음 1 : 이의신청과 취소소송의 대상, 제소기간

1. 논점의 정리

A시의 甲에 대한 이주대책 대상 제외결정(1차 결정)과 이에 甲이 제기한 이의신청에 대한 A시의 기각결정(2차 결정)이 각각 취소소송의 대상이 되는지 여부와 그에 따른 제소기간의 기산점이 언제가 되는지가 문제된다.

2. 취소소송의 대상

가. 의의

행정소송법(이하 '법') 제19조에서 취소소송은 처분 등을 대상으로 한다고 규정하고 있는바, 여기에서 처분 등이란 '행정청이 행하는 구체적 사실에 관한 법집행으로서의 공권력의 행사 또는 그 밖에 이에 준하는 행정작용 및 행정심판에 대한 재결'을 의미한다(법 제2조 제1항 제1호).

나. 1차 결정의 처분성 여부

(1) 거부처분이 취소소송의 대상이 되기 위한 요건

판례는 거부행위가 항고소송의 대상인 처분이 되기 위해서는 ① 그 신청한 행위가 공권력의 행사 또는 이에 준하는 행정작용이어야 하고, ② 그 거부행위가 신청인의 법률관계에 어떤 변동을 일으키는 것이어야 하며, ③ 그 국민에게 그 행위발동을 요구할 법규상 또는 조리상의 신청권이 있어야 한다고 판시하고 있다.

이때 '변동'은 신청인의 실체상의 권리관계에 직접 변동을 일으키는 경우뿐만 아니라 신청인의 권리관계에 중대한 지장을 초래하는 것도 포함된다. 또한 신청권은 단순한 응답을 받을 권리인 경우도 포함되며 반드시 신청의 인용이라는 만족적 결과를 의미하는 것은 아니다.

(2) 사안의 경우

A시의 이주대책 대상 제외결정 즉 '거부결정'으로 인하여 甲이 이주대책 대상에서 제외되면 甲의 재산권 및 거주이전의 자유에 중대한 지장이 초래되며, 甲은 P사업지구에 주택을 소유하고 있는자로서 관련법령에 따라 이주대책 대상자 선정 신청에 관한 '법규상 또는 조리상 신청권'이 인정된다. 따라서 1차 결정은 소송의 대상이 되는 '거부처분'에 해당한다.

다. 2차 결정의 처분성 여부

(1) 이의신청의 의의

이의신청이란 위법·부당한 행정작용으로 인해 권리가 침해된 자가 처분청에 대하여 그러한 행위의 시정을 구하는 불복절차를 말하는데, 이러한 이의신청은 보통 처분청이 담당하고 사법절차가 준용되지 않는다는 점에서 행정심판과 구별된다.

(2) 이의신청에 대한 결정의 행정처분성 여부

대법원은 이의신청에 대한 기각결정이 종전의 처분을 그대로 유지하는 것에 불과한 경우에는 원칙적으로 행정처분이 아니라고 한다.[109] 다만 이의신청에 대한 기각결정이 별도의 의사결정 과정을 거쳐 이루어진 경우에는 독립된 행정처분의 성격을 갖는다고 한다.[110]

(3) 사안의 경우

甲이 제기한 이의신청에 대한 A시의 기각결정은 甲이 이의신청을 제기하며 새롭게 추가로 제출한 마을주민확인서 등의 증빙서류를 바탕으로 1차 결정과는 별도의 의사결정 과정을 거쳐 독립적으로 행해진 것이므로 이 기각결정 또한 소송의 대상이 되는 '처분'에 해당한다.

3. 제소기간의 기산점

가. 취소소송의 제소기간

취소소송은 처분이 있음을 안 날부터 90일 이내에 제기하여야 하며, 처분이 있은 날부터 1년을 넘어서는 제기할 수 없다(법 제20조). 여기서 '처분이 있음을 안 날'이란 해당 처분이 있었다는 사실을 현실적으로 안 날을 의미하고, '처분이 있은 날'이란 처분이 대외적으로 표시되어 효력이 발생한 날을 의미한다. 한편 처분이 있음을 알았다고 하기 위해서는 먼저 처분이 효력이 발생하여야 하며, 상대방 있는 처분이 상대방에게 송달되어 효력이 발생하면 특별한 사정이 없는 한 그 처분이 있음을 알았다고 볼 것이다.

나. 이의신청을 거친 경우

이의신청을 거쳐 행정소송을 제기하는 경우 그 기산점에 대한 논란이 있었으나, 행정기본법 제36조는 이의신청에 대한 결과를 통지받은 날부터 90일 이내에 행정소송을 제기할 수 있도록 규정하여 이 문제를 입법적으로 해결하였다.

다. 사안의 경우

1차 결정의 경우 법 제20조에 따라 통보일인 2023. 6. 28.부터 제소기간이 기산된다. 2차 결정의 경우 행정기본법 제36조에 따라 이의신청에 대한 결정 통보일인 2023. 8. 31.로부터 제소기간이 기산된다.

4. 사안의 해결

1차 결정 및 2차 결정 모두 취소소송의 대상이 되며, 1차 결정의 경우 2023. 6. 28.이 제소기간의 기산점이 되며, 2차 결정의 경우 2023. 8. 31.이 제소기간의 기산점이 된다.

---

[109] 대판 2016. 7. 27, 2015두45953
[110] 대판 2021. 1. 14, 2020두50324

Ⅱ. 물음 2 : 무효확인소송과 간접강제

1. 논점의 정리

A시가 무효확인판결의 기속력에 의해 甲을 이주대책 대상자로 선정하여야 하는지 여부와 A시가 아무런 조치를 하지 않는 경우 甲이 간접강제를 신청할 수 있는지 문제된다.

2. 무효확인판결의 기속력

가. 의 의

기속력이란 소송당사자인 행정청과 그 밖에 관계행정청에게 인용판결의 취지에 따라 행동하여야 할 의무를 지우는 효력으로서 법 제30조에서 규정하고 있으며, 이는 법 제38조 제1항에 의해 무효확인소송에도 준용된다. 이러한 기속력은 인용판결의 취지에 따라 행동하도록 처분청을 구속하는 효력으로서 모순된 재판을 금지하는 기판력과는 그 본질을 달리한다.

나. 범 위

① 기속력은 당사자인 행정청과 그 밖에 관계행정청에게 미치며(주관적 범위). ② 기속력은 판결주문 및 그 전제가 되는 요건사실의 인정과 판단에 미치고 판결의 결론과 직접 관계 없는 방론이나 간접사실의 판단에는 미치지 않는다(객관적 범위). ③ 기속력은 처분 당시까지 존재하던 사유에 대해서만 미치고 그 이후에 생긴 사유에는 미치지 아니한다(시간적 범위).

다. 내 용

기속력의 내용으로는 반복금지효, 재처분의무, 결과제거의무 등이 논의되는바, 설문과 같은 거부처분의 경우에는 반복금지효와 재처분의무가 문제된다.

거부처분에 대한 무효확인판결의 경우, 법 제30조 제2항에 따라 행정청은 판결의 취지에 따라 다시 이전의 신청에 대한 처분을 하여야 하는바, 이때 행정청은 판결의 취지를 존중하면 되는 것이지 반드시 신청한 내용대로 처분을 하여야 하는 것은 아니다. 따라서 행정청은 기본적 사실관계의 동일성이 없는 다른 이유를 들어 다시 거부처분을 할 수 있으며, 이 경우 반복금지의무 위반이 아님은 물론 오히려 재처분의무를 성실히 이행한 것이 된다.

라. 사안의 경우

甲이 1차 결정에 대해 무효확인소송을 제기하여 인용판결이 확정된 경우 행정청인 A시는 그 판결의 취지대로 재처분을 해야할 의무를 부담하는데, A는 기본적 사실관계의 동일성이 없는 사유를 들어 다시 거부처분을 할 수도 있는 것이므로 반드시 A시가 甲을 이주대책 대상자로 선정하여야 하는 것은 아니다.

3. 무효확인소송과 간접강제

가. 간접강제의 의의

거부처분에 대한 취소판결이 확정되면 판결의 기속력에 의하여 행정청은 해당 판결의 취지에 따른 처분을 할 의무가 있다(법 제30조 제2항). 그럼에도 불구하고 행정청이 재처분의무를 이행하지 않는 경우 그 의무이행을 강제해야 하는데, 이 재처분의무가 처분청만이 이행할 수 있는 비대체적 작위의무라는 점을 고려하여 행정소송법은 원고가 법원에 간접강제를 신청할 수 있도록 규정하고 있다(법 제34조).

나. 무효확인소송에서 간접강제가 허용되는지 여부

거부처분취소판결의 간접강제에 관한 규정은 무효확인소송에는 준용되고 있지 않다(법 제34조, 제38조 제1항). 이에 따라 거부처분에 대한 무효확인판결의 경우에는 간접강제가 허용되지 않는다는 것이 판례의 입장이다.

그러나 거부처분무효확인판결에도 기속력이 인정되어 피고 행정청에게는 판결의 취지에 따른 재처분의무가 인정되는데(법 제30조, 제38조 제1항), 행정청이 그 의무를 이행하지 않을 경우 원고에게 이를 강제할 수단이 없다는 것은 결국 무효확인소송을 형해화시키는 것이라 할 것이다. 따라서 입법론적으로는 거부처분에 대한 무효확인재결에 따른 재처분의무의 불이행시 위원회에 간접강제를 신청할 수 있는 것처럼(행정심판법 제49조 제2항, 제50조의2) 거부처분에 대한 무효확인판결의 경우에도 간접강제에 대한 준용규정을 둘 필요가 있다.

다. 사안의 경우

A시에게는 무효확정판결의 기속력에 따른 재처분의무는 인정되지만, 이러한 재처분의무 불이행시 甲이 간접강제를 신청할 수는 없다.

4. 사안의 해결

판례에 따를 때, A시는 甲의 신청에 대하여 응답을 해야 하지만, 그 응답의 내용이 甲을 이주대책 대상자로 선정한다는 인용처분일 필요는 없다. 한편 A시가 아무런 조치를 하지 않는 경우에도 甲은 간접강제를 신청할 수 없다.

事例   창작문제

광주광역시장(乙)은 2004. 3. 2. 2명의 3급 승진요인이 발생하자 국가서기관(4급)으로서 광주광역시 기획관으로 근무하던 甲을 포함한 8명의 4급 공무원을 지방부이사관 승진후보자로 선정한 다음, 광주광역시 인사위원회에 3급 승진 대상자 2명을 선정하여 주도록 요청하였다. 위 인사위원회는 2004. 3. 31. 현직급 경력, 초임과장 보직일, 시정의 공헌도 등을 종합적으로 고려하되, 정책판단, 종합기획, 조정능력, 조직통솔력 등 관리자로서의 능력과 자질을 겸비하였는지를 심사하여 甲과 다른 1명을 3급 승진대상자로 선정하였다. 그 후 乙은 2004. 8. 1.자 인사발령을 하면서 甲을 제외한 나머지 부이사관 승진예정자에 대한 승진발령을 하였고, 甲은 이후의 인사발령에서도 승진발령을 받지 못하게 되자, 2005. 9. 30. 광주광역시 소청심사위원회에 甲의 의사에 반하는 불리한 부작위를 이유로 자신을 지방부이사관으로 승진임용하라는 소청심사를 청구하였으나 2006. 2. 20. 기각되었다. 이에 甲은 2006. 3. 8. 乙을 피고로 하여 이 사건 부작위위법확인의 소를 제기하였다.

(1) 甲의 소제기는 적법한가? (단, 소청심사청구를 승진임용신청으로 보는 것을 전제로 한다) (15점)

(2) 위 부작위위법확인소송의 인용판결이 확정된 후, 乙이 승진임용거부처분을 하였다면 이 거부처분은 부작위위법확인판결의 기속력에 반하는 처분인가? (10점)

解 說

> 부작위위법확인소송[111]

Ⅰ. 설문 (1) : 소제기의 적법성

1. 논점의 정리

부작위위법확인소송의 제기가 적법하기 위해서는 처분을 신청한 자로서 부작위의 위법확인을 구할 법률상 이익이 있는 자가(원고적격 및 소의 이익), 부작위를 대상으로(대상적격), 처분의 신청을 받은 행정청을 상대방으로 하여(피고적격), 적법한 제소기간 안에, 전심절차를 요구하는 경우에는 이를 거친 후에, 피고의 소재지를 담당하는 행정법원에 제기하여야 한다.

2. 대상적격

가. 행정소송의 대상으로서 부작위

부작위위법확인소송의 대상으로서의 '부작위'가 성립하기 위하여는 ① 당사자의 신청이 존재하여야 하고, ② 행정청이 상당한 기간 내에, ③ 일정한 처분을 하여야 할 법률상 의무가 있음에도 불구하고, ④ 그 처분을 하지 아니할 것이 요구된다(행정소송법 제2조 제1항 제2호). 이때 신청의 대상은 행정처분이어야 하며, 당사자에게 법규상 또는 조리상의 신청권이 인정되어야 한다.

나. 사안의 경우

설문에서 소청심사청구를 승진임용신청으로 보는 것을 전제로 하고 있으므로 당사자의 신청이 존재하고, 4급 공무원이었던 甲이 해당 지방자치단체 인사위원회의 심의를 거쳐 3급 승진대상자로 결정되고 임용권자가 그 사실을 대내외에 공표까지 하였다면 그 공무원은 승진임용에 관한 법률상 이익을 가진 자로서 임용권자에 대하여 3급 승진임용을 신청할 조리상 신청권이 인정된다. 한편 2005. 9. 30. 소청심사청구를 통해 승진임용신청을 한 이후 2006. 3. 8. 까지 이에 대한 답변을 받지 못한 상태이므로 상당한 기간이 경과하였으며, 승진임용신청을 받은 관할행정청 乙에게는 상당한 기간 내에 그 신청을 인용하는 적극적 처분을 하거나 각하 또는 기각하는 등의 소극적 처분을 하여야 할 법률상의 응답의무가 인정되며, 사안에서 행정청의 처분으로 볼 만한 행위는 보이지 않으므로, 부작위위법확인소송의 대상으로서 부작위가 성립한다.

---

[111] 이 문제는 대법원 2009. 7. 23. 선고 2008두10560 판결을 바탕으로 만들었습니다.

3. 원고적격

부작위위법확인소송은 처분의 신청을 한 자로서 부작위의 위법의 확인을 구할 법률상 이익이 있는 자만이 제기할 수 있는바(행정소송법 제36조), 처분을 신청하지 않은 제3자는 부작위위법확인소송을 제기할 원고적격이 인정되지 않는다. 한편 판례는 "부작위위법확인의 소에 있어 당사자가 행정청에 대하여 어떠한 행정행위를 하여 줄 것을 요구할 수 있는 법규상 또는 조리상의 신청권이 없다면 원고적격이 없거나 항고소송의 대상인 위법한 부작위가 있다고 볼 수 없어, 그 부작위위법확인의 소는 부적법하다"고 판시하여 신청권을 부작위의 성립의 문제로 보면서 동시에 원고적격의 문제로도 본다.[112]

사안의 경우, 승진임용을 신청하였던 甲이 부작위위법확인소송을 제기하고 있으므로 원고적격이 인정된다.

4. 제소기간

부작위위법확인의 소는 부작위상태가 계속되는 한 그 위법의 확인을 구할 이익이 있다고 보아야 하므로 원칙적으로 제소기간의 제한을 받지 않는다. 그러나 행정소송법 제38조 제2항이 제소기간을 규정한 같은 법 제20조를 부작위위법확인소송에 준용하고 있는 점에 비추어 보면, 행정심판 등 전심절차를 거친 경우에는 재결서 정본을 송달받은 날로부터 90일 이내에 부작위위법확인의 소를 제기하여야 한다.

사안의 경우, 전심절차로서 소청심사를 거친 경우이므로 甲은 이에 대한 결정서를 송달받은 날로부터 90일 이내에 부작위위법확인소송을 제기하여야 하는바, 2006. 2. 20. 기각결정이 있었고 이에 甲은 2006. 3. 8.에 소를 제기하였으므로 제소기간은 충족하고 있다.

5. 기타 소송요건 충족여부

전심절차로서 소청심사를 거쳤고(행정소송법 제18조, 제38조 제2항), 소제기 전까지 신청에 대한 가부간의 응답이 없었으므로 부작위의 위법의 확인을 구할 협의의 소의 이익 인정되며(동법 제36조), 부작위청인 乙을 상대로 소송을 제기하였으므로 피고적격도 충족한다(동법 제13조, 제38조 제2항). 따라서 乙의 소재지를 관할하는 행정법원에 이 사건 소를 제기하였다면(동법 제9조, 제38조 제2항), 소송요건은 충족한다.

Ⅱ. 설문 (2) : 거부처분의 위법여부

1. 논점의 정리

부작위위법확인소송에 있어서 인용판결이 있는 때에는 행정청은 판결의 취지에 따라 이전의 신청에 대한 처분을 하도록 적극적 처분의무를 부과하고 있는바(행정소송법 제30조 제2항, 제38조 제2항), 여기서 적극적 처분의무의 내용이 문제가 되고 있다. 특히 이 문제는 부작위위법확인소송의 심리의 범위에 관한 논의와 밀접하게 관련되어 있다.

---

[112] 대판 1999. 12. 7, 97누17568

2. 법원의 본안심리의 범위

가. 문제점
부작위위법확인소송의 심리의 범위가 신청의 실체적 내용에까지 미칠 수 있는지에 대하여 견해가 나뉘어 있다.

나. 학설
상대방의 신청에 대하여 행정청이 어떠한 처분도 하지 않는 방치상태의 위법성을 확인하는데 그치고 그 이상으로 행정청이 행하여야 할 처분의 내용까지 심리·판단할 수는 없다고 보는 절차적 심리설과 신청의 실체적 내용이 이유 있는 것인가도 심리하여 그에 대한 적정한 처리방향에 관한 법률적 판단을 하여야 한다고 보는 실체적 심리설이 대립하고 있다.

다. 판례
판례는 절차적 심리설의 입장에서 "부작위위법확인소송은 판결시를 기준으로 그 부작위의 위법함을 확인함으로서 부작위 내지 무응답이라는 소극적인 위법상태를 제거하는 것을 목적으로 하는 소송이다"라고 하는바, 상대방의 신청에 대하여 행정청이 어떠한 처분도 하지 않는 방치상태의 위법성을 확인하는데 그치고 그 이상으로 행정청이 행하여야 할 처분의 내용까지 심리·판단할 수는 없다고 보고 있다.

따라서 판결시까지 행정청이 어떠한 응답도 하지 않은 경우에는 법원은 인용판결로서 부작위위법확인판결을 하며, 소송계속 중 행정청이 어떠한 형태든지(거부처분 포함) 응답을 한 경우에는 소의 이익 흠결로 법원은 각하판결을 한다.

3. 판결의 기속력에 따른 적극적 처분의무의 내용

판례에 따르면 부작위위법확인판결이 나온 경우 행정청은 어떠한 처분을 하기만 하면 되는 것이므로 기속행위의 경우에도 거부처분을 한다 하여도 판결의 기속력의 내용인 적극적 처분의무를 이행하는 것이 된다고 한다.[113]

결국 부작위위법확인판결이후 행정청의 거부처분에 대하여 상대방은 기속력 위반을 이유로 간접강제를 신청할 수는 없고 다시 거부처분취소소송을 제기할 수 밖에 없으므로, 부작위위법확인소송은 권리보호가 우회적이고 간접적이다. 그에 따라 의무이행소송의 도입을 통해 국민의 권리보호에 만전을 기하는 것이 필요하다.

4. 사안의 해결

부작위위법확인판결에 이후 행정청이 거부처분을 한 경우에도 판결의 기속력의 내용인 적극적 처분의무를 이행한 것으로 보아야 한다. 따라서 乙의 승진임용거부처분은 부작위위법확인판결의 기속력에 반하지 않는다.

---

[113] 대결 2010. 2. 5, 2009무153

事例　2020년 공인노무사

A시 시장인 乙은 甲이 A시에서 진행하고 있는 공사가 관련 법령을 위반하였다는 이유로 해당 공사를 중지하는 명령을 하였다. 甲은 그 명령 이후에 그 원인사유가 소멸하였음을 들어 乙에 대하여 공사중지명령의 철회를 신청하였다. 그러나 乙은 그 원인사유가 소멸되지 않았다고 판단하여 甲의 신청에 대하여 아무런 응답을 하지 않고 있다. 乙의 행위가 위법한 부작위에 해당하는지에 대하여 설명하시오. (25점)

解 說

부작위의 성립요건

1. 논점의 정리

판례는 "부작위위법확인소송은 판결시를 기준으로 그 부작위의 위법함을 확인함으로서 부작위 내지 무응답이라는 소극적인 위법상태를 제거하는 것을 목적으로 하는 소송이다[114]"라고 하여 이른바 절차적 심리설의 입장인데, 이러한 절차적 심리설에 따르면 행정소송의 대상으로서 부작위가 성립하면 바로 위법이 인정된다.[115]

이에 따라 甲의 신청에 대하여 乙이 아무런 응답을 하지 않고 있는 부작위가 성립하여 위법한 부작위에 해당하는지를 살펴보기로 한다.

2. 부작위의 성립요건

행정소송법상 부작위가 성립하기 위해서는 ① 당사자의 신청이 존재하여야 하고, ② 행정청이 상당한 기간 내에, ③ 일정한 처분을 하여야 할 법률상 의무가 있음에도 불구하고, ④ 그 처분을 하지 아니할 것이 요구된다(동법 제2조 제1항 제2호). 이하에서는 각각의 요건에 대해 자세히 살펴본다.

가. 당사자의 신청

당사자의 신청이 있어야 부작위가 성립한다. 이와 관련하여, 부작위의 성립단계에서 당사자에게 법규상 또는 조리상의 신청권이 인정되어야 하는지가 문제되는데, 판례는 부작위의 성립단계에서 신청권의 존부를 심사하고 있다.[116]

사안의 경우, 시장인 乙이 행한 공사중지명령의 상대방 甲은 그 명령 이후에 그 원인사유가 소멸하였음을 들어 乙에게 공사중지명령의 철회를 요구할 수 있는 조리상의 신청권이 인정된다.[117]

나. 상당한 기간이 경과할 것

당사자의 신청에 대해 상당한 기간이 경과해야 부작위가 성립하는데, 법령에서 신청에 대한 처리기간을 정하고 있는 경우에는 그 처리기간이 경과하면 상당한 기간이 경과하였다고 보아야 할 것이다.

---

[114] 대판 2002. 6. 28, 2000두4750
[115] 대판 2009. 7. 23, 2008두10560
[116] 대판 2009. 7. 23, 2008두10560
[117] 대판 2005. 4. 14, 2003두7590

다. 처분의무의 존재

당사자의 신청에 대해 행정청에게 일정할 처분을 해야할 법률상 의무가 존재해야 한다. 따라서 당사자가 신청한 행위가 기속행위인 경우에는 특정처분을 할 의무가 될 것이며, 재량행위인 경우에는 재량의 하자없는 처분을 할 의무가 될 것이다.

라. 처분의 부작위

행정처분에 대한 부작위만이 부작위위법확인소송의 대상으로서 부작위가 된다. 따라서 행정처분이 아닌 것들, 예컨대 '행정입법[118]'이나 '검사의 압수물환부결정[119]'은 행정소송법상 처분에 해당하지 않으므로 이에 대한 부작위도 부작위위법확인소송의 대상에 해당하지 않는다.

3. 사안의 해결

공사중지명령의 상대방 甲은 그 명령 이후에 원인사유가 소멸하였음을 들어 乙에게 공사중지명령의 철회를 요구할 수 있는 조리상의 신청권이 있다. 따라서 이러한 신청권에 근거한 신청에 대하여 응답의무를 지고 있는 시장 乙이 상당한 기간이 경과하도록 아무런 응답을 하지 않고 있다면 그러한 부작위는 부작위위법확인소송의 대상이 되는 위법한 부작위이다.

---

[118] 대판 1992. 5. 8, 91누11261
[119] 대판 1995. 3. 10, 94누14018

事例　2013년 제2회 변호사시험 변형

　　甲은 1992년 3월부터 공무원으로 재직하면서 공무원연금법상 보수월액의 65/1000에 해당하는 기여금을 매달 납부하여 오다가 2012년 3월 31일자로 퇴직을 하여 최종보수월액의 70%에 해당하는 퇴직연금을 지급받아 오던 자이다. 그런데 국회는 2012년 8월 6일 공무원연금의 재정상황이 날로 악화되어 2030년부터는 공무원연금의 재정이 고갈될 것이라고 하는 KDI의 보고서를 근거로 공무원연금 재정의 안정성을 도모하기 위한 조치로 공무원연금법 개혁을 단행하기로 하였다. 이에 따라 같은 날 공무원연금법을 개정하여, (1) 공무원연금법상 재직 공무원들이 납부해야 할 기여금의 납부율을 보수월액의 85/1000로 인상하고, (2) 퇴직자들에게 지급할 퇴직연금의 액수도 종전 최종보수월액의 70%에서 일률적으로 최종보수월액의 50%만 지급하며, (3) 공무원의 보수인상률에 맞추어 연금액을 인상하던 것을 공무원의 보수인상률과 전국소비자물가변동률의 차이가 3% 이상을 넘지 않도록 재조정하였다. (4) 그리고 경과규정으로, 재직기간과 상관없이 개정 당시 재직 중인 모든 공무원들에게 개정법률을 적용하는 부칙 조항(이 사건 부칙 제1조)과, 퇴직연금 삭감조항은 2012년 1월 1일 이후에 퇴직하는 모든 공무원에게 소급하여 적용하는 부칙 조항(이 사건 부칙 제2조)을 두었으며 동 법률은 2012년 8월 16일 공포되어 같은 날부터 시행되었다. 공무원연금관리공단은 개정법률의 시행에 따라 2012년 8월부터 甲에게 최종보수월액의 70%를 50%로 삭감하여 퇴직연금을 지급하였다. 甲은 공무원연금관리공단을 상대로 2012년 8월 26일 자신에게 종전대로 최종보수월액의 70%의 연금을 지급해 줄 것을 신청하였으나, 공무원연금관리공단은 2012년 9월 5일 50%를 넘는 부분에 대하여는 개정법률에 따라 그 지급을 거부하였다. 이에 甲은 감액된 연금액을 지급받기 위하여 위 거부행위를 대상으로 하여 서울행정법원에 그 취소를 구하는 행정소송을 제기하였다. 甲이 제기한 행정소송은 적법한가? 만약 적법하지 않다면 甲이 취할 조치는? (25점)

解說

항고소송과 당사자소송의 구별[120]

1. 논점의 정리

국가를 상대로 금전급부에 관한 소송을 제기하려는 경우 이를 항고소송으로 수행하여야 하는지 아니면 당사자소송으로 수행하여야 하는지 문제되며, 만약 당사자소송으로 제기하여야 할 사건을 항고소송으로 제기한 경우 원고가 소변경을 신청할 수 있는지가 문제된다.

2. 항고소송과 당사자소송의 구별기준

항고소송은 행정청의 처분등이나 부작위에 대하여 제기하는 소송이고, 당사자소송은 행정청의 처분등을 원인으로 하는 법률관계에 관한 소송 그 밖에 공법상의 법률관계에 관한 소송으로서 그 법률관계의 한쪽 당사자를 피고로 하는 소송이다(행정소송법 제3조 제1호, 제2호).

따라서 국가 등에 대한 급부청구권이 행정청의 지급결정에 의하여 비로소 구체적으로 확정되는 경우에는 그 지급결정 또는 지급거부결정을 항고소송으로 다투어야 하고, 그러한 급부청구권이 법령이나 행정청의 지급결정에 의하여 이미 구체적으로 명확하게 확정되어 있는 경우에는 행정청을 상대로 항고소송을 제기함이 없이 곧바로 그 법률관계의 한쪽 당사자를 상대로 급부의 이행을 청구하는 당사자소송을 제기하여야 한다.

3. 甲이 제기한 취소소송의 적법여부

사안과 같이 공무원연금법령의 개정으로 퇴직연금 중 일부 금액의 지급이 정지된 경우 '당연히' 개정된 법령에 따라 퇴직연금이 확정되는 것이지 공무원연금관리공단의 퇴직연금 결정에 의하여 비로소 그 금액이 확정되는 것은 아니므로 공무원연금관리공단의 지급거부의 의사표시는 행정처분이 아니다. 따라서 이 경우 미지급퇴직연금에 대한 지급을 구하는 소송은 공법상 당사자소송으로 제기하여야 하므로[121] 甲이 제기한 취소소송은 부적법하다.

4. 甲이 취할 조치

甲이 제기한 취소소송은 부적법하므로 서울행정법원은 이를 각하하여야 하나, 만약 甲이 행정소송법 제21조에 따라 미지급퇴직연금에 대한 지급을 구하는 공법상 당사자소송으로 소의 변경을 신청하면 법원은 이를 허가할 수 있다.

한편 취소소송의 피고는 처분청이고(행정소송법 제13조) 당사자소송의 피고는 국가나 공공단체와 같은 권리주체이므로(행정소송법 제39조) 보통 취소소송에서 당사자소송으로 소를 변경하면 보통 피고도 변경되는 것이 일반적이나, 이 사건처럼 공무원연금관리공단과 같은 공공단체를 상대로 항고소송을 제기한 경우에는 공공단체 자신이 처분청이면서 동시에 권리주체이므로 당사자소송으로 소가 변경되어도 피고가 변경되지 않는다.

---

[120] 이 문제는 대법원 2004. 7. 8. 선고 2004두244 판결을 바탕으로 만들어진 문제입니다.
[121] 대판 2004. 7. 8, 2004두244

事例 2024년 변호사시험 변형

「공무원연금법」상 퇴직연금수급자였던 乙과 丙은 2018. 6. 전국동시지방선거에서 각각 지방의회의원으로 당선되어, 2018. 7. 취임하였다. 공무원연금공단은 2020. 1. 20. 乙과 丙에게 개정된 법률에 따라 퇴직연금지급정지대상자가 되었다는 사실을 통보하여 연금지급 거부의사를 표시하였다. 乙은 2020. 3. 30. 공무원연금공단을 상대로 퇴직연금지급거부에 대하여 취소소송(이하 '이 사건 취소소송'이라 한다)을 관할 법원에 제기하였다. 乙이 제기한 이 사건 취소소송의 대상적격을 검토하시오. 또한 2024. 1. 9. 丙이 지방의회의원 재직기간 중 지급정지된 퇴직연금을 받기 위하여 제기할 수 있는 소송유형을 검토하시오. (30점)

참조조문

「공무원연금법」

제47조(퇴직연금 또는 조기퇴직연금의 지급정지) ① 퇴직연금 또는 조기퇴직연금의 수급자가 다음 각 호의 어느 하나에 해당하는 경우에는 그 재직기간 중 해당 연금 전부의 지급을 정지한다.
2. 선거에 의한 선출직 지방공무원에 취임한 경우

부칙

제1조(시행일) 이 법은 2020. 1. 1.부터 시행한다.

제2조(급여지급에 관한 경과조치) ① 이 법 시행 전에 지급사유가 발생한 급여의 지급은 종전의 규정에 따른다. 다만, 제47조의 개정규정은 이 법 시행 전에 급여의 사유가 발생한 사람에 대하여도 적용한다.

解 說

> 항고소송과 당사자소송의 구별

1. 논점의 정리

공무원연금공단이 乙에게 한 퇴직연금지급정지대상자가 되었다는 통보가 취소소송의 대상인 처분에 해당하는지와 관련하여, 이 통보가 상대방의 법적 지위에 변동을 일으키는지 여부가 문제가 된다.

또한 丙이 지방의회의원 재직기간 중 지급정지된 퇴직연금을 받기 위하여 제기할 수 있는 소송이 항고소송인지 아니면 당사자소송이 되어야 하는지 문제된다.

2. 항고소송과 당사자소송의 구별기준

항고소송은 행정청의 처분등이나 부작위에 대하여 제기하는 소송이고, 당사자소송은 행정청의 처분등을 원인으로 하는 법률관계에 관한 소송 그 밖에 공법상의 법률관계에 관한 소송으로서 그 법률관계의 한쪽 당사자를 피고로 하는 소송이다(행정소송법 제3조 제1호, 제2호).

따라서 국가 등에 대한 급부청구권이 행정청의 지급결정에 의하여 비로소 구체적으로 확정되는 경우에는 그 지급결정 또는 지급거부결정을 항고소송으로 다투어야 하고, 그러한 급부청구권이 법령이나 행정청의 지급결정에 의하여 이미 구체적으로 명확하게 확정되어 있는 경우에는 행정청을 상대로 항고소송을 제기함이 없이 곧바로 그 법률관계의 한쪽 당사자를 상대로 급부의 이행을 청구하는 당사자소송을 제기하여야 한다.

3. 공무원연금공단의 퇴직연금지급거부의 처분성 여부

가. 취소소송의 대상으로서 처분

어떠한 행위가 취소소송의 대상으로 처분에 해당하기 위해서는 ① 행정청의 행위이어야 하고, ② 구체적 사실에 관한 법집행행위이어야 하며, ③ 공권력적 행위로서, ④ 외부에 대한 법적 행위로서 국민의 권리·의무에 직접적인 영향을 미치는 것이어야 한다(행정소송법 제2조 제1항 제1호).

나. 공무원연금공단이 행정청에 해당하는지 여부

공무원연금공단은 공공단체로서 법령에 의하여 국가의 공무원연금과 관련된 사무를 위탁받아 행정권을 행사하고 있으므로 행정소송법 제2조 제2항에 따라 행정청에 해당한다.

다. 공무원연금공단의 퇴직연금지급거부행위가 상대방의 권리 또는 의무에 직접적인 영향을 미치는지 여부

공무원이었던 자가 공무원연금공단의 인정에 의하여 퇴직연금을 지급받아 오던 중 공무원연금법령의 개정 등으로 퇴직연금 중 일부 또는 전부 금액의 지급이 정지된 경우에는 당연히 개정된 법령에 따라 퇴직연금이 확정되는 것이지 공무원연금공단의 퇴직연금 결정과 통지에 의하여 비로소 그 금액이 확정되는 것이 아니다. 따라서 공무원연금공단의 연금지급 거부의 의사표시는 상대방의 권리 또는 의무에 영향을 주지 않는다.

라. 소 결

공무원연금공단의 퇴직연금지급거부행위는 퇴직연금청구권을 형성·확정하는 행정처분이 아니라 공법상의 법률관계의 한쪽 당사자로서 그 지급의무의 존부 및 범위에 관하여 공무원연금공단의 의견을 밝힌 것일 뿐이므로 이를 행정처분이라고 할 수 없다.[122]

4. 지급정지된 퇴직연금을 받기 위하여 제기할 수 있는 소송유형

앞서 살펴본 바와 같이, 퇴직연금 수급자에게 퇴직연금 지급정지대상자가 되었다는 사실을 통보한 것은 행정처분이라 할 수 없고, 미지급퇴직연금에 대한 지급청구권은 공법상 권리에 해당하므로 지급정지된 퇴직연금의 지급을 구하는 소송은 당사자소송에 해당한다.

5. 사안의 해결

퇴직연금지급정지대상자가 되었다는 통보는 취소소송의 대상이 되는 처분이 아니므로 乙이 제기한 취소소송은 대상적격의 흠결로 각하될 것이다.

한편 丙이 지급정지된 퇴직연금을 받기 위해서는 공무원연금공단을 상대로 당사자소송을 제기하여야 한다.

---

[122] 대판 2004. 7. 8, 2004두244

事例　2019년 공인노무사

甲은 부동산의 취득으로 인한 취득세 및 농어촌특별세의 납세의무부존재확인소송을 제기하려고 한다. 이러한 납세의무부존재확인소송의 법적 성질에 관하여 설명하시오. (25점)

解說

> 당사자소송

1. 논점의 정리

납세의무부존재확인소송이 당사자소송에 해당하는지 살펴보고, 만약 당사자소송에 해당한다면 어떠한 법적 성질을 가지고 있는지 검토해보기로 한다.

2. 당사자소송의 의의

당사자소송은 행정청의 처분 등을 원인으로 하는 법률관계에 관한 소송 또는 그 밖의 공법상의 법률관계에 관한 소송으로서 그 법률관계의 한쪽 당사자를 피고로 하는 소송을 말한다(행정소송법 제3조 제2호).

당사자소송은 행정소송의 한 유형으로서 제1심 관할법원이 행정법원이라는 점에서 일반법원이 관할하는 민사소송과 구분되고, 행정청의 처분을 원인으로 하는 법률관계나 그 밖의 공법상의 법률관계를 대상으로 한다는 점에서 행정청의 처분 또는 부작위를 직접 대상으로 하는 항고소송과 구분된다.

3. 당사자소송과 다른 소송과의 구별

가. 민사소송과의 구별

당사자소송과 민사소송을 어떻게 구별할 것인가에 대하여 판례는 「소송물」의 차이를 전제로 하여 양자를 구별하는 입장을 취하고 있다. 즉 소송물이 공법상의 권리이면 당사자소송이고 사법상의 권리이면 민사소송이라고 한다. 이에 따르면 공무원의 지위확인이나 공무원의 봉급청구소송 등은 소송상 주장하는 권리가 공법적이어서 당사자소송이 되지만, 무효인 조세부과처분행위에 의하여 납부한 세금의 반환을 구하는 소송이라든가 위법한 처분으로 인하여 발생한 손해에 대한 배상을 구하는 소송은 민사소송으로 보게 된다.

나. 항고소송과의 구별

판례상 항고소송과 당사자소송의 구별이 가장 문제가 되는 것은 국가를 상대로 하는 각종 급부청구의 경우인바, 이때 항고소송과 당사자소송을 구분하는 가장 결정적인 기준은 급부청구권 발생에 행정청의 지급결정이 필요한지 여부이다. 즉 어떤 급부청구권이 행정청의 지급결정에 의하여 비로소 구체적으로 확정되는 경우에는 그 지급결정 또는 지급거부결정을 항고소송으로 다투어야 하고, 급부청구권이 법령이나 행정청의 지급결정에 의하여 이미 구체적으로 명확하게 확정되어 있는 경우에는 행정청을 상대로 항고소송을 제기함이 없이 곧바로 그 법률관계의 한쪽 당사자를 상대로 급부의 이행을 청구하는 당사자소송을 제기하여야 한다.

4. 납세의무부존재확인소송이 당사자소송인지 여부

취득세나 농어촌특별세 부과처분 그 자체를 취소하거나 무효확인을 구하는 소송을 제기한다면 이는 항고소송에 해당한다. 또한 하자있는 부과처분에 의해 납부한 금원이 부당이득에 해당한다고 주장하면서 과오납금반환청구소송을 제기한다면 이는 민사소송에 해당한다.

그러나 납세의무존부라는 공법상의 법률관계를 대상으로 하는 소송으로 납세의무가 없다는 것을 확인받는 취지의 소송을 제기한다면 이는 당사사소송에 해당한다. 판례도 납세의무부존재확인의 소는 공법상의 법률관계 그 자체를 다투는 소송으로서 당사자소송이라 할 것이므로 행정소송법 제39조에 의하여 그 법률관계의 한쪽 당사자인 국가·공공단체 그 밖의 권리주체가 피고적격을 가진다고 판시한 바 있다.[123]

5. 당사자소송으로서 납세의무부존재확인소송의 법적 성질

가. 실질적 당사자소송

당사자소송은 실질적 당사자소송과 형식적 당사자소송으로 나눌 수 있는데, 형식적 당사자소송에 해당하지 않으면 실질적 당사자소송에 해당한다. 형식적 당사자소송이란 행정청의 처분이나 재결에 의하여 형성된 법률관계에 관하여 다툼이 있는 경우에 해당 처분 또는 재결의 효력을 다툼이 없이 직접 그 처분·재결에 의하여 형성된 법률관계에 대하여 그 일방 당사자를 피고로 하여 제기하는 소송을 말하는데, 납세의무부존재확인소송은 단순히 납세의무가 존재하지 않음을 확인하기 위한 소송이므로 형식적 당사자소송에 해당하지 않는다. 따라서 실질적 당사자소송이다.

나. 확인소송

당사자소송은 청구취지에 따라 이행소송과 확인소송으로 나눌 수 있는데, 납세의무부존재확인소송은 확인소송에 해당한다. 확인소송의 형태로 당사자소송을 제기하는 경우에는 확인소송의 보충성이 요구된다는 점에서[124] 보충성을 더이상 요구하지 않는 항고소송으로서의 무효등확인소송과 구별된다.

---

123) 대판 2000. 9. 8, 99두2765
124) 대판 2008. 6. 12, 2006두16328

事例 2023년 5급공채시험 변형

A시는 A시에 소재한 甲 소유 임야 10,620 m2(이하 '이 사건 토지'라 한다)가 포함된 일대의 토지에 대해 「공익사업을 위한 토지 등의 취득 및 보상에 관한 법률」(이하 '토지보상법'이라 한다)상 공익사업인 공원조성사업을 시행하기로 하였다. 공원조성사업의 시행자인 A시의 시장은 甲과의 협의가 성립되지 아니하자 관할 X 지방토지수용위원회에 수용재결을 신청하였고, X 지방토지수용위원회는 이 사건 토지를 토지보상법에 따라 금 7억원의 보상금으로 수용하는 재결(이하 '수용재결'이라 한다)을 하였다. 그러나 甲은 "이 사건 토지는 공원용지로서 부적합하며, 인접 토지와의 사이에 경계, 위치, 면적, 형상 등을 확정할 수 없어 정당한 보상액의 산정은 물론 수용대상 토지 자체의 특정이 어려워 토지수용 자체가 불가능하므로 수용재결이 위법하다"는 이유로 토지보상법 제83조에 따라 X 지방토지수용위원회를 거쳐 중앙토지수용위원회에 이의를 신청하였다. 이에 중앙토지수용위원회는 이 사건 토지에 대한 수용 자체는 적법하다고 인정하면서 이 사건 토지에 대한 보상금을 금 8억원으로 하는 재결(이하 '이의재결'이라 한다)을 하였다. (각 문항은 상호독립적임)

1) 甲은 자신의 토지는 수용대상 토지를 특정할 수 없어 수용 자체가 불가능하므로 수용재결과 이의재결은 위법하다고 주장하며 이의재결취소소송을 제기하였다. 이의재결이 취소소송의 대상이 될 수 있는지 검토하시오. (25점)

2) 토지보상금이 적음을 이유로 甲이 보상금의 증액을 청구하는 행정소송을 제기하는 경우, 본안판결 이전에 고려할 수 있는 「행정소송법」상 잠정적인 권리구제수단에 대하여 검토하시오. (10점)

참조조문

「공익사업을 위한 토지 등의 취득 및 보상에 관한 법률」
제34조(재결) ① 토지수용위원회의 재결은 서면으로 한다.
제83조(이의의 신청) ① 중앙토지수용위원회의 제34조에 따른 재결에 이의가 있는 자는 중앙토지수용위원회에 이의를 신청할 수 있다.
② 지방토지수용위원회의 제34조에 따른 재결에 이의가 있는 자는 해당 지방토지수용위원회를 거쳐 중앙토지수용위원회에 이의를 신청할 수 있다.
제84조(이의신청에 대한 재결) ① 중앙토지수용위원회는 제83조에 따른 이의신청을 받은 경우 제34조에 따른 재결이 위법하거나 부당하다고 인정할 때에는 그 재결의 전부 또는 일부를 취소하거나 보상액을 변경할 수 있다.
제85조(행정소송의 제기) ① 사업시행자, 토지소유자 또는 관계인은 제34조에 따른 재결에 불복할 때에는 재결서를 받은 날부터 90일 이내에, 이의신청을 거쳤을 때에는 이의신청에 대한 재결서를 받은 날부터 60일 이내에 각각 행정소송을 제기할 수 있다. 이 경우 사업시행자는 행정소송을 제기하기 전에 제84조에 따라 늘어난 보상금을 공탁하여야 하며, 보상금을 받을 자는 공탁된 보상금을 소송이 종결될 때까지 수령할 수 없다.
② 제1항에 따라 제기하려는 행정소송이 보상금의 증감(增減)에 관한 소송인 경우 그 소송을 제기하는 자가 토지소유자 또는 관계인일 때에는 사업시행자를, 사업시행자일 때에는 토지소유자 또는 관계인을 각각 피고로 한다.

解說

> 이의신청과 행정심판의 구별 / 원처분주의 / 형식적 당사자소송 / 가처분

Ⅰ. 설문 1) : 이의신청과 행정심판의 구별, 원처분주의

1. 논점의 정리

공익사업을 위한 토지 등의 취득 및 보상에 관한 법률(이하 '토지보상법')상 이의신청의 법적 성격이 말그대로 이의신청인지 아니면 특별행정심판인지 살펴보고, 이를 전제로 수용재결의 하자를 주장하는 甲이 이의재결을 취소소송의 대상으로 삼아 취소소송을 제기할 수 있는지를 살펴보기로 한다.

2. 토지보상법상 이의신청의 법적 성격

가. 이의신청과 행정심판의 구별

이의신청은 보통 처분청이 담당하지만 행정심판은 별도의 행정심판기관이 처리하는 것이 일반적이며, 이의신청과 달리 행정심판은 헌법 제107조 제3항에 따라 사법절차가 준용되어야 하므로 심판기관의 독립성과 중립성, 대심구조, 당사자의 절차적 권리 등이 보장된다. 또한 이의신청은 행정심판의 전심절차이므로 만약 개별 법령에서 이의신청 이후에 다시 행정심판법상 행정심판을 제기할 수 없도록 하고 있다면 해당 법령의 이의신청은 특별행정심판으로 보아야 한다.

나. 토지보상법상 이의신청의 경우

토지보상법상 이의신청은 원칙적으로 별도의 행정기관인 중앙행정심판위원회에서 담당하고 있으며, 사법절차가 준용되고 있다. 또한 토지보상법에는 이의신청 이후 별도로 행정심판 제기를 허용하는 규정을 두는 대신, 바로 소 제기에 관한 규정으로 연결되고 있다(토지보상법 제84조, 제85조). 따라서 토지보상법상 이의신청은 특별행정심판에 해당한다.

다. 수용재결과 이의재결의 성격

토지보상법상 이의신청은 특별행정심판에 해당하므로 지방토지수용위원회의 수용재결은 원처분이고, 중앙토지수용위원회의 이의재결은 행정심판의 재결에 해당한다.

3. 이의재결취소소송

가. 토지보상법 제85조에 따른 취소소송의 특징

토지보상법 제85조 제1항에 따르면 원처분에 해당하는 수용재결에 불복하는 경우에 90일 이내에 수용재결취소소송을 제기할 수 있도록 하고 있으므로 현행 토지보상법은 원처분주의에 해당한다.

원처분주의란 원처분의 하자를 주장하는 경우는 원처분이 취소소송의 대상이 되고, 재결의 하자를 주장하는 경우에는 재결이 취소소송의 대상이 되는 것을 말한다(행정소송법 제19조).

나. 이의재결이 취소소송의 대상이 될 수 있는지 여부

토지보상법은 원처분주의를 취하고 있으므로 이의신청을 거친 경우에도 원칙적으로 원처분인 수용재결이 취소소송의 대상이 되어야 하며, 다만 이의재결 자체에 고유한 위법이 있는 경우에 한하여 이의재결이 취소소송의 대상이 된다.[125]

다. 이의재결취소소송에서 원처분의 하자를 주장할 수 있는지 여부

甲은 이의재결의 주체, 절차, 형식 또는 내용상 위법을 주장하는 것이 아니라 수용재결의 위법을 주장하고 있는데, 이와 같이 원처분의 하자를 주장하는 경우에는 원처분인 수용재결에 대한 취소소송을 제기하여야 한다. 따라서 甲은 이의재결취소소송에서 원처분의 하자를 주장할 수 없다.

4. 사안의 해결

이의재결 자체는 행정심판의 재결이라서 취소소송의 대상이 될 수 있으나, 甲이 원처분인 수용재결의 하자를 주장하고 있으므로 이의재결이 아니라 원처분인 수용재결에 대한 취소소송을 제기하여야 한다. 따라서 사안에서는 이의재결이 취소소송의 대상이 될 수 없다.

Ⅱ. 설문 2) : 형식적 당사자소송과 가처분

1. 논점의 정리

토지보상법상 보상금증액청구소송이 당사자소송에 해당하는지 살펴보고, 만약 당사자소송이라면 집행정지와 가처분 중 어떠한 잠정적인 권리구제수단을 활용할 수 있는지 살펴보기로 한다.

2. 보상금증감청구소송의 법적 성격

보상금증감청구소송은 토지수용위원회의 재결의 내용 중 보상금에 대해서만 이의가 있는 경우에 사업시행자를 상대로 보상금의 증액을 구하거나 또는 토지소유자 등을 감액을 청구하는 소송으로서(토지보상법 제85조 제2항), 구법과 달리 현행 토지보상법은 피고에서 토지수용위원회를 제외하여 보상금증감청구소송을 형식적 당사자소송으로 만들었다.

3. 형식적 당사자소송

형식적 당사자소송이란 처분에 의해 형성된 법률관계에 대해 다툼이 있는 경우임에도 해당 처분을 다투지 않고 직접 그 처분에 의해 형성된 법률관계에 대하여 일방 당사자를 피고로 하여 제기하는 소송을 말한다.

---

[125] 대판 2010. 1. 28, 2008두1504

4. 형식적 당사자소송에 적합한 가구제

형식적 당사자소송은 처분등에 대한 불복을 포함하는 소송이므로 집행정지가 허용된다는 견해가 있으나, 형식적 당사자소송의 청구취지는 행정처분에 대한 취소청구가 아니라 공권에 근거한 이행청구 혹은 공법상의 법률관계에 대한 확인청구이므로 처분의 효력정지나 처분의 집행정지 또는 절차속행정지를 목적으로 하는 행정소송법상 집행정지를 인정할 여지가 없다.

대법원도 당사자소송에 대해서는 집행정지에 관한 규정이 준용되지 아니하므로 집행정지를 신청할 수는 없고, 대신 행정소송법 제8조 제2항에 따라 민사집행법상 가처분에 관한 규정이 준용되어야 한다고 판시하고 있다.[126] 가처분이란 금전 이외의 특정한 급부를 목적으로 하는 청구권의 집행보전을 도모하거나 쟁의 있는 권리관계에 관하여 임시의 지위를 정함을 목적으로 하는 가구제로서 민사집행법 제300조에 규정되어 있다.

5. 사안의 해결

甲이 보상금의 증액을 청구하는 행정소송을 제기하는 경우, 민사집행법상 가처분을 잠정적인 권리구제수단으로 활용할 수 있다.

---

[126] 대결 2015. 8. 21, 2015무26

事例 2023년 공인노무사

[문제 3]

甲은 자기 소유 토지에 전원주택을 신축하고자 건축업자인 乙과 전원주택 신축공사에 관하여 도급계약을 체결하였고, 乙은 근로복지공단에 고용보험·산재보험관계성립신고를 하면서 신고서에 위 신축공사 사업장의 사업주를 甲으로 기재하여 제출하였다. 甲은 위 사업장에 관한 고용보험료와 산재보험료 중 일부만 납부하였고, 국민건강보험공단은 甲에게 체납된 고용보험료 및 산재보험료를 납부할 것을 독촉하였다. 관련 법령상 보험료의 신고 또는 납부 등 산재보험 및 고용보험에 관한 사업의 주요 업무는 고용노동부 장관으로부터 위탁받은 근로복지공단이 수행하고, 다만 보험료 체납관리 등 징수업무는 국민건강보험공단이 위탁받아 수행하고 있다. 甲은 건축주가 직접 공사를 하지 않고 공사전부를 수급인에게 도급을 준경우에는 근로자를 사용하여 공사를 수행하는 수급인이 원칙적으로 그 공사에 관한 사업주로서 고용보험 및 산재보험의 가입자가 되어 고용보험료 및 산재보험료를 납부할 의무를 부담한다는 것을 알게 되었다.

이에 甲은 국민건강보험공단이 납부를 독촉하는 보험료채무에 대해 그 부존재확인을 구하는 소송과 이미 근로복지공단에 납부한 보험료에 대해 부당이득으로서 반환을 구하는 소송을 제기하고자 한다. 甲은 누구를 상대로 어떤 유형의 소송을 제기하여야 하는지 설명하시오. (25점)

解說

당사자소송 / 피고적격 / 관련청구소송의 병합

1. 논점의 정리

甲이 제기하고자 하는 보험료채무부존재확인소송과 납부한 보험료에 대한 부당이득반환청구소송의 성격이 문제되며 그에 따라 누구를 피고로 하여야 하는지가 결정될 것이다. 또한 두 소송을 병합하여 행정법원에 제기하는 것도 가능한 것인지 살펴보기로 한다.

2. 각 소송의 법적 성질

가. 당사자소송의 의의

당사자소송은 행정청의 처분 등을 원인으로 하는 법률관계에 관한 소송 또는 그 밖의 공법상의 법률관계에 관한 소송으로서 그 법률관계의 한쪽 당사자를 피고로 하는 소송을 말한다(행정소송법 제3조 제2호).

이러한 당사자소송은 공법상의 법률관계에 관한 소송이라는 점에서 사법상의 법률관계에 관한 소송인 민사소송과 구별되고, 처분을 원인으로 하는 권리의무에 관한 분쟁을 대상으로 한다는 점에서 처분 그 자체에 대한 불복수단인 항고소송과 구별된다.

나. 사안의 경우

보험료채무부존재확인소송의 경우, 보험료부과처분에 따른 공법상의 납부의무가 존재하지 않는다는 것에 대한 확인을 구하려는 것이므로 '당사자소송'으로 제기하여야 한다.

납부한 보험료에 대한 부당이득반환청구소송의 경우, 통설에 따르면 처분을 원인으로 하는 법률관계에 관한 소송으로서 당사자소송으로 제기되어야 할 것이나, 판례는 이와 같은 공법상 부당이득반환청구소송도 사법상 부당이득의 경우와 마찬가지로 '민사소송'으로 제기되어야 한다고 보고 있다.

3. 각 소송의 피고

가. 당사자소송의 경우

당사자소송은 행정소송법 제39조에 의해 국가, 공공단체 그 밖의 권리주체가 피고가 된다. 따라서 보험료채무부존재확인소송의 경우, 보험료의 귀속주체는 근로복지공단이 되므로 근로복지공단이 피고가 되어야 한다. 따라서 국민건강보험공단이 납부를 독촉한다고 하여 甲이 국민건강보험공단을 피고로 하여 보험료채무부존재확인소송을 제기하였다면 이는 피고를 잘못 잡은 경우에 해당하므로 이 경우 甲은 법원에 피고경정을 신청하여야 한다(행정소송법 제14조, 제44조 제1항).[127]

나. 민사소송의 경우

민사소송은 당사자소송과 마찬가지로 법률관계의 한쪽 당사자가 피고가 된다. 따라서 납부한 보험료에 대해 부당이득으로서 반환을 구하는 소송의 경우 또한 그 권리의무의 귀속주체인 근로복지공단이 피고가 된다.

4. 관련청구소송의 병합

보험료채무부존재확인소송을 주된 청구로 하고, 부당이득반환청구소송을 관련 청구로 하여 양 소송을 관련청구소송으로 병합하여 행정법원에 제기할 수 있다(행정소송법 제10조, 제44조 제2항).

5. 사안의 해결

甲은 근로복지공단을 피고로 당사자소송으로 보험료채무부존재확인소송을 행정법원에 제기할 수 있으며, 역시 근로복지공단을 피고로 민사소송으로 부당이득반환청구소송을 민사법원에 제기할 수 있다.

또한 甲은 보험료채무부존재확인소송을 주된 청구로 하고 부당이득반환청구소송을 관련청구로 하여 두 소송을 병합하여 행정법원에 제기할 수도 있다.

---

127) 대판 2016. 10. 13, 2016다221658

사항색인

ㄱ

가처분	253
거부처분	10
거부처분에 대한 권리구제수단	192, 212
거부처분에 대한 집행정지 인정여부	132
거부처분에 대한 행정소송법상 구제수단	47
거부처분취소재결에 따른 재처분의무	7, 10, 26
경업자의 원고적격	61, 64, 71
경원자의 원고적격	57, 163
관련청구소송의 병합	129, 218, 223, 257
구성요건적 효력과 선결문제	218, 223
구제신청의 이익과 소의 이익	107
구제의 이익과 협의의 소의 이익	112
근로자에 대한 직위해제	107
기판력	153

ㄴ

노동조합설립신고수리의 처분성 여부	42

ㄷ

당사자소송	250, 257

ㅁ

무효확인소송과 간접강제	233
무효확인소송과 취소소송의 관계	215
무효확인소송과 취소소송의 병합	227
무효확인소송의 기판력과 국가배상청구소송	227
무효확인소송의 보충성	218, 223
무효확인소송의 입증책임	227

ㅂ

법원의 간접강제	196, 201, 207
법인의 원고적격	77
변경처분	87
부관의 독립쟁송가능성	29, 71
부관의 독립취소가능성	29
부작위위법확인소송	238
부작위의 성립요건	242
불고지	142, 207
불문경고조치	33

ㅅ

사정재결	55
사정판결	64
신고반려	47, 184

ㅇ

예방적 금지소송	71, 77
원고적격	82, 123, 149
원처분주의	253
위법판단의 기준시	136
위원회의 간접강제	7
위원회의 임시처분	15
위원회의 직접 처분 및 간접강제	15
의무이행심판	15
이의신청과 취소소송의 대상	233
이의신청과 행정심판의 구별	4, 253
일반처분의 제소기간	119
일부취소재결	39
일부취소판결	149
임시처분	10, 188

259

ㅈ

재결소송	55
재결주의	47, 52
재량행위에 대한 일부취소재결	20
재임용 탈락통지의 처분성 여부	212
재처분의무 불이행시 불복수단	10
적극적 변경처분	157
제3자의 재심청구	169
제명의결의 처분성 여부	99
제소기간	87, 123, 233

ㅊ

처분변경명령재결	36, 93
처분사유의 추가	139, 142, 176, 192
처분사유의 추가 또는 변경	115
처분사유의 추가·변경	192
처분사유의 추가변경	146
처분적 고시	123
청구인적격	42
취소명령재결의 경우 소의 대상	42
취소소송의 기판력과 국가배상청구소송과의 관계	157
취소심판의 청구기간	142
취소재결의 경우 소의 대상	64, 163
취소판결의 기속력	176, 181, 184, 188, 192, 196, 201, 207
취소판결의 기속력 중 반복금지효	172
취소판결의 제3자효	163

ㅍ

피고적격	87, 257
필요적 행정심판 전치주의의 예외	115

ㅎ

항고소송과 당사자소송의 구별	245, 247
행정개입청구권	15, 201
행정소송의 한계	23
행정심판의 관할 및 보정	10
행정조사	26
협의의 소의 이익	57, 82, 87, 99, 103, 157
협의의 소의 이익정조사	93
형식적 당사자소송	253

제9판
노동행정법 연습

초판발행	2010년 05월 03일
2판 발행	2011년 04월 11일
3판 발행	2014년 05월 19일
4판 발행	2016년 03월 07일
5판 발행	2017년 04월 17일
6판 발행	2018년 04월 06일
7판 발행	2020년 04월 10일
8판 발행	2022년 04월 22일
9판발행	2024년 04월 22일

지은이	정선균
디자인	이나영
발행처	주식회사 필통북스
등 록	제2019-000085호
주 소	서울특별시 관악구 신림로59길 23, 1201호(신림동)
전 화	1544-1967
팩 스	02-6499-0839
homepage	http://www.feeltongbooks.com/
ISBN	979-11-6792-160-4 [13360]

정가 22,000

▎이 책은 저자와의 협의 하에 인지를 생략합니다.
▎이 책은 저작권법에 의해 보호를 받는 저작물이므로 주식회사 필통북스의 허락 없는 무단전제 및 복제를 금합니다.